THE 仕事力

森田啓一
MORITA Keiichi

文芸社

はじめに

「好漢、惜しむらくは兵法を識らず」とは平安後期に、奥州の安倍貞任を討伐（前九年の役）した源義家に対して、儒学者であった大江匡房がかけた言葉とされています。

義家はこの言葉を聞き、大江匡房に教えを請い、後に起きた第二次戦役（後三年の役）をわずか三年で終わらせることができたといいます。

現代の若手ビジネスパーソンの中には、人間的には優れていても仕事の本質が理解できておらず、現代ビジネスの兵法ともいうべき仕事のやり方を知らずに苦労している人が少なくありません。特に社会人になりたての頃は、学校と会社の組織としての違いを十分に理解できず、不満を持ったり失敗したりする人もいます。

会社に勤務することは「会社で仕事をする」ということです。会社員は、皆等しく仕事をしています。しかし、「仕事をする」ことと、仕事そのものの本質を理解して、「仕事ができる」ことは全く違います。たとえるなら「仕事をする」はレシピ通りに料理を作ることです。「仕事ができる」はそのレシピを理解し、アレンジまで加えられる料理人になることといえます。

最初から全てを理解することが難しいのは当たり前です。しかし新卒、少なくとも入社初期段階に、仕事の本質や会社という組織を少しでも理解した上で仕事に取り組むことが非常に重要なのです。その後のビジネスパーソンとしての人生に、大きな影響を与えることは間違いありません。

そして、この「仕事ができる」能力を「仕事力」と呼びます。職場では「あの人は仕事ができる」「あの人は仕事ができない」と人を評価することがよくあります。これは、この仕事力の差が仕事としての結果や実績の差となって表れているからです。

仕事力とは営業力や企画力のような個別の特定能力のことではありません。会社での業務を遂行する総合的な能力が仕事力なのです。

学校の世界でいえば「学力」という言葉がそれに相当します。学力とは学校で学ぶ全てを含んだ抽象的な概念に見えます。本質的には、学ぶ力（理解力）、憶える力（記憶力）、考える力（思考力）を合わせた学業の総合力のことです。学力は一夜漬けでは身につきません。

同様に仕事力とは業務遂行能力、課題解決能力、組織活動能力などを含めた仕事の総合力のことであり、こちらも一朝一夕に会得できるわけではありません。会社と仕事の本質を理解して、自分自身の意識と行動を変革し、日々努力してこそ身につくものです。

現代はＤＸ（デジタルトランスフォーメーション）、すなわち、デジタル技術を活用して事業のあり方を大きく変える動きが進んでいます。振り返れば、約半世紀前にパソコンが出現し、その後にスマートフォンがデバイスとして普及してきました。しかし、それらは序章に過ぎず、これからＡＩ（人工知能）やＩｏＴ（インターネットオブシングス＝さまざまなものがインターネットにつながる仕組み）などの先端技術で社会が大きく変貌しようとしています。それらのテクノロジーが、どのようにビジネスや社会に影響を及ぼすのでしょうか。まずは業務の効率化や新たな商品・ビジネスモデルの開発につながることが期待されています。１００年後の未来からすれば、現代は「真の第二次産業革命の時代」と呼ばれているかもしれません。日本経済新聞の２０２４年1月13日付けの朝刊には「ＡＩ生活革命の幕開け」という見出しで記事が出ていました。そのような変化する時代であればこそ、情報を多面的に収集し、問題の背後にある深層を捉える視点を持つことが必要です。本質を見極めて、対応する仕事力を身につけて、実力を養わねばなりません。

この仕事力を伸ばすために、仕事の本質や考え方を説明しているのが本書です。ただノウハウやスキル向上へのテクニカルな部分を理解するだけではなく、仕事に取り組む考え方を哲学にまで昇華させることが重要なのです。そうすることで、人間は誰でも体の奥底に眠る潜在能力を目覚めさせて、卓越した仕事力が発揮できるようになるのです。

令和5年前期に放送されたＮＨＫの連続テレビ小説『らんまん』で世界的な植物学者である牧野富太郎博士をモデルにした主人公が「雑草という草はない。持って生まれた唯一無二の名前がある。どの草花でも、必ずそこで生きる理由がある。この世に咲く意味がある。必ず！」と熱弁するシーンがありました。人間も皆それぞれに固有の名前をもらっており、一人一人に生きていく意味が必ずあるはずです。その意味を見出せるか否かは、あなた自身の心がけと努力次第です。本書が新たな視点やアプローチを見つけるきっかけとなり、あなた自身の持つ本来の力を出し切れるよう、お役に立てれば幸いです。

令和6年　森田　啓一

目次

第二章　仕事力とは　73

第四章　知っておくべきポイント　213

第五章　注意しておくべきポイント　285

第一章　会社（企業）とは

会社とは何かを考えよう

「仕事力」を理解する前に、仕事をするフィールドである会社について知っておく必要があります。会社の存在そのものが、よく理解できれば、会社での行動の是非が明確になります。行動の是非が明らかになれば、昨今問題とされるコンプライアンスの重要性やセクハラ、パワハラや社内不倫が特に許されない理由なども、はっきりと分かるはずです。

会社の本質を理解し、その本質を忘れなければ、会社の中で致命的な過ちを犯すことはありません。会社を理解することは、それほど重要なことなのです。なお、一般的に経済活動を行っている営利団体全般を企業と呼びます。その中で会社法に基づいて設立された法人（株式会社・合同会社・合資会社・合名会社）が会社です。企業というカテゴリーの一部に会社があります。そのため企業と会社は同一ではありません。しかし働くフィールドを説明することが趣旨のため、ここでは企業と会社は、ほぼ同義語として扱い説明します。

一般的に言われる企業の定義は「利益を追求する営利団体」となっています。しかし、これをそのまま受け取ったのでは、会社の本質が理解できません。会社の本質は単なる利益の追求だけではなく、社会的な価値の提供や長期的な存続といった側面も持つからです。単純に利益を追求するだけではなく、その運営方法や社会的責任なども考慮に入れることで、会社の本質をより理解できるのです。そのため、もう少し丁寧に説明するならば「継続的に」という言葉を付け加える必要があります。企業は利益を追求することが重要です。しかし、これが行きすぎれば、不誠実な商習慣や不当な取引につながってしまい、事業の持続は難しくなります。短期で解散するような団体を、会社（企業）として認定するには無理があります。そこで会社（企業）であることを明確に定義する言葉として「継続的に」という言葉が必要なのです。不法行為や不正行為は、一時的な利益をもたらすかもしれません。しかし、長期的には社会の信頼を失い、企業の存続自体を脅かします。企業の目的を突き詰めれば、社会の役に立つことです。それは持続できなければなりません。そして会社（企業）は組織として存続するために利益を追求するのです。

しかし利益の追求が最優先だと誤解して、違法行為や倫理にもとる行為に走るのは本末転倒です。それゆえ継続的にという条件は、公明正大に社会の役に立つ経営を続けるということを意味しているのです。

「長期的に継続して利潤を追求する営利団体」として存続するには、社会に信用され、必要とされなければなりません。しかし社会的な評価を得るには、社会から期待されるような商品やサービスを生み出し、提供し続けることによって築かれる信用が必要なのです。長期的に、社

企業の目的は事業を通じて社会の役に立つこと

そのためには事業が継続されなければならない

事業継続の条件は企業が利益を上げ続けること

経営者も含めた役職員は社会に役立つという目的と利益を上げ続けるという目標を同時に達成・実現していかなければならない

会から信頼され、且つ常に必要とされる存在でなければならないのです。

日清食品という会社は、チキンラーメンとカップヌードルであまりにも有名です。しかし、同社が常に時代に順応しようとしていることをご存じでしょうか。もともと手軽に安価で美味しく食べられる食品としてチキンラーメンを開発しました。その次には、鍋や丼がなくても食べられるラーメンとしてカップヌードルを世に出しました。これらの商品は日本国内だけでなく、世界の飢餓を救うという大きな貢献を果たしています。この会社の企業理念は「食創為世」であり、世のためになるような商品開発を目指しているのです。それゆえ、「カップヌードルをぶっつぶせ」というスローガンまで掲げています。たしかにチキンラーメンもカップヌードルも世の中のためになる食品です。しかし、現代の日本では飢餓の時代から、健康志向の時代に移っています。そこで、完全栄養食のブランド「完全メシ」としてカレーめしや油そば、スムージーを２０２２年に発売しました。時代の進化に合わせて企業を変革していくという代表的な例です。ここで考えたいことは、個別企業の本質についてです。それぞれの会社の本質が理解できていなければ、変革は生まれません。日清食品は即席ラーメンを作る会社だと思えば、カップヌードル以降の革新的な商品は生まれてこなかったでしょう。

そのような観点から見れば、全国の鉄道会社は電車を運行している会社だと規定すれば、それ以上の進化は望めません。将来、路線エリアの過疎化が進み、大幅な人口減となれば鉄道経営は成り立ちません。そうではなく、地域のプラットフォーマーであるという認識を社員全員が共有すれば、地域を活性化する新たなサービスが提供できるかもしれません。

東京都渋谷区に本社を置き、東京から神奈川までの路線を有する鉄道会社として東急電鉄があります。事実上の創立者である五島慶太氏が鉄道の敷設とともに、街づくりを進め、沿線に学校を誘致し、住環境も設備していったと、2024年3月の日本経済新聞の私の履歴書で東急の野本弘文会長（2024年9月13日現在）が説明しています。もちろん、現在もその姿勢は変わりません。渋谷の駅周辺では、100年に一度の再開発が進行中です。東急電鉄の例は、まさに地域のプラットフォーマーとしての役割を果たしている好例と言えます。

東急電鉄だけではありません。2023年12月にJR九州の古宮社長が、日経CNBCというテレビ番組に出演し、「都心部エリアから、都心部から離れたところまで、鉄道を中心とした街づくりを目指す」と強調していました。これは、経営トップが鉄道会社の本質を理解しているからこその言葉です。

同様にトヨタ自動車を自動車メーカーと規定すれば、それより先へは進めません。自動車メーカーなら自動車を作ること以外は考えられないからです。ところがトヨタ自動車は、2019年12月に「移動の自由と楽しさにあふれたモビリティ社会を創造するモビリティカンパニーである」と宣言したのです。CASE（コネクティッド・自動運転・シェアリング・電動化と呼ばれる自動車の技術革新）やMaaS（モビリティアズアサービスの略で移動すること自体をサービスとして捉える）など、こちらも100年に一度の大変革と言われる自動車社会でのトヨタ自動車の活躍が楽しみになりました。

社会に必要とされる企業の資格は、まず雇用と納税を通じて社会的責任を果たすことです。従業員を雇用して持続的に事業利益を生み出し、法人税を支払うという社会貢献が基本です。ただし、企業の行動そのものが社会から信用されなくては、社会から支持を得ることはできません。

そのような観点に立てば、コンプライアンス（法令遵守）に対する見方も変わります。もちろん法律違反は犯罪として罰せられます。ただ、それだけではなく、法令を遵守しなければ長期的に事業が継続できないということです。コンプライアンスが企業存続の必要条件であるという点をはっきりと理解する必要があります。

企業は社会の中で活動していますから、社会に受け入れられなければ存続することはできないのです。存続するためには、社会が必要とするサービスや商品などを継続的に生み出し、提供して、その対価を得ていかなければなりません。

社会が必要とするものを生み出すことが大前提です。ただし、それだけではなく、その行為が正々堂々としたもので、社会規範や法律に違反するものではないことが絶対条件です。社会を害したり欺いたりしては、社会は決して受け入れてはくれません。例えば、誤った広告や偽装行為などは、社会規範や法律に違反する行為です。また脱税やインサイダー取引など、明確に法律に反する行為も、もちろん企業にとって許されない行為です。これらを避けることが基本中の基本となります。

いくら利益を生み出しても、その手段が法律に違反するものであれば、それは最終的に企業の信用を損なう結果を招きます。また法律的には許容されている行為であっても、公正さや倫理観を欠いた行為も同様に企業の信頼を毀損しかねません。長期的に見れば決して看過されないことは、企業の不祥事発覚など過去の歴史を見れば明白です。「天網恢恢疎にして漏らさず」（悪事を行えば、天罰を逃れることはできないという意味）という言葉があります。利益確保のためにばれなければ何をしてもよいと考えて法律違反をする行為は、いつか必ず白日のもとに曝《さら》されます。このことを経営者も含めた社員全員がよく理解していなければ、一部の不心得社員によって会社が存亡の機に立たされることもあり得ます。

会社によっては住友商事のように、「コンプライアンスはビジネスに優先する」とはっきり示している会社もあります。同社はコンプライアンスが最優先される理由も説明しています。しかし、なぜビジネスより優先するのかを説明していなければ、社員が１００パーセント理解し納得して徹底できるわけではありません。継続的に営利活動をするには、コンプライアンスが必要であることを説明し理解させるのです。その上でビジネスとして成立させなければなりません。住友商事もコンプライアンスを優先するものの、それを理由にした予算未達成の言い訳は認めていません。コンプライアンス遵守の元で利益を上げて、事業を存続させることが重要なのです。

　また収益を追求するだけではありません。自社の事業と全く関係のない分野で、社会や地域住民などに貢献していくCSR活動（企業の社会的責任）をしている会社も増えてきています。例えば、環境活動やボランティア、慈善団体への寄付や寄贈、教育・啓蒙活動などです。会社の収益確保という観点では、非生産的な活動のように思えます。しかし、社会は優良企業に社会的な責任を期待しています。その期待に応えてこそ、企業としての信頼が築かれ、長期にわたって社会での事業活動が受け容れられるのです。

　なお現在の職場に満足せず、転職を検討している人や、あるいは起業して自分のビジネスを始めたいと計画している人たちがいるとします。その人たちは現在勤務している会社の社会的な信用や責任を軽視しても、問題はないのでしょうか。会社の信用というものは、そこに勤務する社員全員の信用によって築かれています。転職するにしても起業するにしても、それまでの自身の評価を引き継いでいくことになるのです。そのため、現在在職中の企業に対する敬意とプロフェッショナリズムを保つことが重要です。それは、その人のビジネスの成功にとって、重要な評判と信頼を築く一助となるからです。

　もちろん評判が、実際の行動や能力を正確に反映しない場合も少なくありません。しかし、評判は他人からの信用や評価に影響を及ぼし、新たな仕事の機会を左右する可能性があるのです。会社そのものの信用を失わせて、あるいは社内での評価が低く利己的な行動をしている人が会社を飛び出しても、周囲の人から応援してもらえることは期待できません。もちろん、評判のためだけに行動するのでは周囲から、その心根を見透かされます。会社の存続を第一義に考えて行動し、評価を受けている人こそが、新しいフィールドでも活躍できるのです。

パワハラ、セクハラ、社内不倫がＮＧである明快な理由

　セクハラやパワハラは職場で許される行為ではありません。会社でのハラスメントは、主に言動によるものを指しています。実際に女性の体を触ったりするのは痴漢行為であり、部下を殴ったりすることは暴力行為で、いずれも明確な犯罪にあたり論外の話です。ここでいうセクハラ、パワハラとは言葉によるものです。もちろん言葉だけであっても、極度に恐怖感を与える脅迫や性的な事柄を強制するハラスメントは、その内容により非接触の犯罪に該当します。犯罪に該当しない言葉であっても、ハラスメントを受けた相手の心身が傷つき、メンタルダウンすることもあります。

　なかには、言葉の暴力や無神経な発言で、相手を傷つける確信犯がいるかもしれません。故意に、且つ平気で周囲の人を傷つけるような人間は、企業人としての資格はありません。そのような行為を繰り返す人物がいた場合、企業としては当人にハラスメントの問題を教育や説明を通じて徹底的に理解させせなければなりません。また抑止力として罰則を制定する必要もあります。

　しかし言葉を発する側は、言葉だけなので例えば、ある人が親愛の示しとして、容姿を評価

したとします。また、熱血指導と勘違いして、執拗な叱咤激励をしたとします。それらの行為も相手が不快と感じる場合、それはハラスメントに該当します。もちろん、理由の如何に問わず、これらも免責にはなりません。しかし、意図せず人を傷つけてしまっていることが、理解できていない人もいます。そのため、今でもパワハラ・セクハラが後を絶たないケースがあり、職場を悩ませています。

また、不倫についても、同僚が誰かと不倫していると聞けば、興味本位で見る人もいるでしょう。しかし、その不倫相手が社内となると、途端に多くの人が否定的になります。社内不倫が上司に知られれば、会社によっては当事者が転勤などの配置転換も含めて、職場から排除されることも少なくありません。

社内不倫はお互いの合意に基づくものであり、犯罪ではありません。しかし、職場では決して許されないとされる行為の一つです。なぜなら最初は良好な関係が続くかもしれませんが、一般的に最後は関係が壊れてしまいます。そして職場での関係もギクシャクしてしまうからです。その結果、当事者も含めた職場のパフォーマンスに悪影響を及ぼし、企業の生産性や組織力を低下させる可能性があります。もちろん、道徳的な観点からも、不倫は認められない行為です。しかし、それ以上に社内不倫は会社が組織としての戦力を維持するためには、決して許されない行為なのです。セクハラやパワハラも同様で、それを受けた社員がメンタルダウンともなれば、職場の戦力が減少してしまいます。この点も企業の持続性という観点に立って理解しなければなりません。組織として、人材の確保と維持という考えが必要です。それゆえ、たとえ意図的ではないセクハラ・パワハラや法律違反ではない社内不倫であっても問題になるのです。職場のメンバーが傷つき辞めてしまうと、組織の機能が確実に低下します。戦力ダウンになるような恐れのある言葉・対応や行動は、よくよく注意しなければなりません。

なお社内恋愛については、当然独身同士の話であります。そして社内結婚は職場のことも、お互いに理解した者同士の結婚であり、おめでたい話です。しかし職場の仲間との恋愛には、自己管理と慎重さが求められます。恋が成就すれば、ハッピーエンドで、めでたしめでたしです。しかし、もし破局してしまうと、職場の雰囲気を悪化させる可能性があるからです。その場合は、職場全体のパフォーマンスに影響を与えます。従って、個々の感情だけではなく、交際を公にするまでの期間も集団の和に配慮しながら行動することが必要です。そのため職場での恋愛は、安易な気持ちで付き合うのではなく、より慎重な判断と行動が求められます。

ところで職場の異性とは、どのように接すれば良いのでしょうか。セクハラ、パワハラを心配して距離を置き、表面的な業務に関する言葉以外は話さないようにすべきなのでしょうか。しかし、それではコミュニケーションに欠けて、業務についても十分に伝わらない可能性が出てきます。といって友達のように接すれば、無用な誤解を生むかもしれません。職場の相手に、どのように接するべきであるかというのは重要なテーマです。特に職場の異性との距離感は難しいものです。ここでの正解は「同志」としての関係を、構築することであるといえます。同じビジョンに向かう仲間として、真剣に助け合える「同志」としての関係を構築することです。同じ職場で同じ目標を達成するための絆が存在する関係になるのです。それが会社における「同志」といえます。もちろん、同性に対しても、同様のスタンスが必要です。「同志」であれば必要なことを伝え、指摘することも必要です。ただ「同志」なら、互いにリスペクトして接することが前提です。「同志」として意識すれば、フレンドリーに接することがあっても、節度をもったものになり、無用な誤解は生じません。具体的には、相手の感情を尊重し、プライバシーを侵害せず、適切な距離感を保つなどの配慮をすることです。

職場の人間関係に壁を作らず、しかも不用意に踏み込まず相手を傷つけないようにするなどの配慮を念頭において、接していくことが基本です。上司部下とも全員が、予算の達成という志を同じくする「同志」であると理解します。そうすればお互いにリスペクトしていくことができ、良好かつ健全な職場が生まれるのです。

会社に該当することはＮＰＯ組織にも該当するか

会社ではさまざまな業務があり、利益の確保や業務の効率化の選択では、善悪の判断に迷うことがあるかもしれません。

社員それぞれにとっての立場や職位によって、優先順位も異なります。もちろん法律違反が悪いことは、誰もが理解しているでしょう。しかし、「法律違反↓発覚↓会社存亡の危機」という流れをはっきりと理解できていなければ、目先の予算達成のために軽微な法律違反を、やむを得ないと考えるケースがないとは言えません。現に大手食品メーカーによる消費期限の偽装や、自動車メーカーが新車安全性能を確認する認証試験で不正をするなどの事案が発覚しています。これらは決して軽微な法律違反ではありません。しかし違反を犯した当事者は軽微と認識していたのかもしれません。不正を行った実際の担当者、それを容認や指示あるいは見落とした管理職、無理な要求を押し付けた経営層など、全ての階層レベルで責任が問われることになります。社長も社員も、事業を通じて社会に役立つという会社の本来の目的に目を向けなければなりません。ところが手段である利潤の追求だけに目が行くとすれば、不正が起きやすい環境が醸成されやすくなるかもしれません。「社会に役立つための継続的な企業活動」という観点の意識を忘れてはなりません。そして常に「長期的に利潤を追求する営利団体として存続することが会社である」と、ぜひとも肝に銘じておいてください。そして、この「会社の定義」を忘れず、どのように行動すればよいのかを判断してください。

ちなみに最近よく耳にする組織として、非営利団体ＮＰＯという組織があります。ＮＰＯという組織は営利を追わないので、「長期的に利潤を追求する営利団体として存続することが会社である」という定義に当てはまらないと思っている人はいないでしょうか。

非営利団体というと利潤追求をしない組織となっています。しかし、あくまでも出資者が利益を追求できないだけです。会社は出資者に株主配当などで事業利益を還元しますが、ＮＰＯではそれができません。

つまり、利益を出すのは構わないが利益を分配しないのがＮＰＯです。そして、利益を出して株主に配当をするのが会社です。ＮＰＯといえども、団体そのものが利益を確保することを禁じていないのです。禁じていないどころか利益を確保できなければ、活動組織そのものが存続できません。「継続的に利益を追求する組織」としての定義は、ＮＰＯという団体にも該当します。どのような組織であれ、あらゆる事業活動には継続性という優先事項は当てはまるのです。

会社と学校の根本的な違い

「会社は学校と違う」とは新社会人が、周囲からよく言われる言葉です。会社も学校も、人間が属する集団として、「組織」という同じカテゴリーに属しています。しかし、その中身は全く異なります。なぜこのような話をするかというと、特に新卒の社会人は、大学卒であれば16年間は少なくても学校という組織に属してきています。そのため、学校と会社という組織を混同することがあるからです。

学校には指導する教師がいます。会社には指示する上司がいます。そして複数の社員が一度に入社すれば同期社員となり、クラスメートのような感覚で接したりするかもしれません。しかし、会社と学校は大きく異なります。そのことを理解していなければ、筋違いな不満を持ったりして、大きな失敗につながる危険性があるのです。

表面的な違いとして、よく代表的な例に出されるのが、給料をもらうか授業料を払うかの違いと説明されます。その違いも間違いではないですが、本質ではありません。給料を辞退してでも教えを乞いたいという見習いの弟子も、社員に含まれます。学業やスポーツなどが、ずば抜けて優秀で、授業料を免除されている特待生も学校には存在しています。

まず目的が全く違います。会社の目的は社会の役に立つことであり、そのため持続的に利潤を追求することです。他方、学校は教育が目的です。

目的が異なれば活動も異なります。会社では利潤追求のために、体系的に行動することが求められます。そのために必要な教育を受けさせることはありますが、あくまで利潤追求といった目的達成のための手段です。教育そのものが会社の主目的ではなく、ビジネスの成果を最優先するため、教育の優先順位は業績や状況により変動します。もちろん、それは会社にとって教育が重要でないという意味ではありません。むしろ、教育は企業の競争力を維持、向上させるための重要な手段であり、適切なタイミングと方式で提供されます。

例えば、入社してくる新入社員のレベルが例年より下がっていれば、一定のレベルに引き上げるために研修やＯＪＴ（オン・ザ・ジョブ・トレーニング）の時間を増やすでしょう。またコンプライアンスやセクハラ、パワハラなどの防止が重要となれば、社内の階層別に研修やセミナーを実施したりします。

これらの教育やトレーニングは、組織としての戦略や状況に応じて最適化されています。個々の従業員の成長やニーズを疎かにするわけではありません。しかし、あくまで会社が判断して、実施するものです。そのため、個人それぞれの必要な教育と、完全に合致するわけではありません。従って個人的に会社の業務などで必要な知識やスキルだと判断した場合は、独自に習得する必要があるのです。つまり自分自身のスキルを磨き、知識を増やすためのリソース

（資源や資産）を見つける責任は、個々の社員にあることを意味します。

もちろん、それらを習得する手段には、さまざまな選択肢があります。個人的にビジネス専門学校に通ったり、通信教育やビジネス書を読んだり、職場で上司や先輩に教えを乞うなどです。会社に自己啓発の支援システムがあれば、積極的に利用することもお勧めです。ただし、基本的には自分自身が主体となって判断し、実行するしかありません。

他方、学校は生徒や学生を教育することが目的です。教科書があり、教育プログラムも決まっており、一定の成果を判断する試験があります。たとえ教育を受ける側の姿勢が受け身であっても、そのことを否定や非難されることはありません。授業そのものを拒否しない限り、叱責されることもありません。もし積極的に授業を受ければ、周囲から評価されることも多いでしょう。それは学校では教育制度がある程度完成しているため、生徒や学生が授業を拒否せずに受ければ、「教育するという目的」がほぼ達成されるからです。

しかし、会社は「継続的に利潤を追求する組織」です。会社での教育は、あくまで目的達成の手段の一つなのです。そのことをよく理解しなければなりません。そのため、常に自分自身で判断し、知識やスキルなどを身につける必要があります。

例えば、学校の試験で習っていない問題が出題されたとすれば「この問題は習っていません」と主張すれば免責になります。逆に出題した先生の方が、申し訳ないと謝罪することもあるでしょう。これは先生が教えていないことを、授業の成果として判定することは間違っているからです。しかし、会社では教えてもらっていないとのエクスキューズ（言い訳）は通じません。自分自身の勉強不足を露呈しているだけとなります。教えてもらっていないと開き直っても、学校と違い免責にはなりません。もちろん会社でも知らないことは「存じておりません」と潔く正直に言えばよいのです。ただそのことも踏まえて、常に自ら知識をどん欲に吸収していくことを忘れてはなりません。

つまり学校は学ぶ場であり、会社は学んで身につけたことを発揮する場です。会社でも常に学び、成長し、自己を研鑽することは必要です。しかし、それは会社で力を発揮するためなのです。学ぶこと自体が、目的ではありません。職人の世界で見習いは師匠から教えてもらうのではなく、技を盗んで身につけなければならないと言われています。職人の役割のひとつには、後継者を育てることも含まれています。しかし一番の目的は物を作ることであり、それが第一の仕事です。冷たく厳しいように思えますが、弟子の指導を優先するような余裕はあまりないのです。

この考え方は、職人の世界だけに限りません。会社も同様です。会社には、指導力や経験を元にして、働くための指針を与える「師匠のような上司」がいます。しかし、上司は全員が必ずしも教訓的な存在であるわけではないのです。自己学習と自己主導の視点が重要です。多くの上司は指示と説明はしますが、部下から求められなければ細かい指導はしません。自発的に指導する時は、部下が失敗した時などに限られます。

こちらも冷たいように聞こえるかもしれませんが、そうではありません。多くの上司（責任者）は所属部署の予算を達成することが、一番に求められているからです。部下それぞれへの指導を最優先にしてしまうと、予算達成という仕事に、どの程度の力を注ぐことができるでしょうか。どこの会社でも、予算達成は容易ではありません。全精力をつぎ込んでこそ、予算達成の道が開かれるものなのです。そのような上司の置かれている立場を理解することも、部下の仕事の一部です。もちろん上司にも個人差があります。失敗した時に叱責しかしない上司もいれば、分かりやすく説明してくれる上司もいるでしょう。もし懇切丁寧な指導を受けることができれば、有難い上司と感謝するべきです。多くの場合、上司は指示と説明はしますが、部下から求められなければ細かい指導はしません。しかし、部下からの質問や依頼をされれば、指導や助言をしてくれる上司は少なくないのです。

新入社員になれば学ぶべきことが多く、最初は自分が何を分かっていないのかさえも、分からないというレベルかもしれません。しかし、ある程度、学び始めるといろいろな疑問も湧いてきます。その時は上司や先輩に質問をぶつけてみましょう。それも同じ質問を複数の上司や先輩に試してみるのです。それぞれの立場や経験によって、多種多様な答えが返ってくるかもしれません。それらを整理して、知識やスキルやノウハウとして、自分の身につけていくことが重要です。

今、多種多様な答えと説明しましたが、ここにも会社と学校の大きな違いがあります。学校では授業で教える問題には基本的に正解があります。問題の正解を導き出し、説明して理解させてくれるのが学校です。言い換えれば正解のある問題だけを解いてみせ、教えてくれるのが学校です。

もちろん、学問の世界でも稀に正解のない「解なし問題」があります（x＋y＝0、且つ2x＋2y＝1という連立方程式には解が存在しない）。

ちなみに、有名な数学上の未解決問題としてミレニアム懸賞問題があります。アメリカのクレイ数学研究所が賞金を懸けたミレニアム懸賞問題は7つあり、その中のポアンカレ予想は2003年に解決し、賞金1億円が与えられました。

このように、学問の世界でも正解の存在の有無が不明な問題や、正解のない問題も結構存在するのです。他方、会社で発生する問題は、必ずしも正解があるとは限りません。あるいは正解のない問題の方が多いかもしれません。

営業部門では、どのように活動すれば契約が獲得できるのか。これをすれば確実に契約できるという普遍的な方法があるのでしょうか。人事部で人事評価や給料の設定なども、絶対に正解というものがあるのでしょうか。経理面でも得意先との食事代が合計2千円なら打ち合わせ代、5万円なら交際費処理になるとして、この金額より1円でも安ければ打ち合わせ費、1円でも高ければ交際費と誰もが認める正しい線引きはあるのでしょうか。このように会社では、どのような部門でも、はっきりとした正解のない問題が数多く存在しています。

会社では、日々このような問題について頭を悩ませながらも、知恵を絞って取り組んでいるのです。会社の決まり事、社則や仕事の手順なども、なぜそうなのかを理解することからスタートとなります。ルールや手順の存在の背後にある、目的や理念を理解することが必要なのです。たまには、それらを問い直し、改善や更新の可能性を探ることも重要です。

学校の教科書は、主に理解することと記憶することのために使用されています。それは、内容に間違いがないとされているからです。それでも歴史などは研究が進めば、当初の判断と異なっていたとして、訂正されている場合もあります。例えば昭和の教科書で、鎌倉幕府の成立は「イイクニつくろう鎌倉幕府」で有名な１１９２年とされていました。しかし、現在では「イイハコつくろう鎌倉幕府」となり１１８５年が鎌倉幕府の成立年として訂正されています。教科書でさえ訂正されるのですから、会社の決まり事なども無条件に受け入れるのではなく、十分に理解し検証していく必要があります。もちろん、全ての会社の規則や制度を否定するという意図ではありません。各ルールや制度について正当な理由があることを理解した上で、改善の余地がないかどうかを新鮮な視点で見つめてほしいのです。

会社には正解が少ないと説明しましたが、それでは逆に不正解はあるのでしょうか。仕事において、大半の課題は正解がはっきりとしませんが、不正解はあります。例えば、約束が守れない、時間にルーズ、嘘をつくなどは、それだけで評価が下がります。顧客へ頻繁に訪問し真剣に取り組んだとしても、契約に至るとは限りません。しかし、訪問もせずに不誠実な対応であれば、契約には結び付かないということです。

筆者は長年営業畑でしたが、ラッキーと思える成約は結構ありました。しかし、アンラッキーと思える不成約はありませんでした。受注できなかった商談を振り返ってみれば、必ず対応に抜け落ちた点が見つかったものです。成約した時には、こちらにファインプレーがなかったとしても、競争相手の失敗などで成約に至ることもありました。逆に、こちらに致命的な落ち度があれば、勝利の女神は逃げていくものです。

プロ野球で選手として、そして監督としても素晴らしい成績を残した野村克也監督の座右の銘である「勝ちに不思議の勝ちあり、負けに不思議の負けなし」という言葉があります。実に味わい深い言葉ではないでしょうか。

会社と学校の違いをまとめますと、まず会社は既知の範囲を超えた問題に直面することがあるという点です。しかも「教えてもらっていない」というエクスキューズ（言い訳）は通用しません。従って自分自身で研究し、他の人々にアドバイスを求めるなど、積極的な自己啓発が求められます。

次に学校は「学ぶ場」で、会社は「学んだこと（能力）を発揮する場」です。そのため、こちらから求めなければ、上司から教えてくれることは期待できません。

最後に、学校の学習範囲内の問題において一般的に正解があり、会社では解答が明確でない場合が多いということです。もちろん、解決策がない場合に何もしないわけではありません。

その場合でも会社では、さまざまな角度から複数の考え方や戦略を検討して、最良の選択をしていきます。

このように比較すれば、学校の優しさが身に染みてこないでしょうか。学生時代に試験は憂鬱だった人もいるかもしれません。しかし、試験は学んだことを理解し身についているのかどうかを、教師と学生が互いに確認する機会なのです。テストの結果を見て、間違っていたところについて、再度学び直すチャンスをくれているのです。会社では基本的にテストはありません。なぜなら、研修等では受講者全員が全てを理解したものと、会社が判断しているからです。そのため、見直しの確認をする機会をわざわざ設けるような時間はかけません。特に勤務時間中に受講しているのであれば、全て理解できていることが前提のため、試験は無用というスタンスなのです。会社が厳しいのではありません。学校と会社では、それぞれの目的が異なるからなのです。

学校と会社の違いをよく理解しておけば、毎日の業務に取り組む際の戸惑いを減らせます。そして、業務知識の吸収に対して、受け身ではなく、より積極的な姿勢で学ぶことができます。それぞれが仕事の取り組み方も、自ら身につけることが可能となるでしょう。

学校の本当の価値

前項で会社と学校の比較をしましたので、学校について、もう少し説明します。最近は受験対策という面では塾の後塵を拝してしまい、塾まがいの授業を採り入れる学校もあるそうです。しかし、塾が受験に関して優位である理由は、教える教師の資質や授業の内容によるものだけではありません。一部の有名塾では入塾試験があり、試験の結果で入塾できない場合もあります。また、塾によっては生徒のレベルによるクラス分けや、受験対策に特化したカリキュラムもあります。そのようにして生徒の競争意識が高まる環境を作り上げているのです。また、学力の向上というよりも、受験に向けた授業内容に絞られています。その結果、目的である入学試験の合格について成果を出しています。もちろん塾に通うこと自体が問題ではありません。ただ、受験を通じた成果だけを見るのではなく、学びの過程やそこから得られるスキル等、全体的な視点を見失わないようにすることが大切なのです。

正月の箱根駅伝は人気を博しています。しかし、試合に出てくる大学の駅伝部は塾とよく似ている点があります。駅伝部に入部したいと思っても、一定の記録を出していなければ入部できません。また入部できたとしても、激しい競争でグループ分けがあります。高校までで陸上競技の総合的な経験も積み、大学では箱根駅伝を走ることを目指してハイレベルなトレーニングを積みたい選手にとっては理想の環境かもしれません。しかし、これから幅広い中長距離のトラック種目に取り組みたいと考えているビギナー選手にとって、駅伝部はたとえ入部できたとしても、個人の目的には合致しないかもしれません。

ただし誤解がないように付け加えますが、大学の駅伝部のトレーニングが駅伝に特化していることを説明しているだけです。駅伝部での経験そのものが無意味なわけではありません。たとえば箱根駅伝4連覇を含む優勝7回（2024年1月4日現在）を誇る青山学院の原監督はインタビューで「大学スポーツは大学教育の一環です。青山学院の駅伝部の指導は青山学院の教育方針に基づいている」と話していました。また原監督の著書である「47の言葉」では「青学陸上競技部だからこそ身につけられるスキルは、コミュニケーション能力です。それは、うちの部は監督が絶対的な力を持つ組織ではないからです。私が下した結論は、キャプテンを通して学年長に伝えられ、学年長から同学年の仲間に伝えられます。また、部員間でのミーティングも頻繁に行われています。つまり、自分の言葉で表現し、相手の意見に耳を傾けるというコミュニケーションの基本を身につけられる機会が多いのです。社会人になっても役立つ能力を、陸上という競技、そして箱根駅伝というコンテンツを通して、伸ばしていくのが私の指導方針です」と説明しています。このような指導者や環境で濃密な4年間を過ごせることは、箱根駅伝を走ることに勝るとも劣らない貴重な経験といえるでしょう。

塾を否定するわけではありません。しかし人生１００年と考えればその期間、それぞれが目指すべき道を迷わずに悔いなく生きられるような力を身につけなければならないのです。それは、単なる受験のためだけの知識やテクニックでは補えません。人生は長いのです。一回の受験を成功したから、全てうまくいくわけではありません。例えば、高校受験に成功して入学しても、最初の学内テストの結果が学年で最下位だったとします。それまで中学時代の試験結果はトップクラスであった生徒が、それでショックを受けて学業不適応となり、ドロップアウトすることもあります。人生は七転び八起きとも言います。失敗がない人生は一見幸せなように思えます。しかし、失敗という経験がなければ、挫折も苦しみも悩みさえも知らず、人の痛みを理解しがたいとも言えます。また転んだ後に起き上がってきてこそ、人間としての強みが身に付くのです。最後尾となった時でも、不屈の魂で頑張れる力を身につけることこそ、人生には必要なのです。もちろん、失敗から立ち直るのは一筋縄ではいきません。それでも、失敗は神様が与えてくれたチャンスと受け止めるのです。新たな学びのためのステップと捉えることが、それを乗り越えるための一助となります。

そもそも教育とは、社会化の一種です。社会化への教育とは、社会の一員になれるように教え育てることです。社会に出て生きていくことへ備えるために学習することです。社会人として必要なルール（規範としての是非と善悪）と生きていくための知能・技能を身につけることです。学ぶべき必要なルールとは、何が正しくて何が正しくないのか、善悪の倫理をマスターすることです。これは学校と家庭の両面で受け持ちます。そして知能・技能の学習とは、知識を中心としたもので、江戸時代なら「読み書き算盤」と言われたものです。大人として生きていくために、必要な知識と技術です。もちろん現代では小学生の国語や算数から始まって、上級レベルになると形式科学、自然科学、社会科学や人文科学なども含まれています。知能・技能は学校が主に担当します。

学校は、ほぼ同い年の人間の集合です。ただ入学時に受験のない公立中学校までは、学ぶ生徒の学力も意欲もバラバラです。学業に対する本人や家庭の関心度合いも異なります。それゆえ、受験の対象となる主要科目の習熟という点について十分な環境とは言い難いのです。しかし、それを補って余りある学びの要素が溢れています。多くの学校では、単に受験勉強だけでなく、生活スキル、道徳教育、芸術、スポーツ、チームワーク、リーダーシップなど、全面的な教育を受けられます。また、さまざまな環境で育った人の集団の中で勉強することは、多様性が理解できるようになります。部活動も学力とは無関係な位置にありますが、そこでの経験が将来役立つことは、多くの人が理解していることです。自分より優れた人を手本として、また学友を助けるなど、社会で必要なことも自然と学んでいきます。そのような環境の中で、深みのある人間性が育まれていくのです。

今のように大学進学が一般的になってくると、大学卒の資格だけで、エリートとして生きていけるわけではありません。学歴が重要視される場合も、少なくないかもしれません。しかし、どのような人間に成長しているかが試されます。受験の知識だけではなく、学校で授業以外の学ぶべきものも吸収しておく必要があるのです。学校では、専門知識を得るだけではなく、集団生活を通じてリーダーシップやチームワークを学び、生活習慣やモラルも養います。これらは、あらゆるシーンで必要とされ、人間としての成長に不可欠です。塾での学びは、学校での学びにバランス良く組み合わせることでこそ、より高い学力向上が実現できるのです。塾で入試の特訓をしているからといって、学校で授業中に居眠りをするなどは、本末転倒の典型です。仮に塾に行くなら、学校との両立が大事と理解した上で取り組んでほしいものです。

もちろん、入試の結果は、人生において大きな影響を与えます。特に受験で成功した子どもは、成功体験を会得します。そして努力すれば報われるとする生き方を、肯定的に受け入れられる可能性が高くなるのです。逆に失敗した子どもの中には、挫折を通じて多くを学ぶ子どももいます。しかし、努力に対して意義を見いだせなくなる子どもがいるかもしれません。それゆえ、決して受験を軽視してもよいと、説明しているわけではありません。まずは、しっかりと学校の授業を受ける必要があると言いたいのです。

集中力を切らさず学校の授業を受けるポイントは、授業が理解できているか否かです。授業で理解できない内容が続くと他の事を考えたりして、授業に身が入らなくなるのは当然です。だからこそしっかり学ぶには、予習が大事になるのです。事前に教科書を読みこみ、理解できるところと理解できないところをしっかりと把握しておくことです。そして、実際の授業では自分が理解している部分について間違った理解をしていないかを確認します。そして理解できていない点についてはは理解できるまで先生にしっかり質問していきます。「しっかり」という言葉が続きました。それは学校の取り組みはそれだけ「しっかり」が必要だからなのです。

また、授業で得た知識を確実に記憶させるためには復習が必要です。人間の脳は、一回記憶しただけではすぐに忘れてしまいます。ドイツの心理学者であるエビングハウスが行った実験では、一度覚えた内容も1時間後には半分を忘れ、一日後に7割を忘れてしまったという結果が出ています。これをエビングハウスの忘却曲線と呼びます。記憶に定着させるには、完全に忘れる前に、復習をして思い出すことが必要です。これを何度か繰り返すと記憶は定着します。そのため家に帰れば復習として、特に重要な箇所は忘れないようにアウトプットしておきます。アウトプットとは、声を出して読む、文字として書くなど身体から発信することです。人はアウトプットしてこそ、初めて深く理解して、身につけることができるのです。効果的な方法の一つとしては、先生になった心算で模擬授業をしてみてください。スムーズにできれば理解できていることになり、うまく説明ができなかったところは理解できていない部分といえます。できていなかった部分は再度確認してみることです。それでも不足する部分を塾や家庭教師、あるいは最近ならYouTube（正しい情報であると確認できたものに限る）で補えばよいのです。

以前、テレビで元大阪府知事の橋下徹弁護士が高校時代の話をしていました。彼は大阪の進学校である府立北野高校のラグビー部に所属して全国大会にも出場しています。ラグビーは冬が大会シーズンのため、3年生は全員浪人覚悟だそうです。当時の共通一次試験（現大学入学共通テスト）も、試合と重なっているため受けられなかったそうです。浪人後に早稲田大学政治経済学部に入学し、司法試験も合格しています。現役での大学進学を目指す立場からすれば、ラグビー部活動による浪人生活は無駄のように思えるかもしれません。しかし、彼の大阪維新の会代表や大阪府知事、大阪市長などでの活躍をみると、おそらく高校時代に培われたであろうキャプテンシーやリーダーシップなど、誠に得難い人間力を身につけています。このことは学校の価値を再認識させられる例といえます。

最近では健康のためにサプリメントなどの栄養補助食品の摂取が人気です。しかし、あくまで補助食品であり、本来の食事をしっかりと摂らなければ健康にはなれません。同様に塾は補助的存在です。まずは、学校で全人格的な成長のための学びに取り組むことが重要であることを理解してください。学校はそれができる極めて有効な場所です。そしてその上で、どのような人生を選ぶかを考えるのです。好きこそものの上手なれと言いますが、好き嫌いと得手不得手の両方から総合的に判断をして、人生を選んでいくべきです。社会に出て成功するためには、進むべき道を間違わないようにしなければなりません。そのためにも、学校で学び、人として成長することが大切なのです。

仕事の目的三原則

会社と学校の違いを確認したことで、ある程度、会社についての理解が深まったと思います。次に会社での仕事の本質について説明します。仕事の本質とは、役に立つことなのです。マクロの視点では社会を良くする貢献や社会問題の解決、ミクロの視点では会社の利益を生むことや社員の幸せを作ることなどで、会社や職場の役に立つことです。マクロとミクロ両立できれば良いのです。しかし、個人が直接的に両方を兼ねることを無理に求める必要はありません。まずは、ミクロの視点で役に立つことを目指します。会社の事業が社会に役立つものであれば、会社の中でのミクロの仕事は、マクロでの役立ちに繋がっています。ただし、常に自分の仕事のミクロの目標が、どのようにしてマクロの目標と関連しているかを理解することは大事です。

その仕事の本質を前提にして、会社を維持していくための仕事の目的三原則は、①今日の果実を得ること、②明日の果実を得るための種を蒔くこと、③明日の果実を刈り取るための人を育てることの3つです。

会社は業種によって、さまざまな部門で組織されています。営業、総務、法務・審査、経理、財務、研究、生産、製造、システム、サービスなどです。もちろん、それぞれの業務は異なっており、固有のスキルやノウハウが要求されます。しかし、会社を維持していくための本質として、共通しているのは先の三原則となります。

まず、今日の果実を得ることについて説明します。「会社は継続的に利潤を追求する営利団体である」と繰り返し説明してきました。つまり利潤を追求するために、現在の業務を遂行し、予算や計画を達成しなければなりません。予算や計画の達成とは、決して営業部門のことだけではないのです。例えば、総務部門なら社員が仕事をしやすいように、計画的な職場づくりを実現していくことです。経理部門では収益体質の強化、財務部門では資金調達力の強化、製造部門では計画通りに商品製造していくなどです。どの部門においても、目標とする予算や計画は存在します。そして、それぞれの目標を達成するように、全力を尽くしていきます。組織全体で利潤を追求し、果実を得ることに努力をします。組織全体が予算・計画を達成し、売り上げと利益を確保してこそ、会社は存続し社員の給料も支払えるのです。

そして次に、明日も果実を得られるように種を蒔く必要があります。営業であれば、既存顧客だけではなく、新規開拓を進める必要があります。総務人事であれば、より効率的な組織や長寿社会に対応する定年延長を含む人事制度など、会社の規模に見合う組織設計の検討を進めなければなりません。生産部門であれば、新製品の開発・研究などがそれらに当たります。

時代の進化を経済の観点から指摘したのはロシアの経済学者コンドラチェフです。彼が唱えた「コンドラチェフの波」は、景気が50年で循環するという考え方で「長期波動」や「大循環」とも呼ばれました。つまり、技術革新が起きて市場が成長し、成熟し、衰退していくサイクルが50年と予測しました。そして50年が過ぎれば新しい技術革新により、再び社会の景気が発展していくというものです。また企業の寿命30年説や50年説があります。たしかに、ひと昔前に隆盛を誇った大企業が、事業を縮小したり倒産したりする例は少なくありません。原因は時代の進化に合わせた企業変革が遂げられなかったからです。しかも、時代の進化のスピードは高まっています。時代の進化を通信手段で例に取れば、手紙、電報、固定電話、ファックス、ポケベルや携帯電話、スマートフォンと進化しています。携帯電話・スマートフォンだけでも１Ｇ（アナログ通信）、２Ｇ（デジタル通信）、３Ｇ（高速データ通信）、４Ｇ（高速大容量通信）、５Ｇ（超高速低遅延多数同時接続通信）など10年単位で劇的に進化しています。

日本フィナンシャル・プランナーズ協会が２０２２年に実施した作文コンクールの集計で、現代の小学生が将来なりたい職業の一つに「ユーチューバー」があります。20世紀には存在すらしなかった職業です。文明は進化こそすれ、元に戻ることはありません。これからも進化していくとすれば、進化する文明に応じた種を植えていかなければ、会社の明日はないのです。

最後に果実を刈り取る人を育てることです。つまり次の世代を担う人材を育てるということです。自分自身が課長として素晴らしい活躍をしても、後任の課長候補を育てることも部長に昇進するための大切な要素といえます。また皆さんが高齢となり、体力が衰えてきた時に、いつまでも同じ業務に携われるわけではありません。会社が継続的に利潤を追求していくためには、後進を育てていかなければならないのです。そうすることで会社は長期的に存続できるのです。

会社は積極的に教育をしてくれる場所ではないと説明しました。それは優先順位として①今日の果実を得ること、②明日の種を蒔くこと、③刈り取る人を育てることになっているからです。

皆さんが管理職となった時には、このことをよく理解した上で、毎年予算を達成し、次年度以降の課題に取り組むことに加えて、ぜひ後進を指導していくことも同時並行的に目指してください。

ただし、後進の指導の基本は「啐啄同時《そったくどうじ》」です。啐啄同時とは、鳥の雛が卵から産まれ出ようと殻の中から卵の殻をつついて音をたてた時、その音を聞きつけた親鳥がすかさず外からついばんで殻を破る手助けをすることを意味します。これが「啐」と「啄」の関係です。相手が必要と求めた時に、手を差し伸べることこそが、会社における指導の基本です。

相手の求める時に相手のレベルに合わせて指導していくことが大事です。昔、配属された新入社員に「俺の20年間の経験を30分で全て教えてやる」と言った管理職がいました。能力が同じレベルであったとしても、20年間分を30分に凝縮して説明されたら理解は困難です。ましてや新入社員には、とても無理な話です。結果的に新入社員は、オーバーフローになり、退職してしまいました。

多少のオーバーワークは、筋力トレーニングと同様で「超回復」により能力が高まるかもしれません。しかし、オーバーフローでパンクしてしまえば、元も子もありません。ぜひ、その点を留意しながら取り組んでください。

組織は3種類の人間に分類される

会社員は携わる業務、年齢、学歴も含めたキャリアなど、多種多様な人員で構成されています。50年前なら正社員が大半を占めていました。しかし、今では嘱託や契約社員、派遣社員、パートなど、幅広い雇用形態の社員が存在します。

時代の流れや働く側のニーズの変化など、いろいろな要因が背景にあります。しかし、一番の理由はテクノロジーの進化やグローバル化の影響によって業務が多様化して、それぞれの業務に見合う労働形態が必要になったことです。例えば、1970年代頃までは一部の女性社員はオフィスの補助業務を担当することが多かったのです。しかも、その役割が文書のコピーや飲み物の提供などに限定されていると見られがちでした。もちろん実際は、そんな楽な仕事ではありません。しかし、その時代の仕事は今ほど多様化や専門化しておらず、業務に応じた給与モデルが男性向けと女性向けの二つで十分だったのです。ただ現在のように業務が細分化・専門化されてくると、それぞれの業務に応じて、幅広い雇用形態が導入されるのも当然のことです。

このように現代の会社の雇用形態などは、さまざまとなっています。しかし、求められる業務能力を、あえて区分するとすれば①マニュアルを改定する人、②マニュアルを守る人、③マニュアルを守ることに苦労する人の3種類に分類されます。もちろん、人はそれぞれ異なる特性と能力を持っており、一律には扱えません。ここで提示した3つのタイプは、単に会社の成長と改善を目指すために、一つの視点として分類するものです。

さて、マニュアルと聞くと、伝統的に固定されているように思えるかもしれません。しかし、マニュアルは日々変更されていくべきものです。例えば計算手段一つをとっても、算盤から電卓・電算機になり、そしてパソコンでエクセルを使って計算するようになりました。そのエクセルでさえも、全て自分で入力しなければならなかったものが、ピボットテーブルやWebクエリ、マクロを活用していくことが当たり前となっています。またRPA（ロボティックプロセスオートメーション＝パソコン上で行う業務をロボットで自動化するテクノロジー）の導入も一般化してきています。これらの時代の進化に合わせて、会社の業務の手順も変更する必要があります。それらの手順の変更がマニュアルの改訂です。

会社での業務の作業手順（マニュアル）を、変更していく人はとても重要な存在です。このレベルを目指すにあたって、学歴とか学校の成績は関係ありません。そもそも、学校の記述テストや選択問題は、覚えた知識を再現する力を測る傾向があります。他のさまざまな要素も合わせて評価されますが、問題の解法（問題を解く具体的な方法）や答えを覚える力に重きを置くことは否めません。そのため、一部の科目やテストでは、問題の解き方と正解を覚えることが優れた成績につながることもあります。

しかし、会社の問題は、正解が最初から分かっているわけではありません。気づく力と、考えて創造していく力が必要なのです。過去に固執せず、常に疑問を持って職場の業務に対して真摯に取り組む人が、業務を変革していけるのです。会社はそのような人材を求めて、人の募集・採用をしています。

山梨県に本社があり、菓子を中心とした食品メーカーであるシャトレーゼは、可能な限り商品の値上げをしないように努力しています。どのような努力かといえば、常に社員全員でコストダウンを考えているのです。例えば、シュークリームをトレーに乗せる時には、安定用の器を使用していました。しかし、トレーそのものを安定的に乗せる形状へ変えるように、社員が発案したのです。安定用の器が不要となり、年間一千万円のコストダウンを実現したそうです。そして同社には、そのような事例が数多くあります。つまり社内に数多くのマニュアルの改定者が存在しているということです。一人の経営者や一部の管理職や研究職が工夫するのではなく、数多くの社員が工夫してマニュアルを改定してこそ、会社の力が高まる好事例といえます。

一般的には、マニュアル通りに仕事をするという、いわばマニュアルを守る人たちが多数派です。マニュアル通りに決められたことを決められた通りにする業務といえども、難易度は決して低くはありません。そのため、このカテゴリーに属して真面目に業務に取り組んでいるなら、及第点といえるでしょう。

ただしマニュアルを守ることに苦労する人、例えば社則違反、遅刻・無断欠勤、約束不履行（含む納期遅延など）や報連相（報告・連絡・相談）ができない人などがいるとします。その場合は、会社やチームから、指摘を受けるなどして改善を求められます。それでも、そのような態度に変わりがなければ、その職務を続けることは難しいかもしれません。

このように会社では、マニュアルを改定する人、マニュアルを守る人、マニュアルを守ることに苦労する人の3種類に分類されます。まずはマニュアルを守れる人となり、次にマニュアルを改定できる人を目指してほしいと思います。

現在、自分はマニュアルを改定する力はないし、そのような部署にも配属されていないと、あきらめる必要はありません。高度なマニュアルの変更をイメージしなくてもよいのです。少しだけ勇気を出して、職場のマニュアルの小さな改定から、チャレンジしてみてください。できるところから始めることです。初めの一歩を踏み出すことが大事なのです。具体的には業務や会社のシステム上の改善点を洗い出して、職場の仲間からも意見を聞き出して、アイデアをまとめて上司に提案するという方法があります。

改定する努力を継続できれば、人は必ず成長します。気持ちの持ち方ひとつで人は変わるのです。その象徴的な話を紹介します。アメリカンフットボールといえば関西学院大学が全国タイトルで、ライスボウル優勝1回ならびに史上最多となる甲子園ボウル優勝34回（4回の両校優勝を含む）の計35回を獲得しています。全国学生チームの中で、最多記録であり（２０２３

年12月18日現在)、大学ナンバーワンの実績を誇っています。その関西学院大学を1982年に関西学生リーグで破って初優勝したのが京都大学でした。大学野球に置き換えれば関東六大学で、東京大学が優勝するような快挙です。歴史的な偉業を成し遂げたのです。その優勝チームを率いたのが、名将の呼び声高い水野弥一監督でした。その水野監督が講演で、なぜ優勝できたのかを説明されました。それまでに、もっと強いメンバーが揃っていたチームの時代もあったそうです。しかし、チームのメンバーが関西学院大学に勝てるとは思っていなかったそうです。京都大学が初優勝をする前年まで関西学生リーグで、同点優勝も含めて33年間連続で関西学院大学は優勝していたのですから。しかし京都大学の初優勝したチームのメンバーは本気で勝てると思っていたそうです。もちろん力量は必要です。しかし、最終的に事を成し遂げるには、自分たちを信じることが一番大きいということです。自信があれば、トレーニングの取り組み方も変わるでしょう。たとえ試合で劣勢になったとしても、あきらめずに最後の最後まで100パーセントの力を発揮することができるのです。仕事でも、自分を信じて、やりきることが大事なのです。

ひとつひとつの改定は、小さいものでもよいのです。また、最初は改定提案が否定されることもあるでしょう。しかしあきらめずに、その小さな改定提案を積み重ねていくことが大事です。振り返れば大きな成果となっているかもしれません。少なくても、あなた自身の実力として、職場を改善していく力が蓄えられていくことは間違いありません。会社は組織で活動しています。短期間では成果は実感できないかもしれません。しかし長期になれば、必ずあなたの行動が周囲にも浸透していきます。そうすれば時間がかかったとしても、あなたの努力は周囲に認知されるでしょうし、評価されていくことになります。

ただし、評価については、その時々の会社という組織のニーズによります。よく乱世の世に出るのは突出したリーダーシップ型で、平時に評価されるのは調整型などと、時代によって求められるトップの像は異なると言われています。このことは、組織のトップだけでなく組織に属する全ての人間に当てはまることなのです。いつ必要とされるのかは分かりません。そのため何年か努力すれば報われるという図式はないのです。しかし、あきらめて努力をしなければ、檜舞台で活躍できるチャンスは決して巡ってこないでしょう。「いつ来るとも限らない機会」に備えて努力することこそが大事なのです。テレビの野球中継ではあまり映りませんが、バッターが内野ゴロを打って一塁に走る時に、キャッチャーも一塁に向かって走っているのをご存じでしょうか。プロ野球では当たり前のことです。内野手がゴロを取って一塁に投げて万が一暴投になった時に、カバーする人がいなければ、確実に二塁へ進塁されてしまいます。しかし、キャッチャーがカバーしていれば、それを防ぐことができるかもしれません。プロ野球の内野手が投げるのですから、暴投になる確率は極めて低いでしょう。それでも、いつ来るとも限らない内野手のミスというチームのピンチに備えて、一塁のカバーにプロのキャッチャーは走るのです。

もちろん、「いつ来るとも限らない機会」が訪れないかもしれません。しかし、その「機会」に備えた努力は身についていて消えるものではありません。あなた自身の力として備わっていきますから、決して無駄にはならないのです。

それから、自分自身の能力に不安を感じている人も悲観しないでください。自然界の野生植物は、同一時期に芽を出すわけではありません。種を土に植えても、数日後に芽を出すもの、一週間後に芽を出すもの、数週間後に芽を出すものとバラバラです。なぜなら全てが一斉に芽を出して、乾季で雨が降らなければ全滅してしまうからです。米や麦などは野生ではなく人間が改良しているため、種を蒔けば同じように発芽していきます。

人間も自然界の一部であり、生物としての基本的なルールに従っています。その中でも個体差が存在し、個々の成長のペースはさまざまです。競争社会で早く成功する人もいれば、少し時間を要する人もいます。「十で神童、十五で才子、二十過ぎれば只の人」ということわざがあります。早くに芽を出した人が大きな花を咲かせられないこともありますし、大器晩成と言って幼少時は平凡に見えても、ある時期からみるみる成長していく人もいます。人には、それぞれの成長速度があるのです。プロ野球でいえば、ドラフト1位が必ずしも活躍しているわけではありませんし、下位に指名された投手がエースに育つ例も少なくありません。ちなみに不世出の大打者であるイチローはドラフト4位でした。

大器晩成の反対で「栴檀《せんだん》は双葉《ふたば》より芳《かんば》し」という言葉があります。立派ですぐれた才能を持っている人は、子どもの頃からすぐれているという意味です。その典型的な世界が将棋の世界です。一九二四年に日本将棋連盟は設立されました。ほぼ百年という長い歴史があり、３４２人（２０２４年4月現在）が棋士になっています。その中で、中学生でプロ棋士になれた人は、たった5人（２０２４年4月現在）しかいません。しかし、その5人全員が最も歴史と格式のある名人位のタイトルを獲得しています。ただ早熟型ともいえる将棋の世界でさえも、プロ棋士となれたのが23歳で「遅咲きの棋士」と言われた木村一基九段は、46歳で初タイトルを獲得するという初戴冠最年長記録を樹立しています。やはり不断の努力がいかに大事かといえるのではないでしょうか。

わずか大学卒業時の20代前半だけで人の価値や能力は決まりません。20代後半に芽を出す人、30代、あるいは40歳を過ぎて芽を出す人がいるかもしれません。

今、芽が出ていないと思っている人も決してあきらめず、「いつ来るとも限らない機会」に備えて鍛錬しておくことです。また幸いなことに今芽が出ている人は、そのことに満足はしても、慢心してはいけません。さらなる成長や新たな課題への対処を見据えて、スキルの向上や学びの重要性を忘れないことです。今後の成長に向けて弛まぬ努力をしなければ、いつか只の人になるかもしれません。ぜひ、このような心がけを持ってマニュアルを改定する人を目指してください。

ＤＸで社会も会社も変貌する

さて、ＤＸ（デジタルトランスフォーメーション）を推進する動きが加速しています。特にＡＩ（人工知能）の進化は著しく、社会が大きく変貌しようとしているのです。注目されるようになった要因は、機械学習（含むディープラーニング）、ビッグデータ、そしてＣｈａｔＧＰＴや生成ＡＩなどが進化して、広範囲で活用が可能になったことが挙げられます。

将棋の世界で２０００年頃に登場したＡＩ将棋はプロ棋士には決して適わないとされていました。しかし、２０１３年には第二期将棋電王戦（チーム戦）で中堅の棋士に勝ち越し、２０１７年には、ついには時の名人から勝ち星を挙げました。現在では将棋のテレビ中継で、ＡＩの評価値はなくてはならない存在です。

ＡＩは既にさまざまな分野に進出しています。例えば、写真においても既存の写真を利用するには権利者に承諾を得なければなりません。しかし、ＡＩが自動的に作成した生成物であれば原則として著作権を気にすることはありません。ＡＩが独自に作成した架空のアイドルの写真などは、新人アイドルの写真と言われても全く見分けがつきません。

ＡＩはさまざまな分野に進出しており、「ＡＩは天使か悪魔か」という議論さえあります。

進化する文明の使い方ひとつで、核爆弾にも原子力発電にもなるからです。要は人類の対応いかんです。おそらく仕事のうち作業といわれるものはＡＩが担うことになり、人間は、より創造性の高い仕事に、特化していくだろうと言われています。ＡＩが得意とするのはルールに従った繰り返しの作業です。他方、人間は抽象的な思考や創造性を必要とする仕事で優れています。ＡＩの発展により、人間の役割は、より創造的な仕事に移行していくものと考えられます。それぞれの得意分野を活かすことが、これからの働き方の方向性といえます。そのため仕事という概念も、大きく変わります。そのことで社会も会社も、劇的に変貌していくでしょう。

例えば広告宣伝は現代でも無差別に行うのではなく、きめの細かい手法が採用されています。テレビ広告では番組内容や放送時間帯でＣＭの種類を決めていますが、それでも幅広い層へ向けたマスマーケティング施策です。インターネット上の広告は性別や属性はもちろん、ユーザーの興味や関心を考慮した配信ができます。そのため、新聞やメディアなどのマス広告と比べて細かなターゲティングが可能なのです。この商品に関心があることが多いと判断することで、より効率性を高めています。アマゾンで商品を購入しようとすると、「よく一緒に購入されている商品」として他の商品リストが紹介されています。しかし近未来では、ネットニュースを見ようとしたら、「あなたが気に入るかもしれない新商品が発売されました」というメッセージが当たり前になっているかもしれません。

現在、インターネットのおかげで膨大な量の情報が私たちを包み込んでいます。便利ではありますが、あまりに膨大過ぎて収拾がつかないこともあります。しかし、これからはＡＩによって、それぞれ読み手・買い手に合った情報に整理されて提供されるというシステムが組み立てられていくでしょう。このことで起きる影響は売り手側にとっても小さくありません。

これからは、大衆向けのマスマーケティングだけではなく、小規模で限定的なターゲットを対象とする、よりニッチなセグメントマーケティングにも目を向ける必要が出てきます。例えば、全国で千人だけに熱狂的なニーズがある商品は、今までビジネスとして成立しませんでした。テレビなどのマスコミで高額な宣伝費用をかけたのでは採算が合いません。しかも、売り出したいと思っても全国で千人しか需要のないような商品を一般の小売店は扱いません。しかし必要とする千人だけにダイレクトに案内して、直接販売できればビジネスとして成立します。このような社会の変化を理解して、会社が対応しなければ継続的な利潤を上げることはできません。これからは、ごく一部の限られた人のために高評価される商品やサービスの開発・提供も必要となるでしょう。対応するには過去の成功体験に縛られず、新しい社会に対応できる体制でなければなりません。自社の本質を見つめ直して、新しい形を作り上げるしかないのです。そこには既存の組織ではなく、大抜擢や飛び級というシステムも必要です。正しい知識と理解を得るために専門の教育機関で学ぶことが重要です。あるいはオンライン学習サービスや実践的な研修プログラムなどで、ＤＸを学ぶ手段も選択肢として増えていくでしょう。もちろん大学や大学院でも実践的なＤＸを学ぶ専門課程も用意されていくのではないでしょうか。

また世界的に見れば、カナダ、スウェーデン、アメリカなど現金不要の小売店が増加してきており、キャッシュレス社会が確実に進行しています。日本は、かなり遅れていると言われています。しかし、徐々にキャッシュレスの利便性も浸透しつつあります。もちろん高齢者やデジタルデバイスにアクセスできない人々も存在します。ただ今後は、デジタル化に適応するための支援策が開発されていくことが期待されます。

２０２４年７月３日から一万円札（渋沢栄一）、五千円札（津田梅子）、千円札（北里柴三郎）の３券種が改刷されました。偽造防止の観点から新札変更となったわけです。しかし、自動販売機等の対応では多額の費用がかかるためキャッシュレスに切り替えた店舗も少なくありません。新札変更によって、日本もキャッシュレス社会への進行が一層早まるかもしれません。

キャッシュレス化が一般化し、通帳やキャッシュカードが不要となりスマートフォンなどのデバイスだけで事足りるようになれば、銀行は店舗やＡＴＭさえ縮小していくかもしれません。そのときに金融機関はどうあるべきか。担保主義の融資基準ではなく、原点に戻って「社会に役立つ起業や志のある人を支援するのが銀行の本質である」とすれば、業態は大きく変貌していくでしょう。九州三大地銀グループの一つである西日本シティ銀行では、取引先の創業者が集まる「ＮＣＢ創業者交流会」の定期開催を始め、さまざまな経営・事業支援のメニューが存在しています。同様の取り組みは他行でもあるでしょう。このような取り組みが時代の進化にマッチするように工夫されていけば、金融機関の役割は、今まで以上に増すことになるかもしれません。もちろん銀行法などのハードルもあります。しかし、社会が変われば、タイムラグがあっても法律も変わっていくのが歴史の必然です。

社会における自社の役割とは何なのか。自社の本質を見極められれば、変貌する社会において何をなすべきかが、明確に見えてくるはずです。何をなすべきかが明確になれば、社会の変化に対応する事業展開を進めることも可能です。

そのようなことをする必要がありますか。そして、そんなことをして儲かりますかという疑問に思う経営者には、リコー元社長である市村清氏の言葉を捧げます。

「事業というものは世間の利益と一致したところに繁栄するものであって、『儲けてやろう』という気持ちでやる事業には自ら限界があるものだ。ところが、『世のためになるのだ』という精神で道を即してやれば自然に儲かるものであって、その方がむしろ利益は無限である」

ジョブ型雇用とZ世代・α世代

DXにより社会も会社も変貌していく兆しとして、会社の雇用形態も変化しています。元来、日本は終身雇用型の採用が主流でした。しかし、ジョブ型雇用を導入する企業もかなり増えてきています。完全移行型と一部導入型とあるものの、富士通、日立製作所、資生堂などの大手企業が取り入れています。2026年1月に年功序列を廃止する人事制度の導入を予定している三井住友銀行では、専門性の高い人材には5000万円の年収提示の事例も出る見通しとのこと。パナソニックグループのパナソニックコネクトでは2025年春以降に入社する社員に対しては、職務と職責に見合う初任給を個別に決定し、成果が確認できればグループ内にも拡大を検討するとしています。

ジョブ型雇用とは、例えば戦略立案部署の作業内容や情報管理部署の業務など個々の仕事内容を細かく規定して、職種によって処遇や賃金が大きく変わる制度です。その背景には、人口減や外国人社員の比率の増加などがあります。年功序列ではなく、その労働に見合った処遇でなければ、優秀な人材を集められなくなってきたのです。現代の新卒社員の年齢はZ世代であり、会社に自分のキャリアを任せられないと考える人も増えてきています。やりたい仕事を明確に意識している人も増加してきているでしょう。50年前なら大手企業に就職できただけで満足し、入社後の配属などに希望はあっても、さほど気にしない人が大半でした。勤務地についても全国区の会社なら全国どこでも転勤があり、商社なら海外赴任も当然でした。しかし、自分の人生は自分で決めたいと希望する人も増えてきています。興味のある企業での就業体験として、インターンシップに参加していくのも、それらの表れかもしれません。

ジョブ型雇用では能力と結果が評価されていきます。特にチームのリーダーに求められるのは個人の属性ではなく、マネジメント能力やコミュニケーション能力などの資質です。例えば、単に上司が年下の女性であるというだけで違和感を覚えるようでは、そのチームのメンバーとしての適性が問われます。これからは女性や年下の上司への適応能力も求められるのです。

真の第二次産業革命といってもおかしくない時代です。会社として生き抜いていくには、生まれた時からスマートフォンやタブレット、さらにはＡＩも身近にある環境で育っていくα世代（２０１０年〜２０２４年頃に生まれた世代）の知恵に頼る時代がきます。そのα世代を理解できるのはZ世代（１９９０年中盤〜２０１０年）だけかもしれません。その昔から、新人類、ミレニアル世代など、それぞれ世代の呼び方や世代の特徴はありました。しかし、現在のようなZ世代やそれに続くα世代ともなれば、過去の延長線にはない世代です。それは文明の進化が違い過ぎるからです。日本経済新聞社の２０２４年正月の朝刊一面に、「解き放て」というタイトルで、日本の反転のための提言が掲載されていました。日本でも、ようやく異能な人材に対する評価と受け容れが始まったと記載されていました。その中の「昭和の年功序列は、熟練の労働者ほど高い賃金にすることで、生産性の向上と働き手の定着を図った。経験が重要な製造現場では通じても、技術が急速に進歩するデジタル分野には合わない」という記事は印象的です。会社が進化する社会に適応していくためには、このZ世代やα世代の声が反映できるように組織を変化させていかなければならないでしょう。

さて、ジョブ型雇用にも課題があります。それぞれの業務範囲を明確に規定していくと、それぞれが担当領域に壁を作って、それは私の仕事ではないという副作用が出てくる可能性もあります。それが行き過ぎればセクショナリズムとなり、会社の総合力は発揮できません。

会社は時代に対応して変化していかなければならないと指摘しました。しかし、総合力を発揮する会社の組織としての本質を見誤ってはいけません。会社という組織に属するメンバーは、互いを尊重して助け合うことが基本です。終身雇用型とジョブ型の良い点を融合させて、ぜひ組織も個人も力が十分に発揮できる制度を構築してほしいものです。

女性が活躍できるために会社がなすべきこと

前項でジョブ型雇用の説明をしましたが、期待される女性の雇用についても説明します。最近は、日本の人口減の観点からも、職場での女性の活躍が叫ばれています。第一線で活躍されている女性を見れば、仕事上で男女の能力差がないことは明らかです。

そして2023年6月に全閣僚で構成する「すべての女性が輝く社会づくり本部」（本部長・岸田文雄首相）などの合同会議を首相官邸で開き、「女性版骨太の方針2023」を決定しました。大企業（東京証券取引所プライム市場の上場企業）について、女性役員の比率を2030年までに30パーセント以上とする目標を明記しています。しかし、単純に性別に基づいて役員や管理職を決めることは、実力主義という観点からは違和感を覚えます。会社の役員や管理職になるには、それだけの実力が必要です。性別に関係なく、役職相応の実力がなければ業務は遂行できず、本人も周囲も不幸になります。もちろん女性の能力は、さまざまな場で証明されています。それゆえ、個人の属性ではなく、実力本位で登用することが基本中の基本です。にもかかわらず、それぞれの会社の社員に対して、一律に女性の役員・管理職の採用数を決めることは、会社運営の観点からは整合性に欠けるといえます。役員・管理職の女性の比率は、女性社員の実力を正確に反映するべきです。ただ現状の問題としては、女性の能力が完全に評価されず、活かされていないことです。内閣府によると、２０２１年の管理職の女性比率は13・2パーセントにとどまっています。そのため、このように無理やりにでも目標を掲げない限りは、ガラスの天井（組織内で昇進に値する人材が、性別や人種などを理由に低い地位に甘んじることを強いられている不当な状態）などが打破できず、女性が役員や管理職へ進出するのは難しいのかもしれません。会社も政府の方針を尊重して、会社自体が変わらなければなりません。

男女差別の撤廃条約の批准にあたり１９８６年に男女雇用機会均等法が施行されて以来、表立って男女による仕事の差別はなくなりました。しかし、転勤の可否などを基準にして、総合職と一般職あるいは事務職などと実質的に区別される職制はあります。ただジョブ型雇用が浸透すれば、総合職、一般職、事務職などの職制は意味をなさなくなるでしょう。そして性別や年齢などの個人の属性ではなく、資質や能力で処遇が決まり、誰もがそれをおかしいとは思わない時代が来ます。

ただ現時点では女性の管理職が少なく固有の悩みを相談できる相手も限られています。その解決策の一つとして出光興産と東京海上日動が２０２３年度から始めたのがクロスメンタリングです。メンティ（生徒役）の女性管理職とメンター（先生役）の役員が企業の垣根を超えてペアとなり、社内では相談しづらいことも他社の女性役員に対して気兼ねなく相談できるシステムです。2024年度からはリコーと帝人が参加して4社で実施しています。このような動きが広がれば管理職を目指す女性も増えてきそうです。

しかしながら女性には出産というライフイベントがあります。そして女性には母親としての役割もあります。それによって一時的に職場を離れるケースがあります。男性にもさまざまなライフイベントがあるでしょう。しかし、特に出産は数年の職場離脱という形で、影響を及ぼすことがあるのも現状です。最近、男性の育児休暇も推奨されるなかで、その目的が妻の出産時の負担軽減から、子育てと仕事を両立するための長期休暇へとシフトしてきています。しかし、まだ全ての会社が、この変化に対応しているわけではありません。

ただ政府は2024年6月に、仕事と育児や介護の両立に関する育児・介護休業法を改正しました。男性の育休取得率の公表義務の対象を、1000人超の企業から300人超に拡大します。また取得率の目標値も100人超の企業は公表が義務となります。これからは、この法改正により、少しでも女性の負担が軽減されることが期待されます。それに加えて、子どもが3歳から小学校入学前までの間、従業員がテレワークや時差出勤など複数の選択肢から選べる制度を義務化しました。全ての企業が対象となります。子どもが3歳になる前に、企業側が全従業員から勤務時間や勤務先などの希望を聞き取る制度も2025年10月からスタートします。改正法は、残業免除の申請期間を現行の「3歳になるまで」から「小学校入学前まで」に延長しています。柔軟な働き方を可能とすることで育児と仕事の両立を後押しします。この改正により出産・育児の負担軽減が期待できそうです。

さて会社としては、女性が出産等で職場を離れた期間を、昇進やキャリアアップの機会を逃さないよう、どのようにサポートすべきなのでしょうか。ここ数年はコロナ禍でリモートワークも一般化してきました。コロナ感染という禍を転じて、リモートワークを産後のビジネスキャリアに役立てれば、出産によるハンデを可能な限り最小化できるのではないでしょうか。

産後のリカバリー期間が終わってから、リモートワークを活用すれば数時間の軽作業や会社の活動把握を含めた会議参加にトライすることも可能です。もちろん、子どもの様子や産後の身体の回復状況に応じて柔軟に対応します。そして一定期間が経過し、ある程度の業務が可能と判断できてからは、リモートでさまざまな取り組みが可能となるでしょう。ただし、その時期に携わる業務は単なる作業だけではなく、能力を向上させるような目的も兼ね備えたプログラムであるべきです。例えば、高度なビジネス資格の取得などがそれに当たります。そのような期間を経て、リモートワークで実力を磨いてキャリアアップをしてもらうのです。そうすれば完全な職場復帰をした暁には、飛躍的な力を発揮して、会社の戦力として大きく貢献する存在になっていることは間違いありません。

第二章　仕事力とは

仕事力とは何だろう？

仕事力とは仕事ができる能力のことです。「仕事ができる」の主要な能力は、業務遂行能力、課題解決能力、組織活動能力の3点となります。業務遂行能力は「任されたタスク（作業や課題）を正確かつ時間通りに遂行する力」、課題解決能力は「問題に直面した際に最適な解決策を見つけ出す力」、組織活動能力は「他のメンバーと協力し、またはリーダーシップを発揮し、チーム内での作業進行をスムーズにする力」です。

まず与えられた業務を「確実に」遂行する業務遂行能力です。「確実に」とは精度と期限の両方を指しています。「高い精度と期限厳守を目指す」、「ミスを最小限に抑えつつ期限通りに物事を進める」を目標にします。

業務の精度が高いことは当然ですが、納期も大切な条件です。品質と時間管理は、等しく重要な要素と認識しましょう。期日は守らなければならない厳しい約束事であり、それを尊重することが前提です。期日が設定されたら、その期日までに仕事を完成させ、提出する責任があることを理解しなければなりません。例えば本日中という期日であれば、翌朝までは許容範囲と思っていませんか。どうせ受け取る相手が確認するのは、翌日の始業時間以降だと勝手に解釈していませんか。それまでに間に合えばよいと、その日の夕方から作業を開始しようと考えていませんか。しかし、本日中という締め切り時間を守ることと、その仕事が翌日以降に確認されるかどうかとは関係がないのです。もちろん実際には、それで許容されることも少なくありません。しかし、現在は多くの会社では印刷物での提出ではなく、電子データで提出することが増えています。これは業界や職業により異なるため、一概には言えません。ただし電子データでの提出の場合、受け取る相手は就業時間以降に、その提出されたものに基づいて次の作業を予定しているかもしれません。そうであれば、もともと就業時間までにとされていた締め切り時間を軽視したことで、次の工程の作業に迷惑をかけてしまうことになります。会社において当日中というのは、翌日に日付が変わる時間ではなく、当日の定時勤務時間内という意味です。納期は、必ず守らなければなりません。もし遅れるとなれば、それが判明した時点で、すぐに遅れる旨を伝える必要があります。乗ろうとした電車の発車時刻に一分でも遅れてプラットホームに到着してしまったのでは、電車は既に出発しており乗車することはできません。その事を肝に銘じて仕事を引き受けてください。

会社は誰もが仕事を与えられますが、それは必ずしも具体的なものばかりではありません。抽象的な指示に対しては、自分で目標を設定し、それに基づいて行動を計画することが求められます。具体的な行動に落とし込むことで、抽象的な指示も具体的な任務へと転換できます。

例えば社長はどうでしょうか。会社のトップに君臨して、指示しかしていないように見えるかもしれません。しかし、社長は株主総会で自身の取締役選任の決議を受けます。その決議は、取締役として健全な経営を株主から負託されたものと理解できます。つまり社長は会社の健全な経営のために、予算を策定して実行していくという指示を受けているとも言えます。よって会社では、社長以下の組織全員が、指示を受けて仕事に従事しているのです。そして、その指示に対して、最善を尽くして取り組まなければなりません。

次に、課題を解決していく能力です。課題には、正解がはっきりしているものもあれば、そうではない課題もあります。それらを多面的にとらえて、より正しい解決策を導き出すことです。他の例や過去の類似した課題を参考に進めていきます。

「課題」とは、個別具体的に与えられる直接指示だけでなく、包括的な間接指示による「課題」も含みます。特に中堅以上の社員になれば、指示をされていなくても問題を解決するといった行動が求められるでしょう。例えば担当業務で発生した問題は担当者自身が主体となって解決しなければなりません。しかし、それは自分自身が勝手に判断して、行動してもよいということではありません。「上司からの包括的な指示に基づいて」という前提に限っての話です。そして適宜必要に応じて、業務遂行の進捗状況や結果は上司への報告が必要です。業務量が負担となって疲れている時は、上司への報告などを後回しにしたい気持ちになるかもしれません。しかし、報告は上司のためだけにするものではありません。仕事は何が正解かはっきりとしない場合が多く、誤った行動とは隣り合わせです。その時に常に報告をしておけば、過ちを回避できるかもしれません。軌道修正のアドバイスを受けることもできます。仮に失敗したとしても、事前に報告しておけば包括的な指示に対する個人の判断ではなく、個別具体的な上司の指示によるものとなり免責にもなるのです。報連相（報告・連絡・相談）は上司や会社のためだけではなく、自分自身の身を守るツールでもあると理解しておいてください。

最後は「組織として動く能力（メンバー力）」と「組織を動かす能力（マネジメント力）」を合わせた組織活動能力です。もう少し詳しく説明しますと、メンバー力とはチームの一員として協力し、プロジェクトを推進する能力のことです。またマネジメント力とは、チームをリードし、方向性を示して調整を行う能力のことをいいます。

さて、与えられた業務をこなして課題が解決できたとしても、それが各種法令や社則に違反していたり、会社の方針と異なっていたり、上司の許可を得ていなければ大問題です。上司に報告をしない行動などは、「組織として動く能力」として認められないのは当然です。前述の報連相は、そのための大事なストッパーです。組織でスタンドプレーは嫌われます。また「出る杭は打たれる」ということわざもあります。ただし逆に目立つリスクを避けて、行動しないとか、意見を言わずに自重しようなどと、後ろ向きに考えるのは本末転倒です。「出る杭は打たれるが、出過ぎた杭は打たれない」とは、経営の神様である松下幸之助氏の名言です。

上司への報連相によっては、ストップがかかる場合もあります。その場合は、権限のある上司の判断が優先されます。不本意でも、指示には従わなければなりません。もちろん、上司の言うことが、常に正しいわけではないかもしれません。ただ上司の経験や判断には、一定の敬意と尊重が必要です。その上で、上司に対して異議を唱える際には、論理的な根拠を持って説明しなければなりません。また、必要であれば他の上級の意見を求めるといった選択肢もあります。しかし直属の上司との関係を考えれば、これらの行動は、より慎重に行う必要があります。そして具体的に事が遂行されるにあたって、最終的な判断は、決裁権限のある上司となります。

乱世では突出したリーダーシップ、平時では調整型が求められる（57頁）と書きました。しかし濃淡はあれ、いずれにしても組織の枠をはみ出してはいけません。組織の枠とは、上司の許可を得て行動するということです。組織からはみ出しているように見えても、組織に認められていてこその仕事です。

また逆に、あなたが上司の立場であるなら、部下の提案について真摯に耳を傾けてください。総合的には否決と判断しても、部分的に評価できる部分がないか、よく見極めます。そして活用できる部分があれば、総合的な評価に加えて活用できる部分を今後どのように発展させていくのか、具体的な指示をしていくことです。これもマネジメント力といえます。部下の話を十分に聞き、部下の意志と意図を汲んで、具体的な指示をして部下に進むべき道筋を示します。これこそ、本来のマネージャーとしての果たすべき役割です。これは、組織が機能的に活動する源泉でもあるのです。

ここまでをまとめると、仕事力とは①与えられた業務を「確実」に遂行する能力②与えられた課題を「正確」に解決処理していく能力③組織として動く能力（メンバー力）と組織を動かす能力（マネジメント力）を合わせた組織活動能力となります。

仕事力を伸ばす基礎Ⅰ（情報）

仕事力を高めていくことが、いわゆる「仕事ができる」という結果を導きます。具体的には、自分の役割で結果を出すこと、チーム（組織）としての達成に貢献すること、また顧客が満足を得られることなどの結果を意味します。そして、その仕事力を伸ばすための重要な要素は、情報、思考力、取り組み姿勢の3点となります。

まず、情報といっても広い意味であり、教科書のようにあらかじめ限られた範囲で普遍的な事柄だけを指している知識も含めます。情報は仕事の種類によって、知るべき範囲が広範囲となります。そして日進月歩のために、書物で入手するだけではなく、日々周囲の人間関係の中で教えを請い、あるいはインターネット等でも吸収しなければなりません。ただし、情報過多を避けるため必要な情報を効率的に選択し、会得する技術も必要です。学校では先生が必要な知識を教えてくれます。しかし、会社では自分自身で知識を習得し、情報を入手していかなければなりません。もちろん情報を得るためには自己投資が必要です。情報収集に掛ける時間や労力も含め、情報は無料ではありません。書物にしても、必要な書籍を探して、自費で購入することもあります。また、幅広い人間関係を持つことで、多角的な視点から情報を引き出せれば、より精緻な判断が可能となります。正しい情報を得るためには、その情報源が信頼できるかどうかを判断するスキルも必要です。それには時間や経験を必要とします。また日頃から信頼されるような人間関係を構築していてこそ、必要な時に必要な情報が入手できる可能性が増えるのです。情報提供は、一方的に受け取れるものではありません。そのため自分だけでなく、互いに有益な情報を得る機会を増やして、相互に情報レベルのアップを目指します。相手が信頼感をより増して、逆に相手が自分から情報を提供したくなるような関係性を築くことが大切です。それにより双方向の情報共有が始まり、より良い情報取得結果をもたらします。「情けは人の為ならず」と言いますが、自分自身が周囲に尽くして役に立ち感謝されるように努力してこそ、情報交換が可能な関係が構築できるのです。そのためには、あなた自身が周囲に役立つ情報があれば、積極的に提供していくことです。そのような姿勢で関係を築いていけば、逆に周囲からも、さまざまな情報を受け取ることができます。

また、常識の範囲内で会食などの付き合いも有効です。相手がぜひ伝えなければならないと思うことは、電話やメールで伝えてくれるかもしれません。しかし面と向かってこそ、そして食事をするなどのゆとりのある時間を共有してこそ、「そういえば、こういう話がありますよ」などという話題にもなるのです。それが受け取る側からすると、かなり重要なことであることも少なくありません。いずれにしても人間関係が構築されていけば、周囲からこの情報は、あなたのためになるからと教えてくれるようになります。

もちろん既に入手済みの情報であったとしても、そっけなくするのではなく、感謝するように心がけてください。この次に本当に必要な情報を伝えてくれることを期待しましょう。それに入手済みの情報であったとしても、相手の言葉から、その奥に隠された真実が見えてくることもあります。情報を素通りさせず、常に真摯に傾聴することが大切です。

自分自身から質問して受け取る情報は大事です。しかし、こちらが全く把握していない情報を、頼まずとも教えてくれることほど有難いものはありません。逆に、誰からも情報を全く伝えてもらえないという状態が「裸の王様」といえます。裸の王様とは、同名のアンデルセン童話の主人公の話から「周囲からちやほやされて批判や反対を受けないために、本当の自分がわからなくなっている人」のたとえです。つまり必要な情報を伝えてもらえない状態は、自分が状況を正確に把握できない、つまりリスクが見えづらくなってしまうということです。裸の王様状態が、どれだけ危険であるかは明らかなことです。頼まずとも教えてくれるという関係は貴重です。決して打算的に人と付き合うのではありません。誠心誠意、周囲との信頼関係を構築していくことで情報が入手できるのです。

仕事力を伸ばす基礎Ⅱ（思考力）

次に、入手した情報をもとに課題を解決するには思考力が必要です。思考力は短期集中型の練習や一時的な頑張りだけで身につくものではなく、日々の積み重ねが必要不可欠です。数学で連立方程式を学ぶことが、生活する上で本当に必要なのかと、疑問に感じたことはありませんか。実は連立方程式を解くことを通じて、複数の要因が絡んだ問題を整理し、解を見つけ出す思考力も鍛えられているのです。これはビジネスの問題解決にも有効です。数学をはじめとする科学的思考や哲学的な問いの解釈、歴史的な事象の分析など、これら全てが多面的な視点を鍛えるためのトレーニングにもなっているのです。

思考力の向上には、まず気づきの能力が重要です。野球の試合で打席に立っていても、ストライクゾーンへボールが来ているのに、見逃していてはヒットもホームランも打てません。仕事において同じような局面であっても、何かが違う、何か違和感がある、何か異常があるとか、問題を見つけられなければ前には進めません。そして気づいた問題を分析して、対策を立てることが必要です。簡単に対策を見いだせる場合もあれば、八方塞がりのような場合もあります。全く答えも、その手掛かりさえも見いだせないような局面が、ビジネスの世界では少なくないのです。その時に一番必要なことはネバーギブアップの精神です。あきらめてしまった瞬間から、解答を見つける道筋は途絶えてしまいます。フリーセルや数独というゲームには偶然性の要因がありません。難易度の高い場合は、とても解けないように思えます。しかし、あきらめずに、ずっと考えていれば、ある時すっと解けてしまうことがあります。

現実の問題でも同様です。ビジネス上のトラブルの解決やビッグビジネスの提案書の作成など、簡単に解決や処理できない時でも、考え続けることで解答にたどり着けることがあります。深く考えるためのテクニックとしては、過去の類似例や異分野の例なども参考にすることです。どこかに解決や処理へのヒントがあるかもしれません。そして問題解決のための主要な要素を分析し、それらがどのように絡み合っているのかを理解することです。この過程を通じて、問題の本質をあぶり出せれば、それに対する最善の解答を見つけられるかもしれません。このようなことを繰り返すことによって、思考力は身についていきます。決してあきらめずに、多面的に、あらゆる角度から検討し続けることが大事です。もちろん、多面的にという言葉の中には、さまざまな人にアドバイスを受けることも含めての話です。仮に誰かに難局に対する正解を教えられたとしても、単に説明された正解の通りに処理するだけでなく、その正解に至る道筋の内容を十分に吟味して理解していけば自分の力として身につくでしょう。

仕事力を伸ばす基礎Ⅲ（取り組み姿勢）

仕事力につながる情報と思考力を獲得するためには、真面目にコツコツと努力し続ける謙虚な取り組み姿勢が大事です。また、毎日、真面目にコツコツと努力していけば、謙虚な取り組み姿勢が形成されていきます。取り組み姿勢が形成されれば、毎日の努力も容易となるのです。

姿勢という言葉には、身体の構え方や格好という外面的な意味と、心構えや取組態度という内面的な意味の二通りがあります。外面的な意味での姿勢が崩れていると、身体のどこかに不具合が生じます。例えば、不自然な姿勢を続けることで腰痛になるなどです。同様に内面的な姿勢が悪ければ、その心構えのひずみがどこかにしわ寄せを生じさせます。いくら表面的に取り繕っていたとしても、どこかに表れて望むような結果に辿り着けないことが多いのです。そのため今一度、内面外面ともに姿勢の重要性を理解し、自分自身の姿勢を確認してみてください。

さて、思考力を会得していくことは、かなり難しいことです。しかし、会得していく道を究めていくにつれて傲慢な態度や怠惰な気持ちなどが消えていき、謙虚な態度になっていくものです。そうすることで、さらなる高みへと自分自身を導いてくれます。

昔は芸能界でアイドルがよくスポーツ万能と、紹介される場合がありました。しかし、その人たちがスポーツのどれかの種目で日本一になったという話は、あまり聞いたことがありません。そもそもスポーツ万能などと自信満々に言える人はいるのでしょうか。現在のスポーツ庁長官である室伏広治氏（２０２４年9月13日現在）は、アテネオリンピックのハンマー投げで体格的に不利な日本人として初の金メダリストになりました。その彼は１００メートルを10秒台で走り、立ち幅跳びでは3メートル60センチという世界記録をあっさりと樹立した驚異の身体能力の持ち主です。またメジャーリーグの大谷翔平選手はユニコーン（人々が夢見るような現実離れした存在）と呼ばれるほど偉大であり、歴史に名を刻まれるであろうと期待されています。しかし、彼らがスポーツ万能だと言ったことは寡聞にして聞いたことがありません。陸上競技や野球という道を究めた二人は、スポーツの持つ奥深さを知り抜いているからこそ、謙虚なのかもしれません。

それは仕事力を身につけた人たちにも通じています。優秀な経営者は仕事力もトップレベルですが、人格的にも謙虚な人が多いのです。日本経済新聞には自らの半生を振り返る「私の履歴書」が掲載されています。ここに掲載された人たちは共通して謙虚な人が多いです。自分が全ての仕事に万能だなどと自認する人はいません。

余談になりますが、全ての人が仕事力を磨いても、同じ位階にたどり着くわけではありません。例えば、会社のトップになるには他の要素も影響します。仕事力が評価された人もいれば、血縁による人もいます。強烈な上司の引きや時代の要請によるといった運不運も影響します。会社のトップを目指すことは重要なことです。しかし、それが全てではありません。これからの人生において、会社に所属して勤務する場合や独立して起業していく場合など、いろいろな生き方があります。ただ、いずれにしても仕事力を磨くことは、個人の成長やスキルアップに有益であり、より充実した社会人人生につながることは間違いありません。

仕事力を伸ばす基礎Ⅳ（スポーツとの対比）

さて、仕事力を伸ばしていく上で重要な3要素として情報、思考力、取り組み姿勢を説明してきました。ところでビジネスとスポーツには、見えない部分で非常によく似た要素が含まれています。この類似性を探りながら、具体的に対比していくことで、仕事力の理解を深めてもらいたいと思います。スポーツもビジネスも一所懸命に取り組まないと成績は挙げられません。しかし、一所懸命であったからといっても、必ずしも成果が得られるとは限りません。スポーツには、3要素として挙げられる「心技体」という言葉があります。これは心・技・体をバランスよく鍛えることの重要性を説いています。ビジネスでも同様です。

先ほどの仕事力を伸ばす3要素と対比してみると、スポーツにおいて強健な体力を持つことはビジネスでの豊富な情報力に相当します。卓越した技術力を磨くことは、難問にぶつかった時に力を発揮できる傑出した思考力に繋がります。過酷なトレーニングに継続して取り組めて、試合で実力を発揮させる精神力は、ビジネスチャンスを成功に導く取り組み姿勢に該当します。

ビジネスとスポーツの三要素対比表

仕事力	
情報	知識
	ニュース
	関係性
思考力	分析力
	応用力
	創造力
取り組み姿勢	人格
	態度
	志

スポーツ	
体力	パワー
	瞬発力
	持久力
技術力	フォーム
	タイミング
	スピード
精神力	コントロール力
	集中力
	モチベーション

まず体力があってこそ、秀でた選手になれます。体力はパワー、瞬発力、持久力に分かれています。力強さと素早さ、スタミナを、それぞれ高めていくトレーニングが必要です。それに対して情報も同様で、先んじて入手していることが、大きなアドバンテージとなります。情報は知識、ニュース、関係性（ビジネスにおける自身の立場や相手との関係など）に分かれます。基礎的または専門的な知識の習得、新しい事象や事柄をいち早く入手すること、人対人、会社対会社のつながりなどを把握することで、より適切な判断が下せるでしょう。体力は自然の成長もありますが、毎日の継続したトレーニングが必要です。情報も同様です。どん欲に吸収して蓄積し続けてこそ、情報力としてパワーが発揮できるのです。

次に、技術はフォーム、タイミング、スピードに分かれます。正しいフォームを正しいタイミングで身につけて、それをより早く行えるようにトレーニングを積むことで、技術の確立と進化が得られるのです。

それに対してビジネスにおける思考力とは正しい認識と分析に基づき、適切な状況判断と応用によって創造力を発揮することです。与えられた情報からより詳細な分析を行い、他の類似の事例などにも応用し、且つ過去に縛られない独創的な発想で考えていくことで、より正しい解答を導き出せるのです。

最後に、精神力はコントロール力、集中力、モチベーションに分かれています。体を自在にコントロールできる力、どのような時でも緊張せず最高のパフォーマンスを引き出せる集中力、そして長期にわたって厳しいトレーニングを続けていく克己心を持ち続けられるモチベーションです。

スポーツの世界では、この精神力に基づいて鍛えられた強靭な体力と卓越した技術を身につけてこそ、勝利を得られるようになります。

仕事での取り組み姿勢は、人格、態度、志《こころざし》に分かれます。周囲から情報を得るためには、利己的にならず周囲の役に立つように尽くすことです。自分の行動や感情を自制して、周囲に助けてもらえるような存在にならなければなりません。そのためには人格的に評価されることが大事です。人は恐怖心からではなく、その人の人格や人間性を評価するから応援してくれるのです。イソップ寓話『北風と太陽』に出てくる北風のように無理強いしても、人は自ら積極的に動いてくれません。頼まなくても動いてもらえるような存在でなければ、必要な情報を自発的に教えてはもらえないのです。周囲から評価され、且つ必要とされる人間にならなければなりません。そのためには強いことも必要ですが、情けのある人間であるべきです。

米国人作家、レイモンド・チャンドラーの小説『プレイバック』に登場する私立探偵の「強くなければ生きていけない。優しくなければ生きていく資格がない」というセリフは有名です。強さと情けを併せ持って行動することが、大事だと指摘しています。ビジネスでいう「強さ」とは問題解決能力やリーダーシップ、そして「優しさ」は共感力や他者への配慮に加えてコミュニケーションスキルやチームメイトのメンタルサポートなど、他者の援助を行う多面的なスキルを指しています。

態度とは、他人の話を尊重し、内容を深く理解しようとする謙虚さ、新たな知識や情報を受け入れる柔軟性などです。せっかく情報を受け取っても、既に入手済みや役に立たないと思われる情報であるかもしれません。しかし、ぞんざいな対応をすれば、次から情報の提供は期待できません。また、いくら素晴らしい情報や教えが目の前にあっても、謙虚さがなければ理解や会得はできないでしょう。同じ情報であっても、全く同じ説明であるとは限りません。既に知っている情報と同じ内容であったとしても、微妙に違っている部分があるかもしれません。また、ニュアンスに差があれば、その情報を得ることでより正しい情報に近づく可能性があります。謙虚さと探求心を持ち続けることこそが、真実に近づく道なのです。

スポーツ選手のモチベーションは、まず勝つことです。そして究極の勝利は日本一になるとか、オリンピックで金メダルを取ることなどです。その夢を実現するためだからこそ、日夜、厳しいトレーニングに取り組めます。そして目の前の勝利を得られるような段階になれば、次に応援してくれている人への感謝や恩返しが、勝ちたいという気持ちに加わります。最後に、その道を究めたいとする高尚な気持ちが備わってこそ、真のアスリートの域に到達できるのです。

スポーツのモチベーションに、ビジネスで相当するのは志です。ビジネスパーソンのビギナー段階では、まずは仕事を覚えて一人前になることが目標となります。次いで一人前のミドルクラスとなれば、職場や会社の役に立つことです。習熟してエキスパートレベルになれば、社会の役に立てることを目指します。そのような志を持てば、いつまでも仕事に対して熱心に取り組めるでしょう。この志は非常に重要な部分でもありますので、次項で視点を「目指すべき先」において、将棋や歴史などを例に挙げて説明します。

仕事力を伸ばす基礎Ⅴ（目指すべき先）

前項では仕事力とスポーツを比較してきました。同じ勝負事のカテゴリーとして、スポーツは主に体力と技術が要求される一方で、将棋のような思考型では知恵や戦略が重視されます。その将棋の世界では、藤井聡太七冠（２０２４年９月13日現在・２０２３年10月11日に全冠制覇《竜王・名人・叡王・王位・王座・棋王・王将・棋聖》を達成したが２０２４年６月20日に叡王を失冠）という突出した存在があります。

２０２２年２月に僅か19歳で将棋界の頂点（タイトルの序列トップである竜王位を含む五冠王）に立ちました。彼が14歳、史上最年少で５人目の中学生プロ棋士になった際の目標は、「最強の棋士になる」ことでした。もちろん周囲への感謝も言葉にしています。そして五冠を獲得した時のインタビューで「今は富士山で例えると何合目辺りですか」という質問に対して「森林限界の手前です」と答えています。

将棋の世界には八つのタイトルがあり、藤井五冠（２０２２年２月当時）はタイトルの過半数を獲得し、当初の目標であった最強の棋士になったといっても過言ではありません。インタビュアーの記者も、藤井五冠（２０２２年２月当時）が最強の棋士になったことを意識しての質問だったと思われます。しかし、彼は富士山の5合目付近とされる森林限界より下であると答えたのです。

八冠制覇した際にも同様の質問がありました。八冠を制覇したことで森林限界を抜けたかという内容です。それに対して藤井八冠（当時）は「結果という点ではその時（五冠）より残せているが、まだまだ課題も多く頂上が見えるということは全くない」と答えています。それどころか「樹海をさまよっている感じです」とも説明しました。富士山の樹海は標高920～1300メートルにあります。八冠を独占して、より将棋の奥深さを知ったことで、富士山に例えられた自分自身の将棋の立ち位置の認識は後退したということかもしれません。その上で「目の前のタイトル戦で結果を残したいとは思っているが、長期的にはタイトル戦で勝ちたいという意識はなく、長い目で見れば面白い将棋を指すことが一番の目標」と続けました。将棋界の重鎮である田丸昇九段によれば、「この面白い将棋という意味は、サーカスの曲芸のような派手な立ち回りではない。終盤で結論が出ないほど難解な将棋を指すことだ」と解説していました。おそらく誰もが驚くような妙手を指すことだろうと思われます。それは今はやりのAIさえ超越した手を指すことと解されます。つまり、藤井八冠（当時）の目標は「将棋の道を究めること」だといえます。おそらく彼は、その目標に向かっている限り、今後も慢心したり、やる気を失ったりはしないでしょう。

無冠の時代にファンから、「もし将棋の神様にお願いできることがあれば、何をお願いしますか」という質問がありました。本来なら神頼みという言葉があるように「将棋を強くしてください」と願ってもおかしくありません。現に同席していた女流棋士はその質問に「全部の対局を勝てますように」と言いました。ところが当時17歳だった藤井七段（当時）は「せっかく神様がいるのなら一局お手合わせをお願いしたいと思います」と答えたのです。将棋の道の真髄を究めていくことが、究極の目標であるからこそ、出た言葉ではないでしょうか。

もう一つ将棋の話からご紹介します。将棋界で、もう一人の有名人といえば羽生善治永世七冠です。タイトル獲得数99期（2024年9月13日現在）を誇るレジェンドです。この人のタイトル戦での対応が凄いのです。棋士にはそれぞれ得意な戦法があります。将棋の勝利へのセオリーとしては、相手の得意戦法を封じて、自分自身の得意技で仕留めるのが常道といえます。しかし、羽生永世七冠は常に相手の得意戦法を正面から受けて戦っているのです。おそらく、そこには勝ち負けより優先すべきものがあるのです。将棋のタイトル戦では、厳しい予選を勝ち抜いた最も勢いのある挑戦者が、自分の得意戦法でタイトルホルダーに挑んできます。羽生永世七冠は、それを堂々と受けてこそ、将棋の道を究められると思ったものに違いありません。こちらも藤井七冠（2024年9月13日）同様に、勝負の世界を超越して真理の道を究める域に達しているからこその応対なのでしょう。

それでは仕事においては、どのようなことが取り組み姿勢につながるのでしょうか。明治・大正の時代では「末は博士か大臣か」という庶民が描く我が子への願望があり、同名のタイトルで1963年に映画が公開されました。昭和でも新入社員は社長を目指しますという人も多かったのです。最近は激しい競争をしてまでの出世を望まず、平穏無事に過ごしたいという人もいると聞きます。出世と平穏な生活、いずれの人生も良い悪いはありません。自分の価値観に基づいて、悔いのない人生を選択することが重要です。

ただ、仕事においては、まず良い仕事をしたいという気持ちを持つことが大事です。この気持ちがあればこそ、常に責任を持って仕事に取り組めます。良い仕事をしたいと思うためには、自分が担当する仕事の意義と目標を理解することが重要です。また、自分が達成したい目標を設定し、その達成にどのように進捗できているか定期的に評価することも大切です。

納期を守り精度の高い仕事を続けてこそ、周囲から信頼を得られるのです。しかし言われた指示を、そのまま何も考えずに実行するのでは、成長は期待できません。上司の指示を自分なりに理解して、業務に取り組むことが重要です。つまり、その業務がどのように会社全体の仕事につながるのか常に考え、意志と意図を持って職務に当たるのです。そうすることによって信頼され、より高い仕事や立場を周囲から求められ、期待されていくことになります。そういう意味では、社長を目指すことが決して悪いことではなく、正しい取り組みであるともいえます。

同じ取り組むにしても、社長になることを目的とする人がいるかもしれません。これは部長でも課長でも同様ですが、役職や資格はあくまで手段であり目標です。役職が目的となっている人は、その地位になったとたんに何をすべきか分からずに、迷ってしまう可能性があります。あるいは、地位にしがみつき、自己保身のことしか考えないようになるかもしれません。こうなると本人も周囲も不幸になることは明らかです。社長になるのが目的ではなく、社長になるのは、あくまで目的達成の手段です。

次に大切なことは、役に立つことが重要であることに気づくことといえます。「会社は継続的に利益を追求する営利団体である（17頁）」と説明しました。会社が存続するためには、社会の役に立つという目的を果たす会社でなければなりません。企業が利益の追求に目を向けるあまりに、社会全体の視点が欠如すると、それは環境や公共の利益などに悪影響を及ぼす可能性があります。だからこそ、経済的な利益の追求と社会的な利益の追求は、同時に両立しなければならないという意識を持つことが必要なのです。そして、その会社という組織を構成している人たちも、当然周囲に役立つことが目的でなければなりません。まずは職場や家庭に対して、役に立つよう心がけることです。それができれば、次の段階として会社全体の役に立てるように努力します。なぜなら、会社に勤める個人は会社や家庭という周囲に助けられてこそ、仕事ができているからです。そのバックボーンに対して常に感謝を忘れず仕事に取り組めば、不祥事などは起こしようがありません。これは決して忘れてはいけないことの一つです。

現在の地位に不満を持たず、他者を思う気持ちを忘れず、誠実に仕事に取り組むことが基本です。どのような立場であっても、自身の役割を果たして、その責任を全うしようとするのです。そうすることが、社会のため会社のために尽くすことになります。学んだことやキャリアで得たことを力にして、自分のためだけではなく他者や会社や社会のために、忠実に尽くすことを肝に銘じるのです。これが目指すべき道といえます。

残念ながら、地位に就くのが目的のままであったり、感謝を忘れてしまう人が特に陥りやすいのは、保身のために私利私欲に走ったり色情に溺れたりする例です。最近は、週刊誌で芸能人でなくても大手企業の経営者が、プライベートの醜聞を撮られていることがあります。もちろん、違法な行為でなければ、罪に問われることではありません。しかし、そのような行動が白日の下に晒されれば、社会からNGを突き付けられる場合があります。なぜなら、財産や権力、社会的地位にある人は、義務を伴うことを求められることがあるからです。これはフランスの「貴族は多くの義務を負う」というノブレス・オブリージュの考え方からきています。私たちの社会の中でも、権力、地位、財産を持つことは、一定の行動規範と期待を伴うものと見なされることがあります。それは社会全体から一様に求められるものではなく、尊重や良心を基にした社会の一部分からの期待です。法的な義務ではないため、これを為さなかったことによる法律上の処罰はありません。しかし、社会的な批判や指弾を受けたりすることがあるのです。仮に個人が社会からNGを突き付けられたら、所属する会社も見過ごすわけにはいきません。どの立場であっても、慢心せずに謙虚に職務を全うすることが大事です。

そして、社長や取締役、部長なりで十分に会社に貢献できたと思えた次の段階では、会社を通じて社会の役に立てることを目指すべきといえます。社会貢献と言っても方法はさまざまです。寄付をしたり、公共的な建物を建設提供したり、あるいはＳＤＧｓに取り組むことは分かりやすい貢献の一つでしょう。

特に、建物などは後世にまで残り、評価されることが多いのです。ビジネスにおいても、実利だけでなく、社会的な価値創造に通じる行動が、長期的な評価や記憶に残ります。歴史を見ても、加藤清正が熊本城の築城と土木工事によって熊本の地に貢献したことが、清正の支配期間が比較的短かったにしても、今日でも清正の名を知らしめているのです。肥後藩としての加藤家は、たかだか44年です。それに比べて、その後を継いだ細川家は、２００年以上、藩主として君臨しました。それにもかかわらず、熊本といえば、加藤清正が殿様として有名なのです。これはビジネスにおいても同様です。社会貢献や持続可能性への取り組みは、企業の評価を高める要素となり得ます。

さらに、本来の仕事でも社会に貢献できることがあります。研究開発やコストダウンへの努力によって、提供する商品やサービスなどが少しでも求めやすい価格になるように、努力を続けることとです。もちろん、価格を下げることは、一時的に利益を減らす可能性があります。しかし一方で、それによってより多くの人々が利用できるようになり、結果的には、より大きな市場を創出する可能性もあります。社会全体が利益を得るようなビジネスモデルを開発することが、より本質的な社会貢献につながるという視点を持つことが重要です。また同じ価格であっても、付加価値を追加することで、社会に役立つ貢献が実現できます。

　これらは、たとえ社長や取締役、部長でなくても社会に役立つことをしていくという確固たる決意があれば、どのような仕事に携わっていても、どのような立場であっても、その職場や業務の工夫次第で実現は十分可能です。スポーツでの第一段階では、まず勝ちたい。仕事では信頼を得て、より高みの仕事や地位につきたい。次に、第二段階として、スポーツでは周囲に感謝して恩返しをしたい。仕事では職場や周囲の役に立ちたい。最後の第三段階としてスポーツでは道を究める、仕事では社会貢献を目指す、ということになります。スポーツのモチベーションに対して、仕事では志を忘れずに取り組むことです。そうすれば自然に謙虚さのある姿勢が身につき、周囲からも素晴らしい評価を受けて仕事力が向上していくでしょう。もちろん第一段階では高尚な域に達していなくても差支えはありません。お金儲けをしたい、いい車に乗りたい、そのような欲求や目標も自然です。人それぞれの目指す目標や豊かさという形があることも、なんら問題はありません。要は役職や資格の昇格・昇級など立場に応じて、自己の考え方をレベルアップしていくことが大事なのです。

段階別のモチベーション

段階	スポーツ	ビジネス
第一段階	先ず目先の勝負に勝ちたい	信頼されるような仕事をできるようになりたい
第二段階	周囲に感謝して恩返しのために勝ちたい	職場や会社の役に立ちたい
第三段階	その道を究めたい	社会に貢献できるような仕事をしたい

仕事力を伸ばす基礎Ⅵ（インテリジェンス）

「仕事力を伸ばす基礎Ⅰ（情報）」でも述べましたが、その重要性を再確認するためにも、ここで改めて説明します。仕事力を高めるには、まずインテリジェンスが不可欠です。学歴は入社する際に必要かもしれません。しかし、現代は学歴だけを頼りにせず、常に自己成長を追求して新たなスキルや知識を身につけることが求められています。仕事をする上では、インテリジェンスがなければ勝負になりません。インテリジェンスとは、知性・知能と教養が備わっていることです。具体的には、情報量と思考力の両方が揃っていることです。

数多くの情報を入手して、問題の外形にとらわれずに、本質や課題を見抜く力が「気づき」です。そして真の問題点や課題を理解して、解決策を導き出してこそ、高度なビジネスの世界で戦えるのです。

情報量を増やして、知識の引き出しを数多く持つことの重要性は、何度も説明しています。それだけ大切なのです。上司・先輩のアドバイスや著名人の講演・書籍などから、解法を数多く身につけることも大事です。それらの解法は、これから直面する問題の直接的な解決策になり得るかどうかは不明です。しかし、さまざまな解決策を情報として身につけておけば、それがヒントとなり新たな問題での解決策を導きやすくなります。また、直面する問題解決の糸口に合う解法は何なのかを、常に考えて思考力を養うのです。会社の決め事は、制定された時のベストです。現在のベストとは限りません。現時点での効率や効果のある方法を常に考えるのです。新たな改善案を考えたら、適切な手続きを踏んで提案しましょう。そうすることで、気づきと思考力、両方の能力を高められます。

今、アメリカで最も有名な日本人の一人が、メジャーリーガーの大谷翔平選手です。野球の神様と言われたベーブルースを超える活躍として、2年連続で二桁勝利、二桁ホームランの偉業を成し遂げ、2024年には54本塁打、59盗塁を記録して前人未到の50―50（フィフティー・フィフティー＝1人の選手が同一シーズンで50本塁打以上、50盗塁以上を記録すること）を達成したのですから。その大谷選手が大切にしている言葉が「先入観は可能を不可能にする」だそうです。恩師である花巻東高校の佐々木洋監督から贈られた言葉です。その言葉のとおり、大谷選手がメジャーリーグで二刀流を実践し、成功しているのは驚嘆に値します。対ビジネス向けにアレンジすれば「ビジネスでの先入観は可能を不可能にする」となります。逆に言えば先入観を持たずにオープンマインドな姿勢で取り組めば、可能性が飛躍的に高まるということになります。

ビジネス界で1980年代にイトーヨーカ堂が取り組んだ業務改革は、あまりにも有名です。その中でも代表的な改革として、商品の追求は売れ筋だけではなく、死に筋（売れないもの）

の排除も求めていくというものです。当時の小売業は、売れるものを探して店舗にそろえることだけを考えるのが常識でした。しかし、イトーヨーカ堂は、データに基づいた仮説と検証による品ぞろえや、現場への権限委譲なども含めて取り組みました。今でこそ一般的な手法となりましたが、当時は単なる業務改善ではなく、業務改革と呼ばれて評価されたのです。

トヨタ自動車では「かんばん方式」が有名です。しかし、その精神の神髄には「カイゼン」があると言われています。全社員が常に考えて試行錯誤しながら生産性を高めていく作業です。詳細は後述しますが、同じ労力でより大きな結果を、同じ結果ならより少ない労力で実現することを目指します。今のやり方が当たり前という先入観を持たずに、常に革新する精神です。

例えば計算で、「足し算」ＶＳ「掛け算」で比較してみてください。１から１００までを合計する方法として、掛け算を知らなければ、原始的に1から１００までを順番に足していくしかありません。しかし、掛け算を知っていて、さらに少し気づきの力があれば、１から１００までの合計は1と１００を足した１０1という数字に50を掛ければよいと分かり、簡単に５０５０という答えが導き出せます。

「組織は3種類の人間に分類される」（52頁）の項でも説明しましたが、エクセルの計算レベルは相当に進化しています。これらの知識はインターネット上で簡単に入手可能です。しかし、その情報を知らなければ、また自社の業務に導入する方法を検討しなければ、職場のマニュアルは旧態依然としたまま変わりません。日頃の業務で少しでも改善できるところはないか、またどのように改善していけばよいかを、脳が汗をかくぐらい思考していくのです。そうすれば、情報と思考力が両輪であるインテリジェンスを身につけることができます。

仕事力を伸ばす基礎Ⅶ（用意周到・準備万端）

次に用意と準備です。「用意周到・準備万端」とは言い古された言葉ですが、会社では基本中の基本となります。会社と学校の違いでも説明しましたが、会社は能力を発揮する場です。自身の最高のパフォーマンスを引き出すためには、あらかじめ作業や業務を想定した用意と準備が必要です。用意周到とは、用意が抜かりなく行われていることであり、準備万端とは、事前にやっておくべきことが完全な状態で準備されていることです。

例えば、社内で企画のプレゼンテーションがあるとします。その時に、企画書の内容に沿った資料を作成するのは当たり前のことです。しかし、それだけではなく、もしかしたら質問されるかもしれない周辺の事柄までも事前に確認しておきます。そして、想定問答集まで作成しておくことが用意であり準備なのです。

実際の説明は準備したものの一部しか使用しなかったとしても、用意と準備が十分であれば、説明する際にも余裕がでてきます。そして質問にも淀みなく答えられれば、あなたのプレゼン内容に対しても信頼度が増すことは確実です。

筆者は、以前オートリースの営業をしていました。その時の印象的なエピソードを紹介します。当時はまだオートリースが、一般的ではなかった時代です。新規先を訪問した際、オートリースの効果を確認したいので、実際に導入済みの企業を教えてほしいと依頼がありました。そこで、その新規先の会社の取引先の中から、オートリースの導入実績のある会社名を挙げました。名前を挙げた会社は筆者自身が担当し、窓口の担当者とも懇意にしている先です。オートリースについて好意的な説明をしてくれるものと安心し、そのまま会社へ帰り上司に報告をしました。ところが、上司からリース導入済みと名前を挙げた会社に、すぐ訪問するように言われました。そして、窓口担当者に新規先からの問い合わせがあれば、オートリース採用による利点などの説明をお願いするようにと指示されたのです。この指示には目から鱗でした。私は、おそらく窓口担当者が新規先に対して、うまく説明してくれるだろうという自動車の運転でいえば「だろう運転」のような考えでした。しかし上司の指示のおかげで、「かもしれない運転」として、評価の厳しい説明をされるかもしれないと考え、事前に念を押しておいたことで、周到な用意ができたのです。先を読んで用意と準備を怠らないように心がけ、常に実力が発揮できるようにすることが肝要です。

仕事力を伸ばす基礎Ⅷ（整理整頓）

最後に整理整頓です。このことは家庭や学校で、よく言われ続けてきた言葉です。もちろんしっかりと身につけている人も少なくないでしょう。学校や家庭でも整理整頓は必要です。しかし、その重要性は現実の仕事場において、より強く求められるのです。特に同時に多くのタスク（作業や課題）を処理するような職場では、処理のスピードを上げるためにも整理整頓は最優先となります。もちろん、難解な問題を解決するような時間を要するタイプの仕事でも同様です。整理整頓によって情報や必要なツールを、すぐに見つけられるようにすることで、思考に専念できる時間を増やせます。いずれの場合でも、作業を迅速にするためには道具がすぐに取り出せ、資料もすぐに確認できる環境が必要です。必要な時に必要なものをすぐ取り出すためには、机もパソコンのデータ管理も整理整頓が大事なのです。

売れっ子作家の書斎や大学教授の研究室などで、本が溢れて平積みにされている様子をテレビで見かけたことがあります。作家も大学教授も時間をかけて専門的な事柄を深く追求していくことが多く、独自の情報管理の仕方があるのかもしれません。そのため、ある程度、乱雑な保管方法でも業務が可能になるのでしょう。しかし会社では幅広く多面的に業務をこなすことが多く、同時進行する作業には広範囲な資料が必要となります。さまざまな資料が、一瞬で必要とされる場合もあるため、効率的な作業には整理整頓が必須なのです。

整理整頓は整理と整頓に分かれます。整理とは不必要なものを取り除くことです。自宅では、「そのものを手に取って『心がときめくかどうか』で判断する」とは、片づけコンサルタントとして有名な近藤麻理恵氏の言葉です。会社では今後も必要かどうか、また必要な場合にも、再度の入手が容易かどうかで判断します。

整頓は、必要なものをすぐに取り出せるように、配置することです。保管場所の住所とタイトル名を決めることが、基本となります。つまりファイリングです。ファイリングとは業務で発生した書類を、定められたルールにより分類整頓することです。保管、保存から破棄に至るまでを含みます。会社ではルールによって保存年限と保存場所を決めて、保存年限を過ぎれば指定業者による焼却など廃棄していくのです。例えば、一般的な契約書などは、会社法により10年の保存年限が義務付けされています。

ここでは特に保管（ただしパソコン内での保管などを分かりやすく説明するため、保存と表現します）について説明します。個人がパソコンで作成するさまざまな資料を、フォルダ分けせずにマイドキュメントに、そのまま保存することを想像してみてください。少ない保存件数であれば、問題はありません。しかし、一年が経過して保存データが数百件にもなれば、収拾がつかなくなることは目に見えています。そのため、フォルダを作成して分かり易く保存する必要があります。検索機能を使用すれば簡単かもしれません。しかし関連する資料の有無や関連分野のボリュームを把握するにはフォルダ分けは重要です。

フォルダ分けの基本は、誰もが利用しやすい整頓方法を選択することです。一例ですが、共通フォルダが保存用で、個人フォルダは作業用と目的を分けます。そして組織やテーマ別に、大分類、中分類、小分類として、誰が見ても判別できるタイトル名をつけて、すぐに取り出せるようにします。例えば、「ユーザー」→「会社名」→「保存年別」と分類するのです。ユーザー件数が多ければユーザー名の前段階で「あ行」などの行別フォルダを作成します。よくある失敗例は、職場の共通フォルダに保存する時に、自分自身の名前のフォルダを作成して保存しているケースです。共通フォルダこそ、その中に保存するフォルダ名や保存すべきデータの基準や規則性が必要となります。しかし、責任者が指示していなければ、それぞれがバラバラに保存してしまいがちです。整理整頓は、チーム全体で共有すべき文化といえます。指導者も含めてメンバー全員が、その重要性を認識し取り組むべきです。特に個人の名前でフォルダを作成して保存されると、本人は分かっていても他の人にはフォルダの中身が不明です。本人が異動や退職で、その職場からいなくなれば、せっかく保存した貴重な資料やデータも使えなくなるかもしれません。そのような事態を避けるために、誰もが分かる基準で決めたフォルダ名で保存しなければなりません。もちろん、個人のフォルダでも同じです。

簡単なことですが、これを実行しているのとしていないのとでは、資料やデータをパソコンから引き出す時間に大きな差が出てくるのです。同様に机の整理もしてください。決まったルールはありません。ただ一般的には、机の右側に「袖机」があります。その一番上の引き出しは文具や印鑑などです。二番目の引き出しは名刺と住所録など。一番下の引き出しには週に一回以上利用する資料などのファイルを保管しておきます。また、天板下の広く浅い引き出しは、机上で作業中のものを離席時に一時保管しておく場所です。社内で安全な職場であるとはいえ、机の上に置きっぱなしにしていると、プリント一枚がどこかに行ってしまうことがないとは言えません。それを防ぐためにも、離席時は引き出しにしまうように心がけます。

個人ロッカーや職場のキャビネットも、あなたが作業をスムーズにこなすための重要な要素です。すでに整頓されてはいるでしょう。しかし、さらに効率的に収納できないか考えてみることで、新たな発見があるかもしれません。こうして整理整頓ができたら、それだけで作業効率は上がることが期待できます。これも一つのマニュアルの改訂です。

パソコンと机とロッカーを、常に整理整頓しておくと効率アップにつながります。上司やチームメンバーの協力を得て、業務時間中に定期的な整理整頓を行うのです。業務として習慣化することで、その重要性を職場の価値観として共有できれば、申し分のない働きやすい職場に近づくことは間違いありません。

仕事力を伸ばすポイントとして、①知識、②思考力、③取り組み態度、④スポーツとの対比、⑤目指すべき先、⑥インテリジェンス、⑦用意周到・準備万端、⑧整理整頓と説明してきました。これらは誰でも日頃から心がけていれば、必ず身につけることができます。

ここまで「会社とは何か」と「仕事力とは何か」を説明してきました。この二つが理解できれば応用で対応することも可能です。何か思案に余り、判断に迷う時はこの二つを思い出してみてください。

管理職が優秀な理由

管理職はなぜ優秀なのかというテーマです。優秀という評価にはさまざまな視点があります。ここでいう「優秀」とは仕事力が高いということを指しています。このテーマを取り上げた理由は、一般的に管理職が持つ優秀さの要素や要因を理解すれば自己の成長を促すための参考にできるという主旨からです。優秀なリーダーが持つべき重要な特徴として、以下の三点を説明します。

第一には、管理職になる以前から優秀であったと、評価されていたことです。第二に、役職が上がれば入手できる情報の量が増え、それを適切に活用するための知識も身についていきます。豊富な情報を元に、適切な判断を出来る能力が高められる環境があるということです。第三に、部下を指導することを通じ、より仕事に精通していくことです。

第一の以前から優秀な人が管理職になるという点について、創業間もない会社や社員数が少ない零細企業などでは、例外があるかもしれません。しかし、平社員の中から管理職として登用される限りは、その中で優秀であったと評価されているからです。給与や権限が平社員より数段上の管理職に、平社員の中から優秀でない人が選ばれた場合、他の優秀な社員のモチベーションは下がるでしょう。また、管理職に選ばれた社員が優秀ではなく管理職業務を遂行できなければ、所属する組織の目標が達成できずに会社の損失になります。そして職場には、ストレスが溜まっていきます。管理職というポジションは大きな責任と負担を伴います。そのため平社員の中から優秀で最も適任と見なされた人が選ばれるものです。ただ、優秀かどうかの判断は難しいところです。例えば、営業職で営業の数字は毎年素晴らしい実績を残しているけれど事務処理がずさんな人と、営業の成績は平均的でも事務処理に信頼がおける人がいるとします。どちらを優秀と評価するかは、その時の会社の状況によっても異なります。人はそれぞれ異なった才能や能力を持っており、それぞれが自身の特性と一致する業務において、評価されて登用されるのです。

また、人が人を評価するため、常に正しい評価になるとは限りません。評価する人の資質にもよります。それに加えて、上司としての視点と部下としての視点では、人に対する評価基準が異なるのです。「部下は上司を騙せるが上司は部下を騙せない」といいます。部下は上司の視野外の行動を取れますが、上司の行動は常に部下の視野に入るという意味です。しかも部下は、評価者である上司には少しでも良いところを見てもらい、悪いところはなるべく隠しておきたいという傾向があります。そして上司も自身の評価のために、自分の上司に対して意識を向けています。そうなれば部下に対する行動確認は、なかなか全力では行えません。一方で部下はそれぞれが、一人の上司を常に注視しています。その上、上司の行動は部下の間で共有されることもしばしばです。また、上司と部下では立場が違うため評価の視点と見解が違います。そのため、その人に対する評価は上司と部下の間では常に正しく一致するとは限らないのが現実です。部下の間で評判の悪い上司がトントン拍子で出世したり、部下から尊敬される人がなかなか昇格しなかったりすることは往々にしてある話です。ただし、会社は人事ローテーション等により、上司も部下も異動します。仕える上司も定期的に変わるのです。異動すれば新しい上司がその人を評価します。一般的に会社には、人事評価の多様性と公正性があります。一人の上司の評価が低くても、それ以降の上司の評価がそうでなければ、評価は訂正されていきます。複数の上司が評価していくと「衆目の一致するところ」として、ある程度その人の評価は落ち着いていくのです。そのため短期的には正しい評価といえなくても、一定期間の時間軸により人事評価は正しく定まっていきます。この条件は上司も部下も同様です。

評価や昇進は運だけで決まるわけではありません。しかし、昇進が運良く人より早かったり、運悪く昇格が遅れたりすることが会社では日常茶飯事です。「勝って驕らず負けて腐らず」という言葉があります。人より早く昇格できたからと横柄な態度で相手を見下すことや、逆に昇格が見送られたからと自暴自棄になることは、決して自分のためになりません。

ある大手の損害保険会社同士が合併した時の話です。合併後は、合併前2社の管理職の人数ほどのポジションは不要で、管理職の人数が絞られました。特に何かを失敗したわけではありませんが、相当数の管理職が管理職ラインから外されたのです。管理職ラインから外された人は、黙々と変わらず仕事に取り組む人と、無気力になった人の2種類に分かれました。その一年後に当初管理職ラインに残された中に、自分は管理職として全てを信任されたと勘違いし、部下に対して傲慢な態度を取った人たちが、管理職ラインから外されました。そして、黙々と取り組んだ人たちがカムバックしたのです。

このような話は極めて一般的です。謙虚さや部下への愛情を持っていない人は、管理職から外されていきます。現在は会社の中にセクハラ・パワハラ相談室や顧問弁護士による窓口を設置して、社員がメールなどで容易に連絡・相談できるという会社も増えてきました。そのため、部下が泣き寝入りするケースも減っています。

いずれにしても、周囲から見ると優秀とは思えない人が管理職になる例は少なくありません。全ての面で完璧ではない人でも、その人なりの強みや特性を活かして管理職を務めている例は多々あります。何より大切なのは、自身の弱点を理解し、成長につなげていく姿勢と努力です。管理職への道は、一部分だけ突出していることが評価される例外的な場合もあります。それは状況や組織によっては必ずしも最も優秀な人が昇格するわけではなく、さまざまな要素が考慮されるからです。しかし、一般的には優秀という評価を受けた人が、管理職になっているのだといえます。もし管理職を目指すなら、優秀で、真面目で、情熱的で、周囲から是非あの人に管理職になってほしいと思われる存在になることを目標にしてください。

第二の情報量の増加について、一般社員は基本的に対外的及び社内に公表された情報と課内の情報が入手できます。それ以外の情報は、他部署の知り合いなど、水面下のルートから入手するしかありません。課長になれば、それに加えて部内の情報を共有できるのです。部長は本部内、本部長は部門内、部門長は会社のほぼ全般的な情報を知り得る立場になります。また横のつながりから課長同士、部長同士、本部長同士で情報交換をするため、一般社員が入手している情報量とは雲泥の差があります。その情報を基に自身が率いる組織の方針を検討するため、一般社員と比較すると考えや行動について決定的に違ってくるのです。社員は少しでも上司の情報量に近づくためには、日頃から他部署の人たちとの交流を通じて、情報交換をする必要があります。ちなみに会社のトップはどのようにしているかといえば、取引先や同業他社あるいは他業種のトップとの交流を通じて、情報を入手している人も多いようです。建機メーカー、小松製作所の元社長である野路國夫氏は、「そうすることで斬新なアイデアが湧き上がり、次のビジネスのヒントになった」と日本経済新聞の「私の履歴書」に書いていました。

第三に部下の指導を通じて自身も学び、その過程でより仕事に精通するチャンスが増えるからです。部下に対して指示するには、指示する内容を部下に説明しなければなりません。また、部下から質問があれば、それに答えます。このことが管理職自身の能力をアップさせているのです。

「学校の本当の価値」の項（40頁）でも説明しましたが、人間はアウトプットすることで深く理解できるのです。本を読んで、あるいは人の話を聞いて理解できたと思っていても、実際にテストをしてみると意外にも理解できていないことが分かります。もちろん中には本を一回だけ目を通せば全てを理解できるという、天才とも言うべき人もいるでしょう。しかし、そういう人はごく僅かであり、ほとんどの人はアウトプットを通じて学習し成長を果たします。アウトプットするとは、具体的に朗読をして言葉として発したり、内容をまとめて書き記したりするなどです。小学校での漢字の書き取りや九九の暗唱などは、まさにその典型的な例であるといえます。

その中でも一番効果があるのは、人に対しての説明です。人に説明するのに丸暗記では説明できません。その内容の本質的な理解と、その知識を他に応用できるように熟知する必要があります。管理職になれば毎日部下に指示していきます。その指示には必ず説明が含まれているのです。本人が望むと望まないにかかわらず、毎日アウトプットというトレーニングをしていることになります。それゆえ、管理職として担当する職務について精通していくのです。

忙しくても後進に対して、説明をしてみてください。また人に説明する機会がない場合でも、予行演習のように誰かがいるものと想定して、「模擬説明会」を試してみてください。そうすると理解できている部分はすらすらと説明できます。しかし、そうでない部分については、言葉が詰まったり、考えている内容と微妙に違った趣旨の説明になったりしているのが分かります。その部分は理解できていないところなので、もう一度確認し直せばよいのです。

ここでは、なぜ管理職が優秀かを説明しました。そのなぜかを知れば、それをヒントにして優秀さを身につけることができるからです。もちろん、優秀であるとする説明が、全ての管理職に当てはまるわけではありません。また、必ずしも他の職位（または無職位）の人々が劣るものと説明しているわけでもありません。手本にするべき点に注目してほしいのです。

まとめると、まず優秀であると評価されたことにより管理職に登用されています。しかし、その評価は評価者によって異なる場合があります。ただし、評価者は定期的に異動するため、最終的には衆目の一致する評価に収れんしていきます。自身の評価に一喜一憂せず黙々と取り組んでいくことが大事です。そして誰からも管理職になってほしいと望まれるような存在になることを目指すのです。次に情報をいち早く、且つ幅広く入手できていれば、考え方や行動にアドバンテージを持てます。最後に、人はアウトプットすることで初めて理解が深まります。必要な知識や情報については、常にアウトプットし、理解を深めていくことが重要です。この3点を忘れずに仕事に取り組んでください。

仕事の段取り

仕事をスムーズに進めるためのポイントの一つは手順にあります。つまり「段取り」と言われるものです。

まず指示を受けた段階で、作業完了までの見通しを立てます。例えば企画書の作成を指示された場合に、その指示された内容のレベルに応じて、必要な情報を収集します。その上で完成までに資料収集や業務についての各作業工程が何日かかるのか、どの作業が遅延した場合に最終納期に影響が出るかなど、全体の流れと各パートの時間管理を把握して見通しを立てることが求められます。そしてゴールに向けての取り進める手順をまとめて、作業計画を立案していきます。もちろん、その計画を書面で作成するのか、頭の中だけで組み立てるのかは、依頼された指示のレベルによって異なります。必要に応じて、他部署の意見も参考にしながら、立案した計画に基づいて必要な資料やデータなどを取りそろえて作業を進めていくのです。

ここで重要な点は、ある程度の作業工程を計画し作成した段階で、指示者に説明します。そして、この手順で間違いがないかどうかを確認するのです。もともとの指示者の意図や企画に沿ったものであるか、作業工程自体に問題がないかなどです。この確認作業を行わずして取り進め、間違っていた場合には全てが白紙に戻ります。そうなると、それまでの作業は全く無意味で、無駄な時間となってしまうのです。

また、ここで注意を払うべきことがあります。他者へ分担作業を依頼する場合に、作業工程が確定した段階で、作業の重要性を説明して締め日を明確にして依頼することです。個々の業務に対する重要度の感じ方は異なるため、他者には配慮が必要です。特に納期をはっきりと伝えておかないと最後に回されてしまい、結果的に作業の完成が間に合わない可能性も出てきます。また自分自身は残業や休日出勤を厭わず締め切りに向けて作業ができるかもしれません。しかし、他者にまで同じことを強要することは相当難易度が高いのです。仮にあなたが上司であったとしても、予定のある部下に突然休日出勤をしてほしいと無理強いすることは容易ではありません。それゆえ、他者へは時間的な余裕を持った依頼が必要です。そして指定した納期が、間に合うかどうかも確認しておきます。また、適宜、進捗状況も把握するようにします。

作業計画は、なるべく時間的な余裕を持たせて立案することが重要です。なぜなら、現実には予期せぬ事態や突発的な変更もあり得るからです。アクシデントやトラブルの発生なども、当初の計画の中に、ある程度は想定しておく必要があります。時間的に余裕を持った作業であれば、少しでも良いものを完成させたいという思いに至ります。しかし、納期ギリギリの状態での作業となれば、どうしても質よりもスピードが優先されがちです。質的なレベルアップを目指すなら、確認や修正の時間を多く取っておき、周囲にも協力してもらい、必要に応じて何度でも修正するようにします。そうすることで、より完成度の高い結果が得られるのです。

また最終的な確認は、複数者による内容チェックが基本といえます。作成者自身が内容を確認するのは当然です。しかし、作成者は自身で作成しているため、自身で確認しても自分のミスは見落としがちになりやすいものです。また誤った表現や言い回しなどを、ここでブロックします。いくら内容が素晴らしくても、誤字脱字や言い回し表現に問題があれば、一気に信頼性を失うこともあります。言葉の誤りは、時には社会的な信用を失うだけでなく、意図と違ったメッセージを発信してしまう可能性もあります。例えば「保証」と書くべきところを「補償」と誤表記したら、意味は全く変わってしまいます。もちろん、作成時に誤字脱字などは全くゼロにはできないかもしれません。だからこそ、複数のチェックをしてミスをゼロにすることを目指すのです。内容についても十分に評価されるよう仕上げていきます。必ず信頼できる人（できれば複数）に内容や表現方法、誤字脱字なども含めて確認してもらいます。それらの確認作業完了を手順の終わりとは考えてはいけません。あくまで一区切りであると理解するのです。チェックしたスタッフへの確認結果のフィードバックや改善内容の説明も忘れてはなりません。その手順を踏んで、最終確認をしてこそ完成となります。

そして、いざ本番では、これまでの努力を最大限に活かし、自分自身の可能性を引き出したいものです。ところが本番のプレゼンテーションで緊張してしまい、何をしゃべっているのかさっぱりわからないという状態になったのでは、せっかくの準備も台無しになります。スポーツ選手が練習量を重視するのも、ここまで練習をしてきたという自信を持つことで、緊張をほぐして集中できるような状態にしようとしている意味もあるのです。

社内外のプレゼンテーションなどで、実力以上の力を発揮しようとすると、過度な緊張を強いられます。そのような状況にならないためには、予行演習を重ねて場数を踏むことも有効といえます。常に普段通りの力を発揮できるように、体を慣らしておくことが大事なのです。もちろん予行演習は一つの手段です。それだけが集中力の向上に結びつくわけではありません。意味のある練習を積み、プレゼンテーション自体の質も同時に高めていくことが大事です。その作業も含めて段取りなのです。

集中力と緊張感

ビジネスの本番では、緊張せず集中できる状態が必要と説明しました。ここでは緊張と集中という言葉の意味を、誤解しないように説明します。よく緊張感が足らないと叱責を受けたり、緊張し過ぎるなと注意をされたりすることがあります。これは緊張と集中の意味を混同しています。緊張と集中はよく似ているようですが、似て非なるものです。緊張とは筋肉や腱が収縮したままとなってしまい、身体を思うように動かせない状態に陥ることをいいます。これは自身の能力を限界まで引き出そうとする脳が身体に過度な指示を与えているのが原因です。集中とはスポーツの世界でゾーンに入ったと言われる状態です。無我の境地に入り、身体の能力を100パーセント引き出せるようになった時です。周囲の雑音が聞こえず、そのもの一点に集中できてこそ、最高のパフォーマンスが発揮できるのです。前述の「緊張感が足りない」との叱責は、集中力がなさ過ぎて注意力が散漫になっているということへの注意喚起なのです。スポーツの世界でもビジネスの世界でも、緊張せずに集中力だけを保ちたいものです。

この集中力に関する逸話をご紹介します。英国の不世出の天才女子ゴルファーと言われたジョイス・ウェザレッドの話です。彼女が初めて大きな大会にデビューしたのは19歳の時でした。今から100年ほど前の1920年、ロイヤルトルーン（2024年全英オープン開催コース）で行われたイングランドレディース選手権です。その17番ホールでのできごとです。彼女がグリーン上でパットしようとした時、30mしか離れていない線路上を急行列車が走り抜けました。騒音が響き渡り、当然、ジョイスは仕切り直すものと思われました。しかし、彼女はそのまま打って、カップにボールを沈めたのです。試合後、記者が「なぜ仕切り直さなかったのですか?」と聞くと、ジョイスは「何のこと?」と逆に聞き返したそうです。そして、「列車が通り抜けたのですよ」と言うと、「えっ、気がつきませんでした」と答えたというのです。急行列車の音が全く聞こえないくらいに集中していたのです。彼女が、かなりのトレーニングを積んでいたことは想像に難くありません。特に、心がけていたことは「正しいフォームが生まれるように全神経を集中すること」だったそうです。勝負という結果を気にすることより、その時その時のプレーに集中していたということです。ちなみに彼女は19歳から28歳までの現役9年間に、全英レディース選手権5勝、ブリティッシュ女子アマ選手権に3勝していまｓす。イングランドだけに限ると33戦全勝、ナショナル大会まで含めると38勝2敗。この信じられない強さは不世出の天才と呼ばれるに相応しい戦績です。プレーそのものに集中していたことが、試合という結果に結びついたといえるのかもしれません。

このような域に達することは容易なことではありません。社内外のプレゼンや極めて重要な商談など、ビジネスの大事な場面で、自分の実力を発揮することは難しいものです。しかし、彼女の姿勢を真似るなら、「結果よりも正しい取り組みに全神経を集中すること」です。その努力を積み重ねていけば、ビジネスチャンスで仕事力を１００パーセント引き出すような集中力を発揮できることは可能になるはずです。

経営・起業の仕事力

最近はスタートアップ企業やベンチャー企業などで、若くして経営者として辣腕を振るっている人も少なくありません。成功する経営者には経営・起業の仕事力が求められます。そこで、まずは経営・起業の仕事力について説明します。

日本には素晴らしい経営者がきら星のごとく存在します。しかし「経営の神様」といえば、昭和の神様は松下幸之助氏で、平成の神様が稲盛和夫氏であることは多くの人が認めるところでしょう。

その昭和の神様である松下幸之助氏は、松下電器産業（現パナソニック）は「何を作っている会社ですか」と質問された際に、「人を作っている会社です」と答えたそうです。また平成の神様である稲盛和夫氏の経営哲学である「京セラフィロソフィ」はあまりにも有名です。こちらは第一に会社の規範となるべき規則、約束事、第二に企業が目指すべき目的、目標を達成するために必要な考え方、第三に企業に素晴らしい社格を与える、第四に人間としての正しい生き方やあるべき姿、を説明しています。奇しくも二人の神様はいずれも会社の経営では、人間教育を最重要としているのです。松下幸之助氏の「作る人」と稲盛和夫氏の「京セラフィロソフィ」は目指すところが通じていると思われます。決してハウツー的なテクニカルなものではなく、人材育成についての哲学が会社存続の方程式として、どちらにも存在しています。

経営哲学として「京セラフィロソフィ」を普遍的と評価する経営者は多いです。しかし、個々の会社には、それに追加すべき事柄があるかもしれません。それぞれの会社に哲学が必要であり、それを体現していくことこそが、経営者の存在理由と言っても過言ではありません。

筆者は2004年頃に、稲盛和夫氏の講演を聞いたことがあります。経営の心構えや営業の苦労話などを聞けると期待していたのです。ところが、意外なことに仏教の話をされたのです。特に因果応報や因果律についてです。結果には必ず原因があり、原因があるからこそ結果があるという法則などの説明がありました。その時にはピンときませんでしたが、年齢を重ねるにしたがって、人としての生き方や考え方を教えていただけたのだと理解できるようになりました。

さて、現代は経験や人脈がなくても、また資金さえなくても、アプリ、ソフト、システムを開発し、クラウドファンディング（インターネットを介して不特定多数の人々から少額ずつ資金を調達すること）などで資金調達をして会社を創業できる時代です。ただ、事業として継続して成功するには市場に受け入れられる商品やサービスを持つだけでは十分とはいえません。市場に受け入れられる商品やサービスがあるとはいえ、企業は経営戦略、財務管理、人材管理といった要素も必要とします。また、市場の動向を見極めたうえで製品やサービスの改善や革新を続けなければ、短期的な成功に終わり、長期的な利潤を追求することは難しいのです。エクセレントな商品やサービスを持っていたにもかかわらず、経営戦略の不備や人材管理の誤りにより失敗する例も少なくありません。事業を継続して拡大していくためには、組織が全方位的に正しく稼働できるように取り組まなければならないのです。

また事業を始めるにあたっては、なぜその事業を行うのかという明確な考え方が確立されていなければなりません。その事業が世の中に必要なのか、その事業は自分たちでないとできないのかと自らに問いかける必要があります。つまり事業の正当性の確立です。換言すれば存在意義とも言えます。第一三共の元社長である中山讓治氏はサントリーの創薬子会社の責任者から、その子会社が買収された後に、子会社から買収先の親会社の社長に抜擢されるなど異色のキャリアを持っています。自身が第一三共の社長となる株主総会での話です。退任される島田馨監査役が株主総会での挨拶で「この会社にしかできないことがあるということを決して忘れないでください」と話されたことに、深く心を打たれたと述懐されていました。会社の存在意義や使命感を強く持つことで、従業員の士気や一体感が高まり、顧客からの信頼も得られやすくなります。逆に、会社の存在意義や使命感が希薄であると、会社の方向性が定まらず、内外の人々からの信頼を失う可能性があります。経営者が自社の事業に対する気概を持って、会社の存在意義を明確にさせてこそ、事業の正当性が確立できるのです。

よく経営者は売れるものを作れと部下に指示をする場合があります。しかし、売れるものというリクエストは漠然としています。一番重要なことは社会が必要とするか否かです。そして自分たちが実現可能か否かです。もちろん、社会が必要としているものでも、世の中に売れていないものは数多くあるでしょう。しかし、必要とされているもので売れていないなら、どこかに原因や課題があるわけです。必要か否かの見極めができていれば、社員全員で成功というゴールに辿り着けるように努力できます。経営者の資質として、この見極める能力も最重要な要素のひとつです。

また、事業開始当初は全て自身が兼務するしかないかもしれませんが、事業規模の拡大に応じて営業、管理、生産・サービスなどを任せられる人材の確保と組織の構築が必要となります。成功している企業では、創業時から魅力のある人材が集まっています。というよりも、魅力のある有能な人材が集まったから、成功したのかもしれません。どうすれば人材が集まるのか、経営者としては悩ましい問題です。ただ魅力のある経営者の下には、能力のある人材が集まることは確かです。起業を検討する際には事業の成否の検討と合わせて、自身にリーダーシップ、コミュニケーション能力、判断力、包容力など、人間的な魅力が備わってきているのかどうかも振り返ってほしいものです。中小零細企業だから人が集まらないと考えてはいけません。中小零細企業だからこそ、経営者に人間的な魅力があれば人は集まるのです。会社に安定性や成長性が感じられず、経営者にも魅力がなければ、良い人材が集まらないのは当たり前です。優秀な上司は、部下からこの上司のために働きたいと思われています。そうであれば経営者こそ、この人のために命を懸けても良いと社員から慕われる存在でなければなりません。社員を魅了する人間力も必要なのです。

筆者が尊敬する人の一人に、ＪＲ九州から独立した経営者がいます。その人の元には以前の会社の部下や後進がいつまでも相談に来るのです。この人には他人を裏切らない誠実さや卓越した企画力などが備わっています。しかし、それ以上に人間としての魅力があるのです。前の会社の部下たちに、これからもお付き合いしたいと慕われているに違いありません。役職や立場が変わっても尊敬される人望のある人間であってこそ、経営者として相応しいといえるでしょう。

経営者はカリスマ性を持って会社を指揮する存在でありながら、且つ豊かな人間性や信頼できる品格を持って愛情を注ぎ、社員を導いてほしいと思います。そして、そのことで社員が経営者を尊敬し、社員からの信望が厚くなれば、社長を中心として会社に連帯感が生まれるのです。この連帯感の形成が会社成長への基本条件ともいえます。「海賊とよばれた男」（百田直樹著）のモデルで有名な出光佐三氏が創業した出光興産では、上場する以前まで出勤簿もなく何時に出勤しても何時に退社しても自由でした。遅くまで仕事をする時は、会社の費用で自由に夕食をとっていました。一般企業では考えられないことです。同社は「家族」というコンセプトで会社が運営されていたのです。「家族」なら、いちいち勤怠管理をする必要もありません。創業者を中心にして社員が家族としての連帯感を形成していたのです。

会社の中に社員の連帯感ができていれば、強固な組織として運営される規範が生まれてきます。これができれば、組織が崩壊するとされるアノミー状態（無規範状態）とならずに、正常な会社としての成長が期待できます。このことが会社運営の要諦（物事の最も大切なところ）であることは、強調しても強調し過ぎることはありません。

組織は商品やサービスを生産・提供する生産・サービス部門と、市場に販売する営業部門、そしてそれらの組織をサポートする管理部門とに大きく分かれています。事業内容や規模に応じて会社の組織を構築していかなければなりません。創業当初は中途採用社員が主力の戦力となります。しかし、定期的な人員採用と社内教育システムが整備されてくれば、新卒社員の採用も進める必要があります。なぜなら、企業にはそれぞれ独自の文化が形成されていきます。しかし、それらを伝承していくには、新卒で社会に対して白紙で入社してくる社員も、ある程度は必要だからです。白紙という意味は、フレッシュな視点や柔軟性、育成の余地が大きい点などを指しています。もちろん、他の会社を経験した中途採用も続けなければなりません。経験豊富な中途採用者は社員の知識と技術を高め、また新たな視点をもたらしてくれる可能性がありります。新卒社員と他社での経験を有した社員、その両者が合わさってこそ、会社はより強固な組織になっていくのです。

規模が小さい間は経営者のカリスマ性があれば人は集まるかもしれません。現代におけるカリスマ性とは、魅力的なリーダーシップやコミュニケーション力を土台にした、人を惹きつける力を指します。しかし組織が成長するにつれ、経営者のビジョンや強固な価値観、そして共感を呼ぶミッションなどの全体の行動指針が重要となります。企業の規模に関わらず、経営者個人の魅力が大切なことは間違いありません。しかし、規模が拡大していけば経営者が社員全員と、以前のように直接コミュニケーションを取ることは難しくなっていきます。そのため個々のリーダーシップやチームワーク、そして組織全体の文化がますます重要になります。また会社の魅力や素晴らしさを、明快な形で表す必要がでてきます。具体的には、給与も含めた待遇や社則の制定、職場環境に加えて、経営哲学もしっかりと分かりやすい形で確立しておくということです。

優秀な経営者には経営哲学があります。株主、取引先、従業員の幸福を念頭に置いて社会貢献のできる経営でなければ社会での支持は得られません。もちろん、他にも利益追求、競争力、革新性など、経営者が考えるべき多くの要素があります。これらの要素を、どのように経営哲学へ組み入れてバランスをどう保つかは、経営者としての大きなテーマです。

社会貢献という観点からすると、雇用の創出と公正な納税は重要な要素です。特に納税について多国籍企業が、税金の少ない国に本社を移転している残念なニュースなどが見受けられます。個人は支払う税金と受けるサービスのバランスから判断して移り住む自由があります。しかし、会社はその地で事業を営むわけですから、その地にしっかりと根付いた形での経営をしなければなりません。このことは経営者として、常に経営哲学の中心に据えておく必要があります。

　さて、会社が事業を継続するためには倒産しないことです。しかし、どのような原因で倒産するのでしょうか。外部環境の変化やそれに伴う経営判断のミスなどによる業績の悪化が複雑に絡み合って、赤字決算に陥る場合がほとんどだと思いますか。もちろん赤字は倒産の要因の一つですが、直接的な原因ではありません。倒産に至る要因で致命的な問題は資金繰りです。これができなければ、いくら業績が好調でも会社は直ちに運営を停止せざるを得ないのです。これこそが最終的な会社の倒産の原因です。もちろん赤字が続くということは、資金繰りが悪化する可能性が高くなります。そのため経営者としては、常に資金繰りをチェックし、資金調達の道を確保していくことが必要です。資金繰りができるとは、会社が必要とする資金を適宜確保しながら運営を行えることを指します。資金繰りができないというのは、例えば売掛金が回収できずに、各種の支払いができなくなるなどのことです。つまり運営するための、必要な現金が足りなくなるような状態です。赤字であっても資金が潤沢にあれば経営は続けられます。たとえば今をときめくアマゾンは、創業から7年間は赤字でした。それでも倒産せずに成長していけたのは、資金調達に問題がなかったからです。逆に中小企業で会社の規模を大幅に超える好業績となっての黒字倒産もあります。売り上げが増大しても、売上金を受け取るまでには時間がかかるのです。他方、仕入に対しては支払いが発生します。そこにタイムラグがあれば資金繰りが破綻するのです。例えば3か月後に10億の売上金が回収できる予定であっても、来月に支払う5億が用意できなければ倒産するしかありません。これが、いわゆる黒字倒産と言われるものです。また、取引先の倒産により売掛金が回収できず、その影響で倒産することもあります。これは連鎖倒産と呼ばれています。これらの事態を回避するためにも、常に余裕のある資金繰りが必要です。経営における財務諸表のうち、資産と借入金などの負債や資本をまとめた貸借対照表、売り上げや利益などの経営成績を示す損益計算書、現金の増減を示すキャッシュフロー計算書は財務三表と呼ばれています。この中でキャッシュフロー計算書は、現金の流れを把握するためのものです。キャッシュフロー（お金の流れ）を管理すれば、現金の流れを正しく理解できるのです。これに加えて将来の資金繰りを予測するための資金繰り表を作成することは資金繰りの悪化予防にもつながります。特に創業間もない会社にとって資金繰りの確保は最重要事項の一つです。

もちろん金融機関との関係もおろそかにはできません。銀行との良好な関係構築は重要です。中小企業では、きめの細かい対応が優先されるため、地方銀行や信用金庫との取引が主体となります。規模が大きくなれば幅広い情報が必要となることから、都市銀行との取引が増大することでしょう。銀行は「晴れた時には傘を貸してくれるが、雨が降ったら傘を貸さない」とよく言われます。この言葉の意味は次の通りです。銀行は基本的に経営が安定して事業が展開でき、返済能力がある企業に対して貸し出しを行います。これは、当然ながら返済能力がない企業に融資をしてしまうと、その資金を回収できなくなるリスクがあるからです。返済能力があると見なすことが、その主な融資基準なのです。つまり、経営が良好な時は融資が受けやすく、逆に経営が苦しい時は融資が難しくなる、というのが一般的な取引のパターンとなります。

　経営が苦しい時には、自社の財務状況を改善するための策を見つけることが最も重要です。銀行と取引する側からすれば、苦しい時にこそ融資をしてほしいと願う気持ちは分かります。しかし、融資する側も融資先が倒産すると損失が発生して責任問題となるため、慎重にならざるを得ないという事情があります。例外的に、過去の取引経緯もあり再建が可能と判断された場合など、支援がなされる場合もあるでしょう。しかし金融機関は、あくまで事業に関する前向きの資金需要に応える存在であり、過度な期待をしてはいけません。そのために、「雨が降った時」には「自前で傘が差せる」ようにしておくべきです。つまり、緊急用の自己資金を別枠で潤沢に確保しておくか、十分な担保となる資産を保有しておく必要があります。

　それから人の採用も重要です。伝統と歴史のある大企業では入社試験の倍率は100倍以上になる場合もあり、相当数の応募者の中から優秀な人材を選ぶことが可能です。他方、歴史が浅い中小零細企業では応募者の確保すら厳しい会社もあります。応募する側の立場からすれば、信頼できる安定した企業へ勤めたいと考えるのは自然です。まして、福利厚生を含めた待遇も良いとなれば、大企業に応募者が集中するのは当たり前とも言えます。せめて給料だけでも大企業並みに出したいと思っても、生産性の低い会社では給与面での優遇も難しいものです。だからこそ、中小零細企業は企業文化の魅力や風通しの良いコミュニケーション、きめ細かい教育体制などを武器に、優秀な人材を引き寄せるように努力しなければなりません。また、一緒に会社を大きくするというビジョンを共有し、スタッフ一人ひとりが自身の成長を感じられる環境を提供することも大事です。

取引先も重要です。取引先は販売先と仕入先に大別されます。例えば、販売先で圧倒的に優位なのは、タイヤメーカーに対する自動車メーカーや製薬メーカーに対する病院です。いずれもユーザーや患者からの希望や指名は少なく、自動車メーカーや病院は独自の判断で仕入れを決定できるからです。一般的には得意先の方が優位なように見えます。しかし、大手の製鉄会社は寡占化しており、得意先となる販売卸が大手の製鉄会社と取引するためには大変な努力が必要です。得意先も仕入先も、どちらも会社を存続していくには大切な存在です。長期的な信頼関係を構築するようにしなければなりません。前述した将棋の藤井七冠（2024年9月13日現在）の師匠である杉本八段が必ず弟子に教えることがあるそうです。それは自身の師匠である故板谷進九段からの教えです。「お前たちが将棋で生活ができるのは、別に将棋が強いからでも勝つからでもない。ファン、そしてスポンサーがいるからだ。だからファンやスポンサーは大事にしなくてはいけない」というものです。確かに棋士はいくら将棋が強くても、ファンとスポンサーがいなくては成立しない職業であります。同様に会社は得意先と仕入先があってこそ運営できるものです。一時的な成功によって天狗になった時（自分は優秀であると過信し思い上がった態度の時）、立ち返るべき言葉がこの一節です。成功はしばしば人を盲目にし、取引先や仕入先との関係を冷静に見直すことを忘れさせます。そのため、成功しても謙虚さを忘れてはならず、取引先やパートナーとの長期的な信頼関係を維持することの重要性を常に思い出すべきです。

そして会社を創業し規模が拡大し、経営の安定性、財務の健全性、開示体制の整備等、さまざまな基準を満たすことができれば会社の株式を公開できます。いわゆる株式上場です。株式上場とは、企業が成長し、財務状態が健全になり、たくさんの情報を透明性高く開示する体制が整った時、一般の投資家に対して自社の株式を売ることができるようになる状態を指します。そうなれば金融機関からの融資ではなく、市場から資金を調達できます。また、上場すれば会社の信用は飛躍的にアップし、さまざまな情報を提供してくれる先が出てきます。そして創業者利益として持ち株を売却すれば、信じられないくらいの資産を手にすることも不可能ではありません。会社も個人も良いことずくめのように思えます。

もちろん良いことばかりではありません。株式を公開することで資金調達が可能になる一方、利益を株主に配当する責任が生じ、業績へのプレッシャーが高まるなどのデメリットもあります。経営者としては、これらの要素を総合的に評価し、適切な決断を下す必要があります。

また、一般的に上場のためには、適切な内部統制体制を構築するなど社内の制度を整備する必要が出てきます。即ち情報開示やコーポレート・ガバナンス（企業統治）に配慮した企業活動を継続できる状態にして、且つ長期的な業績の安定、透明性と公平性を保ち、犯罪防止対策など、会社の体質を強固にしなければなりません。このような株式上場という作業を通じて、長期の運営に耐えられるようにしていくことこそが、実は会社にとって最も貴重なプロセスかもしれません。小さな規模の会社でも、健全な組織体制を整備しておくことが、企業の成長と持続的な社会への貢献につながります。上場するか否かは別にしても、上場基準に値するような組織にしていくことが大事なのです。

この項の最後に、明治から昭和初期に活躍した政治家であり医師である、後藤新平氏の名言をお伝えします。「金を残して死ぬのは下だ。事業を残して死ぬのは中だ。人を残して死ぬのが上だ」。この言葉はプロ野球で活躍された野村克也監督が生前よく言っていましたから、ご存じの方も多いかもしれません。後藤新平氏の言葉の用いている「上」「中」「下」という表現は個々の成功を評価するものではなく、より大きな社会的影響や遺産を意味しています。

野村監督はこの名言を体現した代表的な一人といえます。選手として戦後初の三冠王に輝き、監督としてリーグ優勝5回、日本シリーズ優勝3回と素晴らしい結果を残しています。しかし、それ以上に指導者としての功績は偉大です。史上最高の捕手とうたわれた古田敦也氏を育て上げ、日本代表監督として活躍した栗山英樹氏、稲葉篤紀氏や2024年の現役プロ野球監督の吉井理人氏、高津臣吾氏、新庄剛志氏、渡辺久信氏などを始め何人もの監督やコーチを育て上げています。昭和の神様松下幸之助氏や平成の神様稲盛和夫氏の考えにも通じる、人間教育の重要性が改めて認識させられる言葉です。経営者として腕を振るう限りは、会社の事業を存続させることはもとより、人材育成にも力を注いでほしいものです。

管理部門の仕事力

管理部門とは経理、財務、法務、人事などの部署があり、営業部門やサービス・生産部門をサポートする部門です。他部署に当てはまらない業務は総務または庶務が担当します。

業務の性格上、営業や生産部門などの稟議書に決裁前のコメントを求められる場合もあります。そこに「賛成しかねます」とか「同意しかねます」などのコメントを出すことで、実質的な権限（拒否権）を有しているとも言えるのです。

また職場は一般的に本社所在が多く、役員と接触する場合もあることから、いろいろと他部門の人物評価などを伝えることも可能です。そのため、地方の営業所長よりも本社管理部門の社員の方が、社内での影響力がある場合も少なくありません。そのような立場ゆえに、逆に強引な対応は他部門との摩擦や誤解を生む恐れがあり、常に公僕の精神を忘れてはなりません。

国家公務員法や地方公務員法とは異なりますが、それらの法律に記述されている公務員の精神を参考にしてみると、次のようになります。
一、国家公務員法
「国民全体の奉仕者として、公共の利益のために勤務し、且つ、職務の遂行に当つては、全力を挙げてこれに専念しなければならない」

二、地方公務員法

「全ての公務員は、全体の奉仕者として公共の利益のために勤務し、且つ、職務の遂行に当っては、全力を挙げてこれに専念しなければならない」

これを会社に当てはめると「会社全体の奉仕者として会社の利益のために勤務し、且つ、職務の遂行に当たっては、全力を挙げてこれに専念すること」となります。

このような精神で業務（特に他部門からの依頼）に対応すれば、管理部門本来の価値が高まるとともに、会社の総合力も飛躍的に向上するでしょう。管理部門の主な役割は、会社の運営をサポートすることです。この観点から考えれば自ずと行動すべき事柄が見えてくることは間違いありません。

管理部門の業務は、それぞれ通常のルーチン業務の他に他部門からの依頼や問い合わせに対応するという重要な業務があります。例えば、営業部門より得意先からの料金回収を一か月遅らせてほしいとか、顧客が指定する新規の仕入先と取引してほしいなどです。営業部門が一所懸命に取り組めば取り組むほど、顧客からの要望に応えようとして管理部門に相談や依頼がきます。

この場合に、ルーチン業務を優先させて他部門からの問い合わせや依頼が煩わしいと思えば、問い合わせには「分かりません」、依頼には「できません」といった、いわゆる「塩対応」をすれば業務負担はおそらく半減するでしょう。こういう類の対応をする人が管理部門にいるかもしれません。しかし逆に管理部門はサポート部門だと理解して、親身に対応する人たちは少なくないでしょう。もちろん単純な問い合わせ等のルーチン業務が業務負担となっている場合、それを軽減する工夫も必要です。しかし本来の管理部門の仕事であると理解して、会社のためにと思うならば、部門間の円滑なコミュニケーションは重要です。

そうは言っても、なんでもかんでも全て受け入れてよいわけではありません。公僕の精神で、会社全体の奉仕者として会社の利益にかなっているかを、よくよく考える必要があります。

ある営業マンが、顧客のため自社の不利益になるようなことを引き受けようとしました。上司に得意先のために引き受けたいと説明しました。しかし、上司は会社の利益を考える必要性について説明するため「あなたはどこからお給料を貰っているの？」と軽く嗜《たしな》めたそうです。必要があれば短期的に自社の損失となることであっても、やるべきことはあるかもしれません。しかし、長期的に見て自社に不利益になるようなことは、避けなければならないのです。なぜなら、自社が継続的に利益を上げられなければ、組織として運営できなくなる恐れがあるからです。自社の運営が厳しくなるような事態は、顧客にとっても決してプラスにはなりません。違うソリューション（解決策）を考えるべきです。

管理部門の役割とは、他の部署をサポートし、また全社的な観点から最善の解決策を提案することです。しかし、その際も他部署の自主性を尊重し、適切なバランスを保つ必要があります。要望通りの依頼にそのまま応えるのか、あるいは条件付きで対応するのか。それとも依頼内容とは異なるソリューションを提案するのか、それも無理なら断るのか。最善の結論を探し出さなければなりません。これらの選択を正しく行うためには、管理部門としての最高の仕事力が発揮されるべきです。

そのためには、法務、総務、人事、経理、財務、システム・審査など、同じ管理部門内の部署の考え方や業務内容にも精通しておくことです。並列部署の力も合わせることでバックアップ力が高まります。その上で上司にも確認をして結論を出します。

そして、結論が出て依頼先部署に伝える場合の原則は、発信主義ではなく到達主義です。相手が理解できたか否かにかかわらず、伝えたことで終了とする発信主義ではなく、相手が理解できるように伝えることが大事です。特に否決する場合は、なぜ否決となったのかを相手が理解できるように説明しなければなりません。これを到達主義といいます。

また、管理部門の仕事の一つには資料の作成があります。売り上げや費用の推移、資金繰りの見込みなど、役員向けに作成する資料にはパワーポイントやエクセルなどの習熟度が大きく影響します。常に最新の活用方法を身につける必要があるでしょう。エクセルについて「組織は3種類の人間に分類される」（52頁）で、その進化を説明しました。ピボットテーブルやWebクエリ、マクロを活用していくのは当然ですが、既にRPAの導入も一般化しています。

また「百聞は一見に如かず」の通り、文章や数字の羅列よりグラフや図形表示の方が、はるかに伝えやすく分かりやすいことは明らかです。より見やすいグラフ、図形の選択や文章・数字との比率などのまとめ方には、仕事力の差がはっきり出てきます。

資料作成の目的は報告をするためです。その報告は「事実をそのまま伝える報告」と「必要な点を訴求する報告」の使い分けも重要です。管理部門として本当に必要なことを伝える報告では、重要性が伝わるような資料の作成が求められます。ここで大切な点は、表現方法やグラフ表示について作成者が重要と特記するだけではなく、それを見た役員に重要さがすぐに理解できるような工夫が必要です。例えばグラフで大きな変化を伝えたい時は、差を強調するようなグラフ表示にするなどです。いずれにしても管理部門の立場は、会社全体の奉仕者として会社の利益のために勤務することです。そして職務の遂行に当たっては、平等且つ全力を挙げてこれに専念することを忘れてはなりません。

次ページのグラフAは変化を抑えて見せるグラフで、その下のグラフBは変化を強調してみせています。それぞれのグラフの値が同じでも印象は大きく変わります。

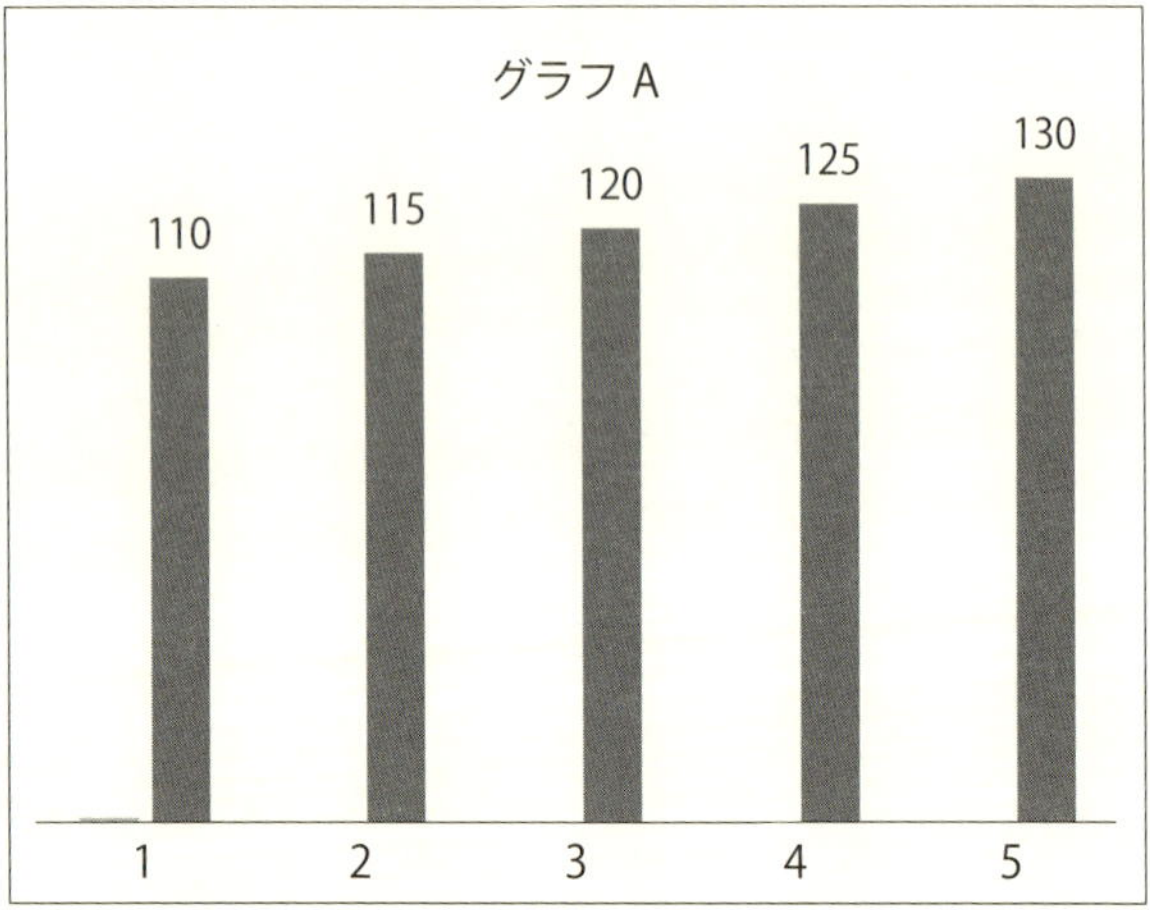
グラフ A
110
115
120
125
130
1
2
3
4
5

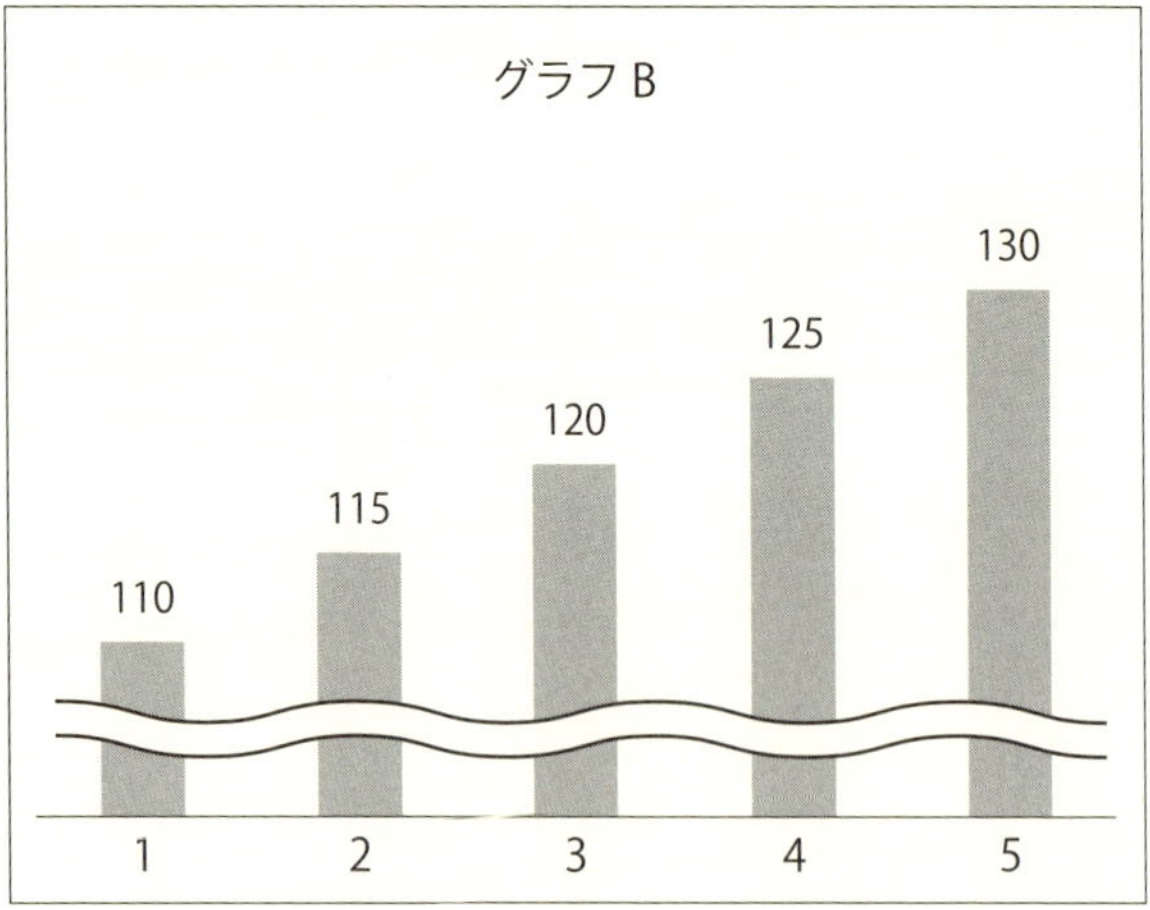
グラフ B
110
115
120
125
130
1
2
3
4
5

生産・サービス部門の仕事力Ⅰ（バランス）

生産・サービス部門の仕事は、会社の魅力や価値を司るところです。提供する製品やサービスの質によって会社の隆盛が決まります。ここでは第一にバランス、第二に情報の収集、第三にリスクの回避というテーマに分けて説明します。

第一のバランスにおいては、まず商品やサービスの開発問題です。例えば、伝統的な和菓子の老舗の失敗例として、現状に固執して時代に取り残されて衰退する場合もあれば、逆に新しい菓子に挑戦をして残念ながらニーズに合わず敗退するケースもあります。守るべき伝統と時代の変化への対応を、どのようにバランスをとっていくのか？　経営規模の大小にかかわらず、全ての企業に常に与えられたテーマです。変えてはいけないものと、変えていかなければならないものの見極めは、非常に難しい判断となります。

そのテーマを克服してこそ、企業は「継続して利潤を追求する営利団体」として存続できるのです。その重要な役割を担うのが生産・サービス部門です。蓄積された技術力としてのシーズ（種＝開発の元となる要素）や、特別の素材や材料を総合的に組み合わせて、時代のニーズに合った製品やサービスを開発・完成させなければなりません。

また、開発というと新製品や新技術だけと思われますが、コストダウンも開発の大きなテーマです。日本の家電メーカーの液晶テレビは２０００年頃に販売台数や市場シェアで最盛期を迎えました。しかし、海外勢の技術の進化やマーケティングの戦略、また消費者のニーズの変化等、多角的な要因により低価格化の波に押され厳しい状況（２０２４年1月現在）が続いています。開発には、新しい機能やより高品質化を目指すだけではなく、より安価な製造を目指す研究もあります。いずれも大事な開発目標です。岐阜県に、もやしづくりを中心にしたサラダコスモという会社があります。この会社の養老生産センターでは最後のパレット積みまでの工程を自動化しています。大幅な省人化を成功させて、人件費の高騰などが商品価格に影響しないようにしているのです。このような開発も生産・サービス部門の役割です。

新商品や新サービスの開発は、コスト面も含めて研究していかなければなりません。その上で、守るべき伝統の部分と時代の変化に合わせて進化する技術との融合について、どのようなバランスを取るのかが重要なポイントです。世界で一店舗だけの限定販売であれば、昔ながらの味を頑なに守るだけの店舗営業が可能かもしれません。しかし、全国展開をするような規模の会社は、常に競合他社から開発される類似製品との競争が避けられません。例えば、相当な費用と時間と人材を投入して開発された医薬品でさえ、20年の特許期間が切れると開発した会社とは別の会社が同じ有効成分を使って、ジェネリック医薬品として製造・販売が可能となるのです。生産・サービス部門は、常に厳しい開発競争を勝ち抜いて、ヒット商品やサービスを提供しなければなりません。そのためには自社固有のシーズを蓄積し、あるいは見直しをしていく必要があります。もちろん、新分野として全く異なる商品やサービスの検討も重要です。しかし、新たな試みには既に優位な競合先が存在していることも多いのです。自社の優位性を発揮するためには、自社が長年培ってきた分野につながる領域で取り組む方がアドバンテージは握りやすいでしょう。例えば精肉店が焼肉屋を展開するのは容易かもしれませんが、回転すしに進出するには仕入先や職人の開拓・確保など難易度が高いといえます。つまり自社が保有する財産ともいうべき固有の技術やサービスを活用できる分野での進出は、優位性があり成功への道が拓かれやすいといえます。もちろん新分野への進出の可能性も否定はしません。新分野への挑戦が結果的に新たな強みを生む可能性もあります。ただし、かなり厳しい道のりといえるでしょう。

　例えばサラリーマンが定年となり多額の退職金を手にし、資産運用を始めて失敗する話をよく聞きます。退職金等の一定の資金があれば、資産運用はより有利に進められると思われるかもしれません。しかし、よく考えなければならないのは、ノウハウやスキルがなければ資産運用はできても、成功する可能性は低いということです。どのような仕事であっても、ある程度の収入を得るためには一定の経験や特別のスキルが必要です。もし退職後に生活を支える収入目的で資産運用を考えるなら、いきなり大金を運用するのではなく、若い頃から少額で経験を積み上げて資産運用のノウハウとスキルを徐々に育てていくことです。それでも失敗するリスクはあります。会社も同様で、資金があるという理由だけで安易に未経験の異分野で新規事業を行っても、成功の確率は決して高くないでしょう。もちろんブルーオーシャンといわれる全くの新分野での取り組みとなれば、競合もないので成功すれば、大きな成果が得られるかもしれません。しかしリスクや必要なリソース、技術的な課題などがあります。業界のトレンド分析やマーケットリサーチ等、新分野に進出するリスクを評価する手法も必要です。また技術的な問題を克服するための具体的なスキルやツールなどが課題となります。そのため未経験の新分野への進出には、参入障壁（新たに市場に参入する場合に参入を妨げる障害）が極めて高いと言わざるを得ません。基本は会社の財産である技術力をベースにして開発していかなければ、マーケットでアドバンテージは取れません。しかも会社のアイデンティティにもかかわることから、新規事業や新製品の開発は非常に繊細で重要な問題です。自社の伝統的な力と時代や技術の進化とのバランスの取れた舵取りが必要です。

経営層や営業部門からは「売れるもの」を作るようにというオーダーがあるかもしれません。「売れるもの」というと漠然としています。「経営・起業の仕事力」の項（128頁）にも記載しました。漠然とした目標として捉えるのではなく、表現を変えて「世の中に必要なもの、役に立つもの」と考えるようにするのです。マーケティング的には潜在的なニーズという表現になります。開発部門だけでの閉鎖的な開発研究や、あるいはコンサルタント会社に頼るなどより、自社の社員に知恵を出してもらえるように、企業風土を醸成することも重要です。ただ悪い例としては、全社員に募集して出てきたプランの問題点を指摘して、提案者に解決策まで求めてしまうことです。プランを出す側の社員は商品開発の専門家ではありません。それ以上のことまで求めるのは、開発担当部署の怠慢と言うべきです。思いつきやプランは全社員で考えます。そして具体的な生産・開発プロセスの取り進めは、発案者の協力を得ながら生産・サービス部門が主体となって行うようにすれば、開発パワーは倍増するでしょう。それでも失敗することはあります。その際には失敗の責任を追及するのではなく、分析することが大事です。責任を追及するばかりでは組織が委縮して、積極的なアプローチや挑戦はできません。首都圏を中心に百貨店やファッションビル業態の商業施設を展開するマルイではフェイルフォワード賞なるものがあります。社員の提案で立ち上がったものの、失敗した新規事業に授与されます。嫌味でも冗談でもありません。失敗を許容する風土醸成のために、創設されたそうです。

時代の変化やテクノロジーの進化によって、求められるものは常に変化していきます。例えば、無洗米も発売当初はなかなか売れませんでした。年配の主婦層からは、米を研がなくて済む無洗米を買う人は家事を楽にしたいだけだと、評判が良くなかったのです。そのため、若い主婦層にとって、無洗米は買いづらい状況が続きました。しかし、エコが重視されてくると水道水を無駄にしないエコ食品として、若い人たちを中心に見直されて評価されたのです。このように時代の変化によって評価が変わることは、決して珍しいことではありません。時代が何を求めているのか、その中で自社が提供可能なものは何なのかを真摯に見つめていけば、自ずと答えが出てくるかもしれません。

次に仕入のバランス問題です。以前は、昔からの取引先、あるいは近隣地域などで仕入先を固定していることが多かったのではないでしょうか。しかし、金融庁が定義している内部統制の観点からは、仕入先や仕入価格も合理性が説明できなければ問題となるのです。これらの問題は入札という方法を取れば一見簡単なように見えます。入札では仕入金額の差が明らかとなります。しかし、その前提は同一商品同一サービスであることです。商品の品質、納入条件、支払い条件など、多岐にわたる取引条件は本当に同一に保たれているのでしょうか。その条件が保たれているかどうかを確認するためには、仕入れ先との長期間にわたる関係性や評価、品質保証の有無、サービスの一貫性なども考慮しなければなりません。表に現れない仕入先の情報提供や提案力などを、どのように評価していくかは難しい問題です。また安定供給という問題もあります。常に価格の安さだけで仕入先を決めるならば、極めてドライな関係となります。仕入れ先は販売価格を下げざるを得ないため、有形無形のコストダウンに努めるでしょう。そのため有益な情報提供が受けられなくなるかもしれません。例えば商品が品薄になる場合に、いち早く情報提供を受けて優先的に商品を販売してもらうような便宜は期待できなくなり、安定供給に不安が残ります。どのようなバランスで仕入先を決定するかは難しい問題です。

最後に目標設定のバランス問題です。生産の作業工程では、原価低減のために可能な限り効率性を追求していく必要があります。しかし他方、品質面で問題が起きないように品質マネジメント力を最大限に高めなければなりません。

例えばアサヒビールでは、昭和60年頃から「太鼓判システム」という品質管理の各部門が「印」を押して、品質は大丈夫と確認する仕組みが考案されました。当初は「実際のハンコ」を各部長が押印する仕組みでしたが、平成3年頃から「太鼓判」の電子化を推進し、全工場に展開、同時に本社品質保証部をはじめ生産各部が共有できるシステムに昇華させたそうです。特に、アサヒビールの場合、ビールの主力は「生ビール」です（2024年9月13日現在）。生ビールは一般的なラガービールのように、瓶詰や缶詰後の六十数度での低温殺菌をしません。そのためビールを瓶詰め、缶詰め、樽詰めする際のラインのパイプ管等に微生物や雑菌、野生酵母菌が混入しないように、配管のつなぎ目には特に厳しい清掃とチェックを重ねるなど、全ての工程で厳格な管理をしていると聞きます。メーカーにとって不良品の出荷は致命的な問題です。品質を重視する体制がなければ、十分な品質チェックが行われず商品の出荷を優先する可能性があります。万が一にも不良品が市場に出荷されたりすれば、会社の信用は失墜し大きなダメージを受けることは明白です。そのため企業はどこでも品質管理をしていますが、アサヒビールは品質管理をシステムとして構築し、自社における品質保証に関する絶対性を明らかにしたのです。品質管理部門という製品の最終チェックをする部署の設置は、リスク回避のためにも必要不可欠な存在です。原価低減の目標設定上で、生産性と品質の安全性という二律背反を、どのようなバランスを取って解決するかは常に問われるテーマです。

生産部門やサービス部門では、堅実と迅速、伝統と合理性、経済性と安全性など、常に矛盾を含む両方の目標達成が求められるために、部門全体で克服していく必要があることを忘れてはなりません。

生産・サービス部門の仕事力Ⅱ（情報の収集）

いくら会社に素晴らしいシーズがあったとしても、時代のニーズにマッチした製品やサービスでなければ、今すぐ市場に受け入られるわけではありません。つまり売れないということです。そのため市場のニーズをいかに把握できるかが大事なポイントとなります。

昭和の時代の食品や生活用品のメーカーは小売店に売ることを主眼に置いた営業活動が中心でした。ところが生活用品のリーディングカンパニーである花王の営業部隊の最優先の目的は、自社製品を売ることではなく、市場で売れているものの情報収集でした。その情報をもとにして、商品開発がなされていたのです。情報収集をいかに重要視しているのかが分かります。もちろん現在では、営業活動もマーケティングも、はるかに進化していると推測されます。ただ同社のホームページを見れば「花王の事業活動の原点は、消費者・顧客の立場にたった『よきモノづくり』」を表明しており、基本的な姿勢は変わっていないように見受けられます。

自社の営業部隊がマーケットの前線でつかんでくる情報は重要です。ただし、この情報を単純に、そのまま受け取るだけではいけません。会議で発表する情報だけであると、その担当者の印象的なトピックスだけの発表になる恐れがあるからです。そのため報告されたトピックスに加えて、数値化したデータも加工・分析を行います。仮に新製品の評価を全国で100人の営業マンが毎日20件の得意先でヒアリングをするとすれば、10日間で2万件のデータが集まります。地域別や店舗規模別などのカテゴリーに分類して分析することで、データから読み取れるものが明らかになるでしょう。

しかし、令和の時代の情報収集は社員による人海戦術だけでは十分とはいえません。個人情報の取り扱いには注意しなければなりませんが、合法的に取得できるさまざまなビッグデータを分析して、そこから得られた知見を開発に結びつけることが求められます。例えば、コンビニエンスストアやスーパーの協力によりPOSシステム（ポイントオブセールの略称で、販売時点情報管理システム）や店内カメラとAIによるシステム構築で、購入された商品の購買層の性別や年齢、購入時間帯がマクロ的に把握できれば、傾向と対策が見つかるかもしれません。

マーケットの潜在的なニーズを把握することは、決して容易なことではありません。市場の言葉や反応の中から潜在的なニーズを顕在化させてこそ、初めて製品やサービスの商品開発としての道筋が見えてきます。これらの活動範囲は全て生産・サービス部門が担当すべきエリアです。昔のように営業の依頼に応じて、受動的に製品・サービスづくりをするのではありません。営業を通じての情報収集は一つの重要な方法です。しかし、自らが主体的に製品・サービスを開発していくのが、現代の生産・サービス部門の役割なのです。

生産・サービス部門の仕事力Ⅲ（リスクの回避）

営業部門や管理部門の法令違反も、発覚すれば致命的な問題となります。しかし両部門とも、あくまで人間に起因するリスクが中心であるといえます。例えば、スタッフの訓練不足による事故や意図的な違反、過大なストレスによるヒューマンエラーなどです。そのため事前に想定し、業務手順やチェック機能などの管理システムを整備することで、ある程度の回避は可能です。しかし、生産・サービス部門のリスクは、研究・生産設備の管理や製造業務・製品そのものなどに幅広く存在しています。そのようなリスクにどのように備えていくかも大きなテーマの一つです。信用第一の観点から、人的ミス及び製品・設備に関する事故に備える必要があります。そのため人為的ミスや構造的な問題など、現在及び将来に起こりうるリスクを常に検討していくことが大事です。

しかしながら、この問題対処について日本人に見られる傾向が三つ挙げられます。「実績主義」と「念仏主義」、そして「場の空気を読む」ということです。まずは過去の実績からしか想定しない実績主義です。実績主義とは、過去のデータや経験だけに基づいて将来の事象を予測し、理論的な予測や未経験の状況を考慮しない傾向を指します。例えば建築基準法の改正です。1978年の宮城県沖地震を受けて1980年に改正が行われました。次に1995年の阪神大震災で木造住宅の被害の程度が大きかったことから、2000年にも改正されました。地震の揺れの単位も阪神大震災の約1年後に単体であった震度5、震度6から、それぞれ「震度5弱、震度5強、震度6弱、震度6強」に分割されました。これは実際に起こったことへの対応です。以前から分割されていれば、建築基準法の耐震基準も、もっと詳細な設定ができていたかもしれません。本来は理論上起こりうる（人間が存続でき得る限度）震度として「震度8」以上も設定がなされるべきではないでしょうか。理論的な予測と現実的な対策のギャップを埋めることが必要です。しかし、それは未だになされていません。震度は計測震度計によって観測された数値で決められます。震度4以下は計測震度が1単位で表されます。震度5から6は0・5単位です。最大震度の7は計測震度が6・5以上とされています。しかし数値によっては明らかに「震度7」の基準値である「計測震度6・5以上」を大幅に超えた地震もあり得るはずです。しかし気象庁の資料では「震度7」は最大級の被害をもたらすと認識されています。防災対応も最大級の措置が取られるため、それ以上の震度を出しても意味がないという理由から、現時点では「震度8」以上は設定されていません。つまり、過去に発生・記録されている震度にしか対応しないとも読み解けます。「震度8」を設定すれば、その震度への対策も必要となります。過去に例のない震度に対しては対策不要という実績主義の最たるものです。将来「震度7」を大幅に超える地震が起きて、より甚大な被害が発生しない限り「震度

8」は設定されないのでしょうか。ぜひ実績主義からの脱却を望みたいものです。

次に東日本大震災時の福島第一原子力発電所の事故から教訓にすべき事柄です。東京電力では、事前に津波の問題点を指摘されていました。それにもかかわらず、安全神話が崩れないようにリスクに目をつむる、いわゆる「念仏主義」に陥っていたのです。あたかも念仏のごとく「平和、平和」と唱えていれば平和になると信じる戦後日本の風潮を皮肉った言葉が「念仏主義」と言われています。具体的には、問題が表面化する前に、それを認識することを避ける傾向を指します。このような視点では、問題視すること自体を問題視し、それによって大きな問題が無視される可能性があります。

東京電力としては、2008年3月に長期評価に基づく試算で、津波の高さが当初想定の3倍近い15・7メートルになる可能性があるとの計算結果を得ていました。ただ前年の2007年7月、新潟県中越沖地震が発生し、同県の柏崎刈羽原発が停止しました。そのため翌2008年度には経常赤字に陥り、経営危機に直面していたのです。そのため、費用の捻出が厳しかったのかもしれません。しかし東日本大震災の前年決算では経常利益を2千億円以上計上していたのです。その時点では安全対策の費用がなかったわけではありません。それよりも指摘による追加の安全対策をすれば、それまでの対策が不備であったと東京電力が認め、原発のリスクを改めて世間に知らしめることになると考えて対応しなかったようにも思えます。まるで安全であると唱えることで安全が担保されると考えているかのようです。自社のホームページで、津波対策不備の原因について、専門家意見を軽視した、危機感が不足していた、対策を講じる姿勢が欠けたなどと説明しています。しかし、いずれも念仏主義を払拭《ふっしょく》するような説明にはなっていません。

東京電力だけが特殊なのではありません。古くは太平洋戦争で日本が敗戦濃厚となっても、国民の中には「負ける」と決して言ってはいけないと思っている人が少なからずいました。なぜなら「負けると言うから負ける」とする、念仏主義の論理がまかり通っていたからと言えます。

最後に気をつけなければならないのは「場の空気を読むこと」です。日本人は「場の空気を読むこと」に呪縛される人が少なくない民族なのです。島国という環境がそうさせているのかもしれません。同じく太平洋戦争で、国力が20倍以上も違うアメリカに開戦したのは、誰が考えても無謀な戦争だったと言われています。国力の差は誰もが知っていました。しかし燃料備蓄の問題からも、もし戦争をするなら、今しかないという意見が大勢を占めました。慎重派も「事ここに至っては仕方がない」と賛成したと言われています。この「事ここに至っては」という空気に、その場所にいる全員が呑まれてしまったのです。この歴史的な出来事は日本人の行動・決断の特性を示す一例として挙げておきます。開戦という重大な決断が、反対しにくい状況や他人の意見への強い影響によって決定されたことは、我々がリスク管理に取り組む上で考慮すべき観点の一つです。

これは戦前の話と馬鹿にしてはいけません。現在でも脈々と続いています。２００６年頃から女子高校生を中心に流行った言葉が「ＫＹ」です。これは「場の空気が読めないこと」を指しています。それぞれの文字の頭文字を取って「空気」の「Ｋ」と「読めない」の「Ｙ」で「ＫＹ」をつくります。21世紀の高校生でさえ、場の空気を読むことが重要と感じ取っているのです。70年経った今でも日本人の心の中に強く根付いています。会議で、この「場の空気」が発生して呑み込まれれば、反対はできなくなるかもしれません。

このように実績主義と念仏主義、そして場の空気には十分に注意を払う必要があります。それらを念頭に置いて、リスクに備えなければなりません。リスクに備えるのには、それなりの費用が掛かります。他方、リスクの発生確率や被害の程度などによって費用対効果も検討しなければなりません。最終的には経営判断となります。生産・サービス部門としてリスクの発生率とその想定被害、そしてそのリスクに備えるための費用を明らかにして、全社で共有することが大事です。リスクは変化していきますから、定期的に見直しをする必要があります。

営業の仕事力Ⅰ（営業部門が求められるもの）

営業部門が求められる重要な役割として最も強調すべき三つの要素は、売上予算の達成、情報の収集、人脈の構築です。

まず今期の売上予算を達成して会社の収益を確保することです。売り上げを達成することで、会社は健全な企業運営ができます。売り上げを上げることで初めて固定費である人件費や設備費などを支払い、変動費の原材料費も支払い、さらに将来に向けた研究開発費用を捻出することが可能となるのです。ところが、予算未達成となっても短期的に固定費は変わりません。売り上げが下がれば変動費は下がります。しかし、原材料の仕入数量も下がるため、仕入単価の上昇を招く恐れがあります。資金の調達コストも業績が悪化すれば、市場や金融機関による会社の評価が下がり調達金利は上がります。コストを切り詰めるため研究開発費は抑制され、将来に備える競争力が衰える可能性もあります。賞与も低レベルとなり、従業員のモチベーションも低下するでしょう。人材の採用においても、業績が悪化している会社では、応募してくる人材の質・量ともに変わってきます。もちろん、そのような状況になる場合は、固定費の削減など、さまざまな対策を工夫するでしょう。しかし、単純な視点で考えた場合、予定の売り上げを達成できないと、全ての面において企業運営が悪化します。そのため営業部門に求められるものは、何よりもまず売上予算の達成が最優先です。これは営業部門に携わる全ての人間が、常に自分自身に言い聞かせる必要があります。もちろん、継続的な収益の追求が大前提となりますので、正々堂々とした公正な手段による売上達成が不可欠です。

次に情報の収集です。既にビッグデータをＡＩで分析していくことが一般化しています。そのため、どのような方針で、どのようなデータから、より有意義な情報を取り出すべきなのかは、よくよく考えねばならないのです。ただ、その答えを見つけ出すことは、決して容易なことではありません。

取引先やその先にあるエンドユーザーなどが何を求めているのか、自社がどのように評価されているのかなど、さまざまな情報が必要です。エンドユーザーからの直接的なフィードバックを得るためには、アンケート調査を実施したり、商品使用後のレビューを募ったり、直接ユーザーインタビューを行ったりすることも有効です。また、ＳＮＳなどで自社製品に対する意見をチェックすることも重要となります。

インテントセールスと呼ばれる法人向けの営業方法も注目されつつあります。これは企業のインターネット検索などの行動履歴データから、興味・関心の対象や検討の段階を推測して、相手にアプローチするセールス手法です。アメリカで盛んになりましたが、日本でも拡大する兆しが見えています。

このようにさまざまな情報収集方法が確立されてきていますが、営業活動を通じて収集した固有の情報は会社の財産です。これらとビッグデータを合わせて分析してこそ、より正しい値に近づいていくものと思われます。そして、その結果に基づいて経営層が新製品の開発方針や営業政策を決定していくのです。

世の中で売れるものという情報収集は漠然としています。そのニーズがどの程度あるのか、どの層にそのニーズがあるのかなど、正しい情報が把握できなければ判断は容易にできません。その情報収集の核となるのが、自社の営業部門の活動です。もちろん、市場調査などリサーチ会社を通じて情報を収集することも重要です。しかし、日々顧客と接点を持つ営業部門から直接得られる生の情報には、その市場の現状や顧客ニーズの細かな変化を理解する上で一層の価値があるのです。現代では生産・サービス部門から商品開発のために依頼される情報収集もあります。しかし営業部門が独自に営業戦略の立案などのために必要不可欠とされる情報収集もあります。目的に応じて的確な情報を集めることを心がけることが大事です。

最後は人脈の構築です。今やインターネットの発展によって、さまざまな情報が身近に収集できるようになりました。デジタルマーケティング、SNS戦略、SEO対策など、オンライン機能を最大限活用するスキルがあれば、かなり大きな力を発揮するでしょう。しかし、デジタル化時代と言っても、企業活動は人間同士の関係が基本です。いかに有効な人脈があるか否かが、成功のカギとなります。その昔、その会社がどこまで伸びるかは、経営者の人脈次第とも言われた時代（1970年代）がありました。しかし、現代では経営者だけではなく、所属するメンバーの組織としての総合人脈が勝敗を分けます。

何かを売り込むにしても、誰かの紹介があればスムーズに商談できるかもしれません。さまざまな人間関係があってこそ、他へ推薦してくれるのです。また貴重な情報の提供や、営業支援をしてくれることもあります。

この人脈とはトップ同士だけの話ではないのです。トップ同士の関係から依頼しても、商談が尻すぼみとなって成立しないケースは少なくありません。商品やサービスについて決定する権限が実際には担当部署にある場合、その部署の意向が反映されないと、商談はなかなか前に進まないことがあります。

相手先のトップは、自社の担当責任者を紹介はしてくれるでしょう。しかし、「取引をするように」という具体的な指示は出さないはずです。具体的な指示を出さない理由は、担当部署の尊重や判断力を信じる経営者としての考え方があるからです。通常、優秀とされる一部のトップは、拒否権と包括的な指示しか出さないというリーダーシップスタイルを取ることがあります。具体的な指示を出してしまうと担当部署のモチベーションや可能性を下げてしまうからです。精々、「検討してやってくれ」というレベルです。そのため、トップ同士の人間関係も大事ですが、担当部署レベルでの人的関係も重要なのです。トップ経由の紹介依頼というのは、担当部署のプライドを傷つけることもあります。また、それまでの既存の取引先との関係も無視できません。そのため、さまざまな理由をつけて、社長に取引は難しいという報告をする可能性があります。そのような事態を回避して「社長紹介案件でもあり前向きに検討しよう」と担当部署の動きがなるように働きかけなければなりません。

なお、人脈による紹介支援の基本は、紹介支援ルートを一つに絞ることです。何人もの支援者がいるからといって、複数の支援者の紹介でアクションを起こしてはいけません。紹介ルートを一つに絞るというのは、要は一貫性と信頼感を保つためです。複数から紹介されてしまうと混乱を招き、相手が不信感を持つ可能性があります。一つのルートを使って行動をすることで、相手に対する信頼関係が強まるのです。ただし、相手先や商談に関する情報収集ルートは数多くあるべきです。複数のルートで情報を確認することで、より正しい状況判断が可能となるからです。

そして誰かに紹介支援を依頼する際は、一番影響力のある人を選びます。影響力とは、紹介ターゲット先の決定権者に、できる限り近い人たちとの関係の深さが一つの基準となります。例えば相手先の重要な得意先であるとか、長年取引している仕入れ先などです。あるいは学生時代のクラブの先輩後輩も関係性が強いものなので、該当対象の有無について確認する価値はあります。

紹介をしてもらった以降の取り組み進捗状況は、紹介者に逐一報告します。紹介者が商談の進捗状況をよく把握できていれば、商談が佳境に入ってきた時に、効果的な後押しが期待できるかもしれません。

　また、その逆で全く報告もせず取引成立後に成約相手からの報告が紹介者へいけば、これは大変なことになります。本来は取引が成立した段階で、紹介者はすぐに成約のお礼を言うべき立場なのです。しかし、こちらから紹介者へ報告をしなかったために、相手側から先に知らされて紹介者が恥をかいてしまうことになります。これでは二度と支援が頼めません。商談が成約したことで舞い上がってしまい、さまざまな支援をいただいた人への報告を忘れてしまうというケースは、意外に多いので注意が必要です。

　さて人脈というと、かなりハードルが高くて一般の若手社員では、とても構築できないと思われるかもしれません。若手社員が人脈を作るのが難しいと思われるのは、経験や知識、時間的な制約など、一見、仲間との関係を作るためのリソースが限られているからかもしれません。しかし、注意深く人々とつながりを持つことで、些細な機会からでも大きな人脈を築くことができることがあります。良好な人間関係を作るためには、自分自身の成長と他者への敬意を忘れずに、日々コミュニケーションを取ることです。

　人脈といえば学閥や地縁が最初にイメージとして浮かぶかもしれません。確かに学閥や地縁でのつながりは初対面の人とうまくコミュニケーションを取るための、入り口となることが多いのです。それゆえ、大学の先輩後輩や郷土の先輩などの人脈は財産ともいえます。しかし最終的には、その人がビジネスの場で、どれだけ期待する影響があるのかが重要となります。自身のビジネスにマッチする関係性がある場合は意外と少ないかもしれません。そのため実際の人脈は、ビジネス活動を通じて知り合った関係から成立する例が多いのです。会社には複数の得意先と仕入先という自社の取引先があります。紹介支援先を探す基本は、その自社の取引先である得意先や仕入れ先に紹介ルートがないかをチェックすることから始まります。ただし、あなた自身が他社に紹介してもらえるような魅力的な人間にならなければ、仮に取引先の仕入れ先に紹介支援先があったとしても紹介は期待できません。

なお魅力的な人間とは、例えば自分自身の専門知識を深めて情報発信を行い、他の人の意見に耳を傾けて信頼関係を築くことができる人のことです。そのため、定期的に業界のトレンドを学び、ＳＮＳなどでそれを共有し、他者が発信している情報に対してもオープンな姿勢を持って接することなどが重要です。「朱に交われば赤くなる」ということわざがあります。朱色が入り混じれば色は赤みを帯びるように、人は付き合う人の良し悪しで善悪どちらにも感化されるものだという意味です。そのためにも良い友達が必要です。これはお互いにということなので、自分自身も相手から良い友達と評価してもらえるように努力していく必要があります。

あなたには現在、学閥や地縁、血縁がないかもしれません。しかし、これからの心がけや努力次第で、仕事を通じてさまざまな人脈を構築していくことが可能です。特に課長、部長と上位者になればなるほど、面談する相手も同様の立場の人が多くなってきます。「管理職が優秀な理由」の項（１１４頁）で説明しましたが、もともと優秀な人が管理職となり、部下を教育していく過程で、さらに優秀になっていきます。そのような人たちと仕事を通じて人脈の輪が広がることを期待したいものです。また人脈作りは役職やポジションだけでなく、様々な階層の人たちとも良好な関係性を築くことが重要です。幅広く交際することを心がけてください。

ただし相手によっては仕事の上では実績を残していても、人格的な面では問題のある場合があります。もともとの人格や目指すべき目標が高尚な人は、人間的にも信頼されるように自分自身を磨いているでしょう。しかし、中には行動の基準が損得勘定レベルのままの人もいます。ここでいう損得勘定とは、長期的な信頼関係を軽視して、短期の損得だけで行動することの人を指します。「仕事の能力」と「人間性」を冷静に区別・判断する重要性について忘れてはなりません。もちろんビジネスの能力は必須ですが、信頼関係を築くには、人間性が不可欠であるといえます。そのため、具体的にその人の人格的な側面を見極める必要があります。どのように他人と接するのか、どのようにして困難に対処するのか、倫理観を持っているのかなどを注意深く観察することが重要です。人間性に問題のある人たちは、打算と駆け引きだけに基づいて行動をする傾向があるのです。誰にでも打算と駆け引きはありますが程度問題です。度を越えて利己的に行動する人たちとは、信頼して付き合うにはリスクがあります。人との付き合いは疑心暗鬼になってはいけませんが、安易に人を信用しないように注意深く接することも重要です。

また、尊敬できるような取引先の担当者とは、担当を外れたからといって没交渉とならないように留意します。引き続き関係を維持しておくように心がけるのです。それは盆正月の挨拶メールなどの、近況報告だけでも差し支えありません。担当という関係を外れたからこそ、フランクに付き合える場合もあります。そのような努力を積み重ねていくのです。すぐに効果が表れるものではありませんが、振り返ればかなり多くの人脈が構築できているかもしれません。

特に管理職となれば、担当者時代とは比較にならないくらい優秀な人たちに出会うことになります。単なる仕事関係の出会いだと流さずに良好な関係性を維持できれば、数多くの人脈が広がっていくでしょう。もちろん年齢や職位に関わらず、人脈作りは重要です。各階層での人脈作りは、あなた固有の財産として、企業人としての人生後半には必ず大きな力になることを断言しておきます。

営業の仕事力Ⅱ（顧客を動かす3要素）

顧客に契約を交わしてもらうためには、相手に、その気持ちになってもらうことが重要です。そこで顧客を動かす3要素について説明します。顧客の心を動かす動機付けの要素としては①経済合理性、②情報の提供、③情実（個人的な感情や信頼関係など）に分かれます。そして実際は、この3要素が複雑に絡み合った結果の総合評価で契約が決まっていきます。この3要素も表面的な単純比較ではなく、水面下の部分も含めての比較となるので、十分な理解が必要です。

まず経済合理性です。難しいことはありません。同じ品質の商品が他社製品より安いか、同じ価格なら品質が優れているかどうかです。経済合理性の競争となれば商品力で勝負がついてしまい、どこに営業の仕事力が介在するのかと思われるかもしれません。しかし、よく考えてみてください。世の中に全く同条件ということは、実はそれほど多くはありません。一見すると全く同じ商品でも、配送速度やアフターサービス、ブランド力など、インターネット上の比較サイトでは見えない部分で差がつくこともあります。価格より利便性が評価される場合も多いのです。例えばスーパーマーケットとコンビニエンスストアで同じチョコレートを販売していて、コンビニエンスストアの方が高い価格設定であっても、そのままコンビニエンスストアで購入することはありませんか。これは金額が多少高くても利便性で勝っていると判断しているからです。

同一商品でも、顧客にとってどのような価値があるのか、どのように使用すると商品価値が上がるかなど、営業からの提案に差があれば、これも他社との商品価値の違いと評価されます。また顧客の何気ない言葉から要望を汲み取り、ソリューションを提案し、自社の商品力をアップしていくのも営業の大事な仕事です。つまり営業力とは、商品の特徴や価値を効果的に伝え、顧客にその商品を選ぶ理由を提供する能力のことでもあるのです。

次に情報の提供です。情報の提供といってもピンキリとなります。一番評価される情報は相手先の利益に大きく貢献するような情報提供です。

分かりやすい例で言えば、あなたがビールメーカーの営業担当者だとして、出店先を探している大手飲食店チェーンに対し、希少な繁華街の一等地の大型店舗物件を紹介できたとしたらいかがですか。そこで開店する店舗では、あなたの会社の製品を扱い、他社製品は扱わないでしょう。飲食店として他社製品の扱いも可能です。しかし、ビジネス上の信義則からも他社製品を取り扱おうとはしないはずです。自分たちが提供する価値が最良であると相手先に評価されれば、今後につながる強固な信頼関係を構築できるからです。

ただ、このような特別な情報は、どこにでもあるものではありません。しかし少しでも、その人の役に立つような情報を、探していくことが大事です。そうすることで普段なら見過ごしたり聞き流したりしていたことが、日に留まるかもしれません。そのためには相手をよく理解しておくことです。

すぐにできる情報提供の例としては、日本経済新聞の人事異動欄で相手の会社の取引先など関係する会社が出ていれば、その朝にそれを伝えるのも立派な情報提供といえます。身近なところから、こつこつと拾っていくことも大事です。極端な話、どこそこに美味しい飲食店があるといった日常的な情報でも時には有効となります。その人が職場のメンバーをその店に案内し、参加者に喜ばれて、その人自身の株を上げたなら、これは立派な貢献になります。感謝されることは間違いありません。

人間は理性と感情の動物と言われています。先ほど説明した①経済合理性や②情報の提供は、理性の部分で評価が可能です。それでは③の情実、つまり感情がどのように評価されるかは個人個人で異なります。ただ、「お互いを理解する」といった基本的な人間関係を築く努力をすることで、顧客の気持ちを自分に向けてもらえるかもしれません。

特に「共」という文字がキーワードとなります。それは、共有、共通、共感などです。例えば学校の同級生は同じ時間を共有しているので、学生時代はそれほど親しくなかったとしても、何年後かに会えば親しみを感じられます。また共通の知人がいると、初対面でもその知人の話題で、スムーズな関係構築ができるでしょう。あるいは趣味や好みが同じであれば、共感する部分が多くなり、話のタネには事欠きません。人は自分自身との共通点に心が動きます。そのためには相手をよく知ることが大事です。年齢、出身地、出身校、共通の知人、趣味、家族構成、取引先など、さまざまな角度から共通部分を探してみます。

筆者の知人で、その分野の達人がいます。一般リース会社の課長でしたが、紹介した筆者より相手側と親しい関係になってしまうのです。会話の中で公私にわたる幅広い話題から、共有、共通、共感の情報を集めて自然な形で信頼関係を構築していくのです。もちろん単なる会話だけでなく、会話の中から相手が必要とする情報もさりげなく提供します。そして気が付けば紹介された人も魅了され、その人の応援団のようになっています。このようなことも、心がけ次第で可能になるのです。

仮に親子ほどの年齢差があったとしても、あきらめずに共通の趣味や関心事を見つけ出して、共感を生む部分を探してみてください。こちらが年長者に対して距離感を感じたとしても、年下に対してフレンドリーな感情を持つ年配者は意外と多いのです。例えば子どもの有無やその年齢を確認し自分と同世代なら、その話題を広げることで繋がりを深めることができるかもしれません。なかなか共通の話題が見つからない時は、まず時候や天候の話題が無難です。その無難なテーマで会話を続けながら、共通項を探していくのです。食べ物や出身地など、さりげない会話の中から拾い出して、次につなぎます。ただし政治と宗教の話題は慎重になる必要がありますす。これらの話題は個々の信念や価値観が直接反映してしまうことが多いのです。そして互いの意見が一致しない場合、逆に関係を悪化させてしまう可能性があります。そのため、この分野の話題は避けることが賢明です。

共通のテーマの中でも、一番多いケースは共通の知人の存在です。誰かに紹介してもらった場合、その紹介者は共通の知人となります。この共通の知人が相手への信頼の礎となって、関係が構築しやすくなるかもしれません。共通の知人についての話題で会話を始めることで、自然な流れで親密さを高めることが可能です。ただし紹介を受けるためには、日頃からどれだけ人脈を構築しているのかがポイントとなります。これは簡単にできるものではありません。日々の努力がものを言います。具体的には、周囲の人の役に立つように日頃から心がけるのです。そして、あなたを紹介や推薦してくれる応援団をつくりましょう。

さて、顧客との会話については書籍やセミナーなどでも、いろいろなアドバイスがされています。「会話をリードしろ」とか、逆に「聞き上手になれ」と一見矛盾しているような内容が書かれている場合もあります。一体どちらが正しいのかと思うことはありませんか。実は、どちらも正しいのです。顧客との面談でプレゼンテーション以外の場面は、基本的に情報の収集と関係構築が主目的となります。そのため、自社製品のＰＲや説明だけを済ませて、満足してはいけません。といって相手の話を聞くだけとなれば、会話が横道に逸れてしまい、面談時間が無駄になってしまうこともあります。面談前に今日ヒアリングすべき事柄を、はっきりと決めておきます。そして聞くべき事柄の質問へ、自然の流れで話題が展開するように心がけます。

面談の初めに、いきなり「家族構成を教えてください」と言えば、相手が警戒します。しかし、世間話のように自分自身の家族の話題から、さりげなく質問に入れれば、快く答えてくれる可能性は高くなると思いませんか。また、話題が脱線してきたら、キリの良いタイミングで「ところで」と話を戻したり誘導したりと、会話をリードするのがポイントです。もちろん、このようなことは面談前にシミュレーションしておかなければなりません。

営業の仕事力Ⅲ（成約の基本原理）

最後に成約の基本原理です。どうすれば契約が決まるのかという基本原理を説明します。契約・成約の基本は「決める人（決定権限者）に決めて（決裁）もらう」ことです。当たり前と思われるかもしれません。しかし、相手の会社で「決める人（決定権限者）」とは誰でしょう。もちろん案件によって異なります。安価な備品の購入なら担当の主任で、会社の予算に大きく影響を与えるようなものなら社長であるとか、それぞれの会社の社内規定で決裁権限が明確にされているはずです。そうであるなら、相手の会社の担当者に「この案件の決裁者は誰ですか」と尋ねれば簡単な話です。

しかし本当にそうでしょうか。あなた自身の会社はどうですか。仮に決裁権限が明確になっていても、本当にその人が真の決裁者ですか。社長決裁であったとしても、社長に信頼されている管理本部長が承認すれば、そのまま社長が自動的に決裁することはありませんか。逆に経験の浅い新米課長の決裁権を、実質的に部長が握っていることなどはよくある話です。真の決裁者を見つけるためには、相手の会社を深く理解し、更なる情報収集と洞察力が必要なのです。

筆者が以前勤務していたオートリース会社では、当時38歳の部長代理が、ある意味で社長決裁を握っていました。今でこそオートリースは一般的ですが、１９８０年代は黎明期ともいうべき時代でした。その人は業界一詳しいと言われるほどオートリースに精通しており、研究もしていました。そのため、その知識と洞察力が社長を含む役員達から重んじられていたのです。その人が直接的に決裁するわけではありませんが、その人の意見が決裁に大きな影響を与えていたのです。そうなると権威はその人にあり、社長決裁といえども、その部長代理に決裁権が事実上あったとも言えます。

営業の指南書の中に「相手先のキーパーソン（重要人物）を見つけろ」という言葉があります。しかし、キーパーソンという言葉は漠然としています。相手先の重要人物であったとしても、契約の決裁には影響が少ない可能性もあります。間違った相手を特定してしまうかもしれません。営業はあくまで契約を取ることです。そのためには、契約の事実上の決裁者を見つけ出すことが一番大事だといえます。事実上の決裁者を見つけるための一つの方法としては、自分の商談が相手先の、どの部門に最も影響を与え、その部門の誰が最終的な決定を下すかを調べることです。相手方の担当者にじっくりとヒアリングをして、実質的な決裁者が誰なのかを確認しなければなりません。そして、相手担当者にヒアリングをして実質的な決裁者が判明したとします。しかし、安心してはいけません。実質的な決裁者が変わることがあるのです。ある自動車リース案件の例です。全車両をリース契約にする案件について、その会社の規定では決裁権限は社長でしたが実質的には総務部長が決裁できる見込みでした。ところが商談が進んでいる途中に取引銀行の法人部長が社長を訪問したのです。その際、社長が世間話として自社車両のリース化を検討していると説明したのです。すると法人部長は、ぜひ自行の系列リース会社を紹介させてほしいと社長に依頼したのです。その瞬間からオートリース案件の決裁権限は、実質的な決裁者であった総務部長の手から離れて、名実ともに決裁者である社長に移りました。このように状況によって真の決裁者は変わることがあります。「決める人に決めてもらう」の「決める人」を特定することすら難しいのです。

さて、決める人（決裁者）が特定できたとします。次は、その人が決める（決裁）基準が何なのかを知ることです。その決裁者の、人となりを知ることも重要です。人はそれぞれの価値基準に基づいて決断をしていきます。「顧客を動かす3要素」（171頁）で説明しましたが、経済合理性、情報提供、情実が複雑に絡み合って結論が出るのです。事実上の決裁者が、何をどの程度重要視しているかを把握しなければなりません。そのためには、相手の会社の社員や決裁者の交友関係や取引先など、あらゆる角度から情報を収集していく必要があるのです。

一般的に会社の階層によって求めるものが異なると言われています。例えば、新しいシステムの導入を提案したとします。担当者は業務の合理化に注目します。多少会社のコストが下がったとしても、担当者レベルでは自身の給与その他への影響が少ないと考えるからです。そのためコストダウンの提案に対しての関心は薄いかもしれません。しかし、自身の担当業務が軽減される合理化は魅力的な話です。管理職は担当部署の業績対策のために、分析力の向上を求めています。経営層は収益確保が最優先のため、コストの削減を重要視します。

もちろん業務の合理化、分析力、コストダウン、それぞれが単体で、それだけで絶対的に評価されるものではありません。担当者、管理職、経営層、それぞれの立場で優先すべき点を加味した上での総合評価になります。

そのため、プレゼンテーションなどをする場合には、担当者、管理職、経営層、それぞれに異なる訴求点の提案書を作る必要があります。大幅な違いは必要ありません。訴求点のニュアンスを若干修正する程度で差支えはないのです。そしてスポーツのトーナメントの試合でいえば、担当者が予選、管理職が準決勝、経営層が決勝といったイメージで準備をしていくことが大事です。各ステージに合わせた戦略と準備が重要で、結果につながる効果的な策を練ることが求められます。力やスタミナの配分も考えながら、担当者、管理職、経営層とそれぞれの説明の場で、琴線に触れるようなキーワードを用意するなどの奥の手を仕込むぐらいの心づもりが必要です。

また最後まで順調に商談が進むことは稀です。一般的には何回かの試練の波が来て、その波を乗り越えてこそ、成約というゴールに辿り着けます。商談を進めている間に、競合他社に気づかれて競争になることもあります。そうでなくても顧客が本気で購入しようとする場合は、その品質やサービスは優れているのか、価格は妥当なのかなどの評価は、他と比較検討することでしか判断できません。そのため他社との比較は回避できないのです。

その時にこそ、相手が担当者レベルだとしたら、いかに合理化ができるか。また管理職レベルでは、どれだけ分析力が卓越しているのか。そして経営層には、総合的なコストダウンへの効果がいかに大きいか、自社商品の長所を訴求できるようにしておきます。

当然、経営層での検討の段階では、紹介者の積極的な支援が必要です。経営層の最終判断では、現場の合理化にもなる、いろいろと分析できることで会社の業績への期待も高まる、コストも下がることで収益率も向上する、そして紹介者の顔も立つといった全てのピースが埋まってこそ契約の決断が下されるのです。

この成約の基本原理は、社内での取り組みや申請などに対しても、同様の効果を発揮します。社内社外を問わず参考にしてください。

なお、営業の仕事力を身につけたからと言って、全ての商談で成約できるようになるわけではありません。学校のテストと違い、絶対的な正解はないからです。しかし、成約率を上げるためのツールとして、これらのビジネスの兵法である仕事力を身につけることは、かなり有益であるといえます。仮に同等規模のライバル2社と競合して、現在は平均して3回に1回成約しており、成約率が33パーセントであったとします。ところがあなたが営業の仕事力を身につけて実践することで、商談が2回に1回成約するようになり、成約率が50パーセントにアップしたとします。この50パーセントという数字は単に3回に1回の成約が2回に1回となっただけではありません。あなたの会社の成約率が50パーセントになったことにより、競合2社の成約率はそれぞれ33パーセントから25パーセントに下がります。そのため、あなたの会社の成約実績は競合他社と比較してダブルスコアとなり、圧倒的な力を持つことになるのです。その結果、営業人員を他社の倍の人数を投入できるとなれば、人員戦力差は2対1です。ランチェスターの法則（戦争における彼我の兵力数の違いによる実質的な差についての法則）によれば、武器効率が同じ場合には各戦力人員の二乗の差となります。そのため、人員配置が2対1となれば、実際の戦力差は4対1となります。そのような力関係になれば市場での勝敗の結果は明らかです。もちろん実際には他の要素も市場の勝敗に影響します。しかし、ここでは成約率に焦点を当てて取り上げています。なぜなら、それがあなたの営業力の影響を分かりやすく説明できるからです。成約の基本原理を理解し実践していけば、市場を支配していけるようになることは間違いありません。

第三章　業務のポイント

社内申請（対外取引は3種類）

社内の内勤業務には、他にも様々な業務がありますが、ここでは特に対外取引に関連する業務に焦点を当てて説明します。業務は、販売や仕入などの対外取引に基づいて行われます。取引は標準取引、申請取引、異例取引の3種類です。

標準取引とは、正しい手続きを踏めば、問題なく進められる取引です。正しい手続きとは、例えば品目と数量の一致確認、価格の確認、納期の確認等を含む一連の業務プロセスのことです。申請取引とは、申請をして決裁者の承認がないと、取り進めができない取引です。異例取引とは、通常では取引できない内容ですが、高度な経営判断で、取り進めることを承認する取引です。もちろん取引の内容によっては、取引自体が不可とされるケースもあります。例えば法律や規制による制限、信用度があまりにも低い相手との取引、または社内ポリシー（社内規定）に反する内容などです。取引の種類を理解すると、それぞれの特性や要件を把握でき、業務上の失敗を防ぐことができます。

申請取引では事前の処理が求められるため、無理な約束を相手にしてしまわないように注意が必要です。この点が理解できずに業務を取り進めてしまうと、申請が必要な取引にもかかわらず、未申請で取引してしまうという事態を引き起こしかねません。これは、ただ単に社内規定を守らないだけではなく、会社全体の信用を損なう可能性もあります。

例えば、社内規定で設定された相手先への信用限度額を超えて、未申請で取引を進めてしまった場合などです。会社は基本的に社内規定で、相手の信用度（倒産するリスク）に応じて、その会社との取引額の上限を設定しています。これを信用供与（与信）と言います。信用供与の規定を無視して取引すれば、会社は社内規定以上のリスクを背負うことになるのです。例えば経営不振の会社と高額の取引をした場合、その会社が倒産して大きな損害を被るリスクがあるということです。

申請取引を未申請で取り進めてしまい、後日、社内監査などで判明したとします。その場合は、社内規定違反として責任を問われるなど、大変な問題に発展する可能性もあります。そのようなことを防ぐためには、標準取引をよく理解しなければなりません。それに当てはまらない取引については、上司や担当部署に確認をして、必要な申請手続きをします。例えば、何かを仕入れるにあたって通常の社内支払い規定と異なる支払い条件であった場合などは、上司や経理部に申請が必要かどうかを確認するのです。申請取引や異例取引などの対象は広範囲にわたり、また過去に例のない取引案件が出てくる場合もあり、全ての取引例を記憶することは困難です。そのため、標準取引をしっかりと理解し、それ以外は必ず手続き方法などの確認をするようにします。

まず、標準取引とは社内で認められた通常の取引です。決裁権限のある決裁者に申請して、申請内容に誤りがなければ、決裁されるものです。そのため、申請する理由などを、明記することはありません。社内規定に取引基準の明記がない場合は、面倒でも上司や担当部署に確認し、自分自身でまとめて社内規定として提案するようにします。そうすれば毎回、上司や担当部署に確認する手間が省け、自身の業務の合理化にもなります。

次に、申請取引は標準取引と同様に決裁権限のある決裁者に申請をします。しかし、内容に誤りがなくても、決裁されるとは限らない取引です。例えば得意先への売買契約が、会社で定められている利益率に比較して、利益の少ない取引などがそれにあたります。その場合は申請理由を記載して申請し、決裁者が決裁すれば取引できますが、否決されれば取引はできません。そのため、この取引については決裁が済むまで、相手方への安請け合いなどは厳禁です。また日常的な申請取引ならダイレクトに申請しても問題はありません。しかし、そうでない場合は事前に決裁者へ概要を説明して、内諾を得た上で申請するのが無難です。決裁者が多忙や、出張で不在が多い場合などは、決裁が遅れることもあります。スムーズな決裁取得のためには、早めの申請や決裁者の予定も確認しておく必要があります。

最後に異例取引です。異例取引とは社内規定によると本来は取引不可となる事案です。しかし、会社の経営判断等で、やむを得ず取り進めるような取引を指します。例えば、大幅な赤字取引ですが相手先が重要顧客である場合などがそれにあたります。この場合の決裁者は社長もしくは役員となる場合が多く、また所管部署（申請案件を管轄する部署）や関連部署の意見を記載する必要が出てきます。そのため、申請取引のように決裁者に、事前に説明して内諾取得というわけにはいきません。関係する部署にも相談し、申請内容の修正や加筆などの指示も受けた上で申請するという、決裁取得までの難易度が高いものになります。異例取引を未申請で進めると会社への悪影響が大きく、発覚すれば担当者が社内処分の対象になる可能性があります。

申請取引も異例取引も申請理由の記載が必要です。申請理由とは、なぜその取引をしなければならないのかという説明を記載するものです。基本的に、決裁者が判断するための必要な事項を記載します。例えば大幅に値引きをして販売する申請においては、その商談の経緯と意義、それに伴う自社の収益悪化の見込みと影響、今後の対策なども記載しなければ決裁者が判断できません。所属部署や所管部署などには、過去の類似案件で承認された申請書が保管されているかもしれません。過去の類似案件で承認された申請書が保管されている場合には、その写しを参考にすればスムーズに申請書が作成できます。

仮に決裁者が申請書に記載されている内容だけでは判断がつかない場合、その申請は否決されるか差戻しになります。そのようなことがないように、先輩や直属の上司に申請前に申請書の内容確認を依頼しましょう。

いずれにしても繰り返しになりますが、標準取引を理解して、それ以外の取引については、どのような申請が必要なのか十分に注意をしてください。

会社は文書主義が基本

社外との取引においては、見積、注文、契約、納品、受取など、社内の業務でも、申請、指示、承認、報告等が書面にて行われます。もちろん実際は、得意先から電話で発注があったり、社内でも上司から口頭で指示や承認されたりする場合が多いかもしれません。しかし、後々問題にならないよう、常に文書（注文書・注文請書・契約書・受領書など）で記録されていきます。今の時代ですから紙ベースだけではなく、メールや電子契約、電子申請システムも一般的ですので、それらも含めて文書主義と呼びます。

なぜ口頭で発注や指示を受けているにもかかわらず、二度手間になるような文書による手続きが必要なのでしょうか。例えば契約において、民法では「隔地者（距離が離れている者）間の契約は、承諾の通知を発した時に成立する」（民法526条1項）と規定されています。つまり契約に関する申し込みと、それに対する承諾が当事者の意志として確認された段階で契約は成立しており、契約書の有無は関係ないのです。しかし、現実的には契約書を締結して、初めて契約が成立したという取り扱いが大半です。

それは後日「言った、言わない」「その様な心算ではなかった」などというトラブルが起きないようにするためです。もちろん中小企業の社内では、上司の指示は口頭のみという場合もあります。しかし自分の身を守るためにも、自身で記録しておくべきです。上司は、所属している部下それぞれに指示を出し、報告も受けます。当然上司は自分の上司への申請や報告なども含め、相当数のやり取りになるでしょう。そうなると途中で「そういう指示はしていない」、「承認していない」などの、勘違いや失念している事態もあり得ます。上司と部下、互いの主張が異なった場合に、力関係は上司の方が上です。そのため指示していないことをした、承認していないことをしたと、部下に落ち度があるとされてしまう可能性もあります。その時にメモがあれば抗弁が可能です。「何月何日の何時に指示を受けていました」という説明ができれば、抗弁にも重みが増して窮地を凌げるかもしれません。自分自身を守るためにも記録の重要性を理解してください。

　また文書主義では、その表現も大事です。そのため文章力も磨いておかなければなりません。ビジネスシーンでは、意図を正確に伝える表現力が不可欠であるからです。そして、丁寧な表現は相手を尊重する姿勢を示すことにもなるのです。例えば、上司に資料を渡すメモには「ご高覧に供します」と書き、忘れていたことへのお詫びには「失念しており申し訳ありません」という表現などが駆使できれば、ビジネスパーソンとして恥ずかしくない表現力といえるでしょう。このような表現は日常会話では使うことは少ないのです。しかし、いろいろと役に立つことも多いので、しっかりと身につけましょう。ちなみに政治家がよく使う「遺憾である」

は謝罪ではなく「思い通りではなく残念」という意味です。謝罪しているようで実は謝罪していないのです。もちろん多くの政治家の方々は、言葉の意味を理解された上で使っているのだと思います。政治家の地位は責任が重く、その謝罪は極めて重大で、安易にするものではありません。しかし、それに近い気持ちを表す必要がある場合に、表現する言葉が「遺憾」です。それから謝罪の際の「ごめんなさい」は、許しを強要していると受け取られる可能性がありま す。できれば家族や友人向けだけに使用する方が無難でしょう。ビジネス上での表現としては注意が必要です。ビジネスシーンでは「申し訳ございません」「お詫び申し上げます」などがオフィシャルな表現です。

時代によって表現や言い回しは微妙に変化しています。テレビでタレントが平気で使う表現などでもビジネスの世界では不適当と考えられる使い方もあります。例えば「この料理は全然美味しい」などと表現する場面がテレビによく映ります。しかし「全然」という副詞は否定の前に使う言葉です。この料理で「全然」とすれば、そのあとに続くのは「美味しくない」という否定の言葉でなければなりません。料理が美味しい場合で、「全然」に似た発音の言葉を使用するなら「断然」という表現になります。しかし、おそらく誰かが間違って「全然」と使い始めてから、広まってしまったものと思われます。既に「全然」の用法が現代では肯定的意味でも広く使われており、断然の代わりに全然を使うのを誰も咎めないかもしれません。しかし、テレビで流行っている言葉だからと言って、ビジネスの世界で安易に使用することには注意が必要です。ビジネスシーンでは伝統的な表現や慎重な言葉遣いが求められます。それはプロフェッショナルなコミュニケーションとして、表現の正確性が時代を問わず極めて重要だからです。

また、同じ意味のカテゴリーの表現でも、微妙に異なる場合もあります。賛成という意味でも、単に賛成ではなく、賛同する、同意する、支持する、貴意を尊重する、理解した、反対ではない、という言葉はそれぞれ微妙にニュアンスが異なるのです。ビジネスの現場では、さまざまな状況があります。同じような言葉の選択にも、より神経を使う必要があります。

２０２２年度後期放送のＮＨＫの連続テレビ小説、通称朝ドラの『舞い上がれ』の一場面で印象的な場面がありました。中学生の女の子がクラスのみんなに同調してしまい、幼馴染の男の子に悪口を言った後ろめたさから、その男の子のことを「会いたくない」と言ってしまいました。その時に歌人の役どころの準主役が、「陽菜ちゃん、言葉がいっぱいあるのは自分の気持ちにぴったり合う言葉を見つけるためやで。陽菜ちゃんの気持ちにぴったりくるのはどっちやろ。会いたくないのか。会わせる顔がないんか」。「会いたくない」と「会わせる顔がない」ではよく似た表現ですが、その心の中は全く異なります。

また『サラダ記念日』で有名な歌人である俵万智氏は、それまで文語体だけであった短歌の世界に、分かりやすい口語体の言葉で革命を起こしたと言われています。２０２３年２月に放映されたＮＨＫの『プロフェッショナル　仕事の流儀』という番組で短歌を作成する様子が紹介されていました。言葉表現の天才でさえ五七五七七の三十一文字《みそひともじ》で表す短歌をさらさらと生み出すのではなく、最後の句が決められず、何日もかけて苦しみながら完成させます。ところが、その完成した短歌は最初の歌からは言葉が大幅に変わっていました。しかし作成当初の思いが、より鮮明に表現された歌になっていたのです。表現の奥深さと重要性を感じさせられるものでした。短歌の世界でないとはいえ、ビジネス文書でも適切な文章表現が必要なのです。日々、表現力を鍛えなければなりません。

ただ表現力を磨くといっても、決して容易ではありません。どうすればよいのでしょう。一番効果的なのは、文章に数多く触れることです。表現力の上達には、読書が一番の方法です。しかし、興味のない本に長時間触れるのは苦痛でしかありません。そこで好きな作家を見つけて、読むことをお勧めします。筆者の経験則から、週に2冊、年間100冊5年間読書を続ければ、知らず知らずのうちに文章力が身についてくるでしょう。「門前の小僧習わぬ経を読む」とは、正にその通りなのです。

筆者のお薦めの小説はといえば、吉川英治の『三国志』です。この本を読めば、ことわざも数多く理解できます。「泣いて馬謖を斬る」「三顧の礼」などの言葉は『三国志』を読んでこそ、使いこなせるようになるのです。

そして小説ではありませんが、社会学者の小室直樹の著書は、今までに筆者が読んだ中では最高クラスです。数多くの著書の全てが、血となり肉となるものです。表現する言葉の選択も内容も突出しています。象徴的な著書としては『ソビエト帝国の崩壊』『ソビエト帝国の最期』が挙げられます。ソビエト帝国（ソビエト連邦）とは現在のロシアです。この本の書かれた1980年頃のソビエト連邦は、現在のロシアとは比較にならないくらいの大国でした。その時代に『ソビエト帝国の崩壊』『ソビエト帝国の最期』というタイトルで本が出版されたのですから、嘲笑した評論家も少なくありませんでした。しかし、その10年後には本のタイトル通り、ソビエト連邦は崩壊しロシアとして生まれ変わったのです。小室直樹は決して特別なルートで崩壊への情報をつかんでいたのではありません。新聞記事などで得られるソ連の情報を、自身の専門分野である社会学、経済学、宗教学などの見地から分析して結論を見出したのです。その他、数多くの同氏の著書は、憲法、宗教、教育など、さまざまなテーマで論じられています。人間として成長させてくれる至高の名著ばかりといえます。しかも分かり易く、読みやすく、飽きがこないのも特徴です。

また中国の古典である『菜根譚』は政界、経済界、スポーツ界などの偉大なリーダー達に人生の書として、そして人生の糧として愛読されてきました。田中角栄、松下幸之助、川上哲治、野村克也、吉川英治などがこぞって愛読書に挙げる一冊です。著者は洪応明で、今から400年ほど前に書かれた人生の指南書です。前集と後集に分かれて、360の短い文章からなっています。中国の儒教、仏教、道教の三つの教義を融合させた、処世の道を説いたものとされています。中国の古典ですが、日本語版は非常に読みやすく書かれています。

筆者の元上司で、上司にも部下にも尊敬されるスーパービジネスパーソンがいました。普通は仕事が突出して優秀だと、傲慢になったり物事を断定的に論じたりする人も多いのです。しかし、その人は常に謙虚で、周囲に愛情を持って接していました。ある時、会社が主催した研修機関の管理職研修がありました。研修資料として実施された、参加者に対する部下からの事前評価アンケートの結果では、その人は今までの研修史上最高点を獲得していたそうです。部下からの評価が異常に高かったのです。異常に思える評価の高いアンケート結果は私も含めて職場のメンバーは当然と思っていました。それだけすごい人だったのです。筆者はその上司のことを、このような人が、世の中にいるのかと、長年疑問に思っていました。しかし、最近偶然にも「実は高校生の時に叔父から『菜根譚』を勧められて読んでいた」と本人から聞き、大変驚きました。仕事力を伸ばし、道を究めて、社会の役に立つという世界へ誘ってくれる一冊と改めて確信したのです。

仕事をするタイミング

仕事は求められた品質とともに、定められた期限までに完成してこそ、初めて認められるものです。仕事は創造性が必要な定性的業務と、数をこなすことが求められる定量的業務の二つに分かれます。

定性的業務とは問題の解決や企画立案など創造力が必要な業務です。この業務は作業終了時間となる完了の見込みがはっきりとしないため、最初に定量的な作業を済ませたうえで、ゆっくりと取り組みたくなります。しかし、この定性業務は心身のコンディションを整えて、疲労が少ない状態で取り組むのが効果的なのです。そう考えれば、まずは定性業務、その次に定量業務に取り組むという順番が理に適っていると考えられるのではないでしょうか。そのため、定性業務は始業時の連絡業務などが終わった後に、可能であれば別室などで煩わしい雑務に追われないようにして、集中力を保って取り組む必要があります。スポーツの世界で技術練習を前半に行い、後半に体力トレーニングを行うのと共通しています。また、定性業務終了後に数をこなすような定量的業務に取り組む場合は、多少の疲労もあることからミスを犯さないように注意することが必要です。

仕事はキリがないものです。どこまでもやろうと思えば、際限がありません。逆にキリがないため、適当に区切りをつけようと思えば、それもまた可能となります。そのため夕方になって心身共に疲れてくると、気力も失せてきて、そろそろ適当に切り上げたいとの思いにかられることがあるかもしれません。その時に思い出してほしい言葉があります。

「今日できることを明日に延ばすな。いつかという言葉で考えては失敗する。今という言葉を使って考えれば成功する」（アメリカ合衆国の政治家ベンジャミン・フランクリン）

計画的に仕事を進めるように注意して、仕事を先に延ばさないようにします。これは仕事が溜まって、最後はパンクするという、最悪の事態を回避するための基本です。仕事を開始する前に、その日のすべき目標を設定して、ゴールを決めておくのです。そうすれば、中途半端で仕事を終わらせることはありません。依頼や指示された業務をこなすには、常に自分自身の中で、作業完了時間の見込みをつけるようにします。最初はその見込みと実際の所要時間に、乖離があるかもしれません。しかし、慣れてくれば、そのうちにだんだんと誤差は少なくなります。また何日もかかる仕事では、完了までのスケジュールを立てます。そして進捗状況を確認しながら進めます。そうすることで納期の期限を管理することができるようになるのです。

そこまでしなくても、最後は集中してラストスパートで取り組めば、期限内に完了できると思う人もいるでしょう。また無意識にそのような取り組みをしている人も、少なくないかもしれません。しかし、期限が迫ると業務を完了させることが最優先となります。

定性業務では、テーマを深く掘り下げてみたり、新たな提案や選択肢を検討したりする余裕がなくなります。定量業務では、チェックが疎かにならないでしょうか。仕事を可能な限り早めに開始することで、より丁寧な仕事ができます。

時間的な余裕があれば業務品質にこだわることができますが、納期ぎりぎりの作業では、完成することが一番の目標となってしまうのです。そうはいっても、なかなか仕事量をこなせないこともあります。特に新人時代や異動で不慣れな業務に就くなどしたときは、慣れるまでは仕事がスムーズにこなせないでしょう。仕事の処理量は、処理能力×処理時間で決まります。能力が高まればスムーズにこなせるようになるとしても、能力はすぐに高められるものではありません。そのため能力向上を目指しながらも、まずは仕事の時間を増やして対応するしかありません。それが世間一般に言われている残業です。ただ誤解しやすいのは、残業というと通常の就業時間である定時を過ぎてからだけが残業と考えて、取り組む人が多いのです。しかし本来は残業という表現ではなく、取り扱いとして正式には時間外勤務となります。時間外勤務として、始業時間より早く出勤して、取り組む方法もあります。

早朝出勤は公共交通機関も空いていますし、事務所でも電話などが掛かってこないため、集中して作業することが可能です。その上、早く出勤してきたことで、自身の心構えも前向きになれます。就業時間後の疲れた状態で、後ろ向きの気分で取り組むのとでは雲泥の差が出ます。仕事が溜まりそうになったら、ぜひ試していただきたい方法です。実際に早朝出勤を検討する場合は、上司への事前相談と許可が必要です。なお、時間外勤務は精神的・肉体的負担が大きいものです。そのため一時的な対応としては、やむを得ないとしても、恒常的な時間外労働は回避するように上司や職場で相談する必要があります。

また会社の仕事は同時並行で行うこともよくあるでしょう。その場合は締め切りの近い案件を優先するのが原則です。しかし締め切りが同一であれば、得意な案件と不得手な案件の、どちらを先に処理するかという問題があります。得意な分野の案件は取り組みやすいので、最初に取り組みたくなります。まず得意な課題に取り組めば早く処理ができて、余裕を持って不得手な案件に取り組めそうです。もし、それ以外の仕事が新しく追加で入らないのであれば、それでも問題はありません。しかし、現実の仕事では、一般的に新しい仕事がどんどん入ってきます。その場合にどうしても不得手な案件の処理は後回しになってしまい、最後は締め切りに間に合わなくなることもあり得ます。それを防ぐためにも、最初に不得手な案件の処理を優先することが大事です。不得意な案件は前向きに取り組めないかもしれません。しかし朝一番に不得手な案件に取り組むやり方はいかがですか。一日の中で疲労が少なく、最も集中力の高い時間を使って、効率よく業務を進めることも一案です。そして常に難しいことにチャレンジするスタイルを身につければ、あまり苦にならず抵抗なく取り組めるようになるでしょう。

それから、指示（依頼）された仕事が重なると、特に締め切りの期日管理が重要になります。イギリスの心理学者であるジョージ・ミラーは「人間の日常的な記憶の容量は7前後」と示しています。数多くの業務指示に対処するためには、うっかり忘れてしまうことを前提とした対策も必要なのです。そのためには、メモをとっていたとしても、更なるリスク回避のための一つの手段としてＴｏＤｏリスト（やるべきことをまとめたリスト）の作成や、リマインダー（スケジュールを通知する機能）を活用するなども有効です。この時に記録すべき事項は、受付日、案件名、指示者名（依頼者名）、指示内容（依頼内容）、期限の５項目となります。付け加えるなら、備考として注意点や特記事項なども記載しておけば十分です。常に記録することと確認することを習慣づけていけば、度忘れや見落としは回避できるでしょう。

報連相は社内のパス回し

会社で重要なことの一つは「報連相」（報告・連絡・相談）だと言われています。事務所に、その旨を掲げている会社も見かけます。それだけ「報連相」は重要なのです。しかし、紙に書いて職場に掲げなければならないのは、実は社内で報連相がなかなか浸透していないことの裏返しかもしれません。

なぜ浸透していないのかというと、社会人になるまでの学校生活では、そのような経験が少ないからです。もちろん学校生活では、レポート作成や同級生との情報交換、先生への相談といった行為が、実は報連相の基礎を形成していたともいえます。しかし、会社に比べて報連相が必要な状況が少ないのです。そのため新入社員にとって、報連相は一見簡単そうに見えますが、意外と複雑です。だからこそ具体的な報連相の方法を学び、習得することが求められます。不慣れな新入社員からすれば報連相をどのように使いこなすかは、新たなチャレンジのようなものです。報告は達成した結果や進捗状況を示すため、連絡は共有すべき情報を伝えるため、相談は意見やアドバイスを求めるためのものです。一見似ているようですが、その目的はそれぞれ明確に異なります。これらの技術を身につけてうまく使いこなすことで、自分の仕事を効果的に進めると同時に、他のメンバーや上司とのコミュニケーションもスムーズになるのです。

学校では主に先生からの連絡事項があるだけです。生徒から先生に対して、昨日の自宅での勉強内容を、報告することはあまりありません。報告するとしたら、生徒同士のトラブルぐらいです。しかし、それすら自分にとって不利になると感じた時、なかなか報告しない傾向にあります。個別にはいろいろと相談する生徒もいるでしょう。しかし、すべての生徒が対象となる相談は進路相談ぐらいです。学生時代は自発的な報連相の機会が限られているかもしれません。しかし、会社生活においては、その頻度と責任が飛躍的に増します。最初は戸惑うかもしれません。しかし「習うより慣れよ」です。しばらく意識的に「報連相」を続けたら、無意識に続けられるようになるでしょう。例えば、日報やタスク（作業や課題）管理ツールを使って、報連相を意識的に行う時間を作るなどの方法があります。最初は無理にでも、毎日自分のタスクを報告する、相談する、重要な情報を連絡するといった形で報連相を行うようにしてください。

会社での業務は具体的な指示だけでなく、包括的な指示による進め方も含めて、基本的に上司の指示に従って行うのです。指示された業務が単純なものであれば、完了時にその旨を報告するだけで済みます。しかし、複雑で重要な問題については常に途中で経過を報告し、今後の取り進めについて相談する必要があります。報告する前に自身の頭の中で、簡潔に要点をまとめておくことも重要です。上司の前での説明が支離滅裂となっては、有効な報告とはいえません。「5W1H（Who, What, When, Where, Why, How）」を使った報告法も効果的ですから試してみてください。

そして注意すべきことは、外部から入手した情報を報告する際は、その情報が事実であるかどうか、その信憑性を確認することも大事です。例えば取引先からライバル会社の情報を入手した時に、他の取引先にも確認するといったことです。つまり、他者から受けた情報だけを鵜呑みにせず、自身で詳細を検証し、信憑性を確かめてから報告をすることが報告の基本です。しかし、完全な確認が難しい場合や時間が許さない場合は、未確認である旨を説明した上で一次情報として伝えることも重要です。もし仮に報告した内容が事実でなく大きく異なっていた場合には、上司の判断を狂わせることにもなります。そのような事態が続けば、報告者であるあなたへの信頼も低下してしまいます。基本的には自分自身で状況を確認して、報告することを心がけることです。

次に上司に話す内容の順番は、結論から報告し原因その他は、その後に行います。確かに物事の経緯を理解してもらうことは重要です。しかし、忙しい上司に対しては、効率よく情報を伝えることが優先されます。例えば、「プロジェクトの納期が遅れる可能性があります。その原因は……」と伝えると、上司はまず納期遅れの影響を考え、その後で原因を理解することができます。文章作成の基礎として「起承転結」という言葉があります。しかし、ここでは順序立てて説明することより、先に結論を報告することが最優先にします。上司は結論からの報告を受けることで、その報告の重要度が判断できるからです。その上で上司の指示に従って、詳細な説明を行うようにします。

また最後に「悪い話」は、可能な限り早く報告する必要があります。問題に気づいた後、まずは自分で冷静に状況を把握し、その後は遅滞なく上司や関連部署に報告します。しかし、その際にはマイナスの影響を過少あるいは過大に伝えるのではなく、事実ベースで冷静に状況を伝えることが重要です。「悪い話」に対して、会社はなんらかの対策を講じなければなりません。会社として情報入手が遅くなるほど、対応処理の難易度が高まります。自身のミスによる悪い話を報告することは、簡単ではないかもしれません。しかし、いち早く報告することによって早期の対策が取れ、大きなトラブルを回避できることも少なくありません。結果的に自身の責任を問われる度合いも、抑えられるかもしれません。また自身の都合の悪いことも報告する人間だと、上司から信用される可能性もあります。

連絡については誰と誰に連絡をするのか、連絡先に抜けがないかを、十分に確認しなければなりません。例えば顧客から、支払い手続きミスがあり当社への入金が少し遅れると連絡があったとします。もちろん上司にその旨を報告しなければなりませんが、経理部にも連絡をする必要があります。経理部として事前に連絡を受けていなければ、入金予定日の翌日に未入金として担当部署に問い合わせをするという無駄な作業をすることになるからです。また必要に応じて審査部にも連絡しておくことも大切です。先方からの連絡は支払い手続きミスとの説明でしたが、実際は資金不足に陥っているのかもしれません。もし倒産となった場合、事前に未入金という情報があったとします。しかし審査部への適切な報告がなかったため、会社としての対応が遅れたのだとすれば、責任問題に発展する可能性もあります。事前に入金遅れを報告して、情報を共有しておくことです。審査部が場合によっては信用機関へ問い合わせるなどの判断をするかもしれません。報告することによる業務負担は増えますが、トラブルを避けることができる場合もあります。適切な報告が、会社全体としてスムーズな業務運営につながるのです。さまざまな事態に応じて連絡すべき先について、事前に上司や先輩に確認することで抜け落ちが回避できます。

相談は、どのような基準で相談するかもポイントです。安易な相談ばかりでは、忙しい上司を困らせることになります。逆に難易度の高い問題を独断で行って失敗すれば、事前報告をしなかったことで叱責を受けることになります。相談をする際の基準は、重要な決定を必要とする時や自分一人で解決できない問題などです。具体的には、新しい課題や大きなプロジェクトへのアプローチ、重要な業務上の判断などが相談するべき項目と言えます。難易度に応じて先輩や同僚にも相談してみましょう。そして上司への相談は報告とセットにします。報告の際に「このように対応したいと思います」とすれば承認されるか、もしくは修正の指示をされるので、それに従うようにします。

報告、連絡、相談とそれぞれの目的は微妙に異なりますが、それをすることによって会社の業務の状況を共有できます。状況や情報を共有することで、共有した人たちから思わぬ助力を得られるかもしれません。報連相は単なる業務ではなく、自分のためにもなる社内の情報共有化と捉えて、積極的に報連相というパスを回していくことが大事です。

申請書作成のポイント

社内で正式な申請（報告書、稟議書、企画書等を含む）は書面の提出が原則です。書面とは文字通りの紙ベースだけではなく、メールや申請システムでの提出も含みます。現在ではデジタル化が多くの企業で進行しており、申請書（報告書、稟議書、企画書等を含む）はメールや申請システムでの提出が中心となっています。

提出先となる役職上位者ほど多忙です。そのため、簡単明瞭な説明が望まれます。重要なポイントは、基本的にＡ４サイズ１枚に必要事項を簡略に記載して説明します。そして、質問が生じた場合に備えて、追加の情報を的確に提示できるよう準備資料を整えておくことです。

申請書や報告書で作成者が失敗する多くの例は、全てを書き込もうとすることです。申請の背景から、内容、効果、代替案など全てを詳細に書き切ろうとしたら大変です。Ａ４サイズ数枚以上でも足らないかもしれません。しかし上位の決裁者からすると、毎日何十件もの書類に目を通さなければならず、書類の枚数の多さだけで読む気が失せるものです。提出先である役職上位者へ情報を効果的に伝えるためには、「簡潔さ」と「明快さ」が求められます。それは、必要な情報を省略するということではありません。情報量ではなく、情報の質こそが大事なのです。つまり簡潔な表現で、最も大事な情報を、的確に伝える技術が重要であると言えます。例えば、申請の目的、その背景、効果と大まかな実行手順、そして既存の課題や問題への対処法を簡潔に書き出すべきです。その上で別に説明資料を準備しておくのです。そうすることで質問があった場合もスムーズに対策を示せます。

例えば、仮に生産設備を購入する稟議書の作成に際して、その効果を記載する場合を例にします。長々とした説明を入れずに、「コストダウン年間10パーセント」（シミュレーション試算の結果であり詳細は別紙のとおり）とします。そうしておけば数字の根拠が必要であれば、上司は詳細資料での説明を求めるでしょう。あるいは、信頼している課長などが認証していれば、そのまま承認されることもあります。

何を一番伝えたいのか、優先順位を明確にしておくことも重要です。言い換えれば、相手が判断する上で何を一番知りたいのかということでもあるのです。決裁者が重視しそうな内容を、最初に説明すると良いでしょう。その上で、申請事項のメリット・デメリット、リスク分析、費用対効果などを考慮し、伝えたい情報の重要度を決定します。申請や説明の文章は、項目を三つに分けて、まず○○、次に○○、最後に○○と記載すると、まとまりが良くなります。

そして訴求力のポイントとして、用語選択や視覚情報の提示方法などの表現方法によって印象や受け止め方は大きく変わります。棒グラフで表示する際に変化を強調するのであれば、途中を波線で切って変化差を強調すれば効果的です。逆に強調させたくないのであれば波線で切らずに差が穏やかな形にして作成します。そうすれば同じ前年比5パーセントアップであっても、波線の有無で印象が大きく変わる（参考図146頁）のです。ただし強調はしても、誇張することのないように注意します。

また訴求ポイントは提出先（役職）により異なります。「営業の仕事力Ⅲ」（177頁）でも説明しました。例えば、新しいシステムの導入を提案したとします。一般的に、担当者向けには業務の合理化（作業量が削減される）を強調します。管理職向けには、分析力向上（担当業務の業績拡大のため）に重点をおきます。経営者には、コストダウン（収益向上が業績に直結）を訴求します。内容を大きく変更する必要はありません。表現の強調点や全体のトーンなどを変えるだけでも効果が発揮できます。このような提案書にすれば理解を得やすくなるのです。

記載すべき事項は①申請事項、②申請の背景、③申請内容、④申請理由、⑤メリット、⑥波及効果、⑦課題、⑧他の代替案との比較などがあります。ただ申請の背景などにより、項目は取捨選択します。もちろん会社のフォームがあれば、それに従います。

いずれにしても重要なことは、読む側（決裁者）が判断するための必要な事項が、もれなく記載されていることです。決裁についての判断をするためには、必要な事項は何かを念頭に置いて作成することが大事です。

会議と怪議

「会して議せず、議して決せず、決して行わず、行ってその責を取らず、これを怪議（意義や意味のない会議のこと）という」とは昔の日本に多かった上意下達の典型的な会議を表す表現です。一堂に会しますが、上位者が話すことを恐れ多いと拝聴するだけでディスカッションはしない。仮に議論をしても、結論は出さない。結論を出したとしても実行はしない。もし実行しても、その責任を取らないという意味です。現代の会議においては、このようなことが起きないように注意すべきです。

社内で行う会議は、直接どこかへ会議の開催費用を支払うわけではないので、コスト意識が働きにくいものです。しかし、実際には人件費がかかっています。退職金や福利厚生費用なども含めて一人当たりの平均人件費を年間700万円として計算すれば、年間250日勤務で一日7時間の労働であれば一時間当たりの人件費は4000円となります。例えば、2時間の会議に30人が出席すると、人件費は一人あたり8000円×30人で、かかる人件費は合計24万円となります。この会議のコストをカバーするためには、売り上げではなく、売り上げの中の利益で計算しなくてはなりません。仮に会社の利益率が5パーセントとすれば、「24万円÷5

パーセント」で、売上を480万円確保する必要があるのです。もちろんコスト意識を重視するあまり、会議の進行を優先させて、自由闊達な意見交換ができなくては本末転倒です。ただ、多額なコストがかかることを認識して、より効率的な会議運営を心がけなければなりません。

会議は、報告・連絡、企画、業績分析など、さまざまな目的に応じて開催されます。会議には高コストがかかりますから、効率的に行う必要があります。可能な限り事前準備をすべきです。これは会議の主催者も出席者も同じです。主催者は会議の内容や配布資料を事前に出席者に渡して、内容を理解してもらうとともに、質問や意見をまとめるように依頼しておきます。会議では説明は可能な限り省略して、配布していた説明資料の不明な点を参加者から質問してもらい説明するようにします。また出席者がアジェンダ（会議予定表）や資料を確認し、質問や提案をまとめておくことで、会議の時間を効果的に活用できるのです。ただし時間を短くするのが目的ではなく、会議の無駄を省くことを念頭に置くのです。出席者が職場の代表としての出席なら、職場のメンバーから意見を集約しておきます。このような事前準備の有無によって、会議の効率に大きな差が出るのは明らかです。

出席者の心得として、はっきりと意見を発表することは当然です。ただし会議が生産的に進むように留意することも大事です。一人が意見を発表した後に、進行役がそれをつなげる形で他の人に話を進めると、議論が深まっていきます。より深い視点から議論を進めることで、議論が活発になる可能性があります。そのためには、事前に配布された資料からより広く、より深遠な問題点を考えていくのです。会議の当日に資料を初めて見るだけでは、どうしても表層的な部分にしか思いが及びません。資料に記載された問題について、その問題の背景や原因、そして他の類似例と対策の成功例などを事前に調べておくのです。そのような準備をしていればこそ、その場で初めて資料を見る人とは違う意見に辿り着けるのです。

また、会議で他者と意見の異なる場面では、ディスカッション（討議・議論）ではなく、議論が対立してディベート（異なる立場に分かれた討論）のようになることがあるかもしれません。仮に上位者に反論する時は、まず尊敬と理解を示すように配慮した態度でなければなりません。そして、自分の視点を論理的、かつ明確に述べることに留意します。これは、自分自身の思考を理解しやすくし、より健全なコミュニケーション環境を作り出すことにも役立ちます。ほぼ立場が互角の同僚であれば、負けまいとする気持ちが強くなることもあります。しかし、決して感情的にはならず、冷静且つ論理的に話すように心がけるのです。相手の意見を抑え込もうと声が大きくなったり、同じ意味のことを繰り返して主張したりすることは、周囲から、かなり見苦しく説得力に欠けるように見えます。多面的な比較や、相手の主張の問題点や矛盾点を、冷静に突いていく手法が求められます。日頃から、そのような手法を身につけるトレーニングが必要です。

また会議の終盤では結論を出さなければなりません。反対意見が多く、結論が出なければ多様な意見を整理して継続審議や折衷案なども含めて、いずれかの落としどころを見つけます。ただし、どのようなゴールであっても、具体的且つ生産的な結論を導き出さなくては会議の真価が問われます。決裁者による指示や多数決、議長裁定など決定の方法はさまざまです。ただし結論には全員の確認が必要です。そして、後日のトラブルを回避するためにも、エビデンス（証拠・根拠・裏付けなどの意味）として議事録を作成し出席者全員が共有するようにします。その上で、会議で具体的なアクションプランが決定されれば、それに従って行動します。そのように、実行すべき事項の進捗状況も確認していきます。主催者でなく参加者であっても、そのようにフォローを行うことで実行の確実性が担保されます。そこまでしてこそ、会議は初めて会社にとって生きた活動となるのです。

それぞれの参加者が会議の効果性を高めるために、明確なアクションを取ったり、勇気を持って意見やアイデアを発表したりすることで、会議は大いに改善されます。あなたの行動が他の参加者に影響を及ぼし、集団全体としてより良い結果を生み出すことは可能なのです。ここで説明した内容のことは、既に理解されていて実行している人もいるでしょう。ただ大事なことは、誰かが実行するだけではなく、全員が徹底して実行することなのです。会議にするか怪議になるかは、あなたも含めた参加者次第と心得てください。

第四章　知っておくべきポイント

段階別の仕事の目標

『論語』は中国の思想家である孔子が述べたものを、没後に弟子たちがまとめたものです。「子曰く、吾十有五にして学に志す。三十にして立つ。四十にして惑わず。五十にして天命を知る。六十にして耳順《したが》う。七十にして心の欲する所に従えども矩《のり》を踰《こ》えず」

これは孔子が一生を回顧して、その人間形成を述べたものと言われています。社会人なら孔子が学を志した年齢は超えています。既に孔子の言葉の一部を体験している人がいるかもしれません。それぞれの年齢で目指すレベルや目標というものを、しっかり見定めておくことで、今なすべきことがはっきりと認識できます。最近は若くして起業する人も多く、社会人となった年齢や就く仕事の業種や業務によっても、目標は大きく異なります。また年功序列ではなく、大抜擢やヘッドハンティングで企業の活力を得ることも当たり前の時代になっています。ジョブ型雇用などは社歴や経験ではなく、その職務に相応しい人を登用するといったドラスチックな制度です。ジョブ型は業務範囲を明確に定めるため、担当領域に壁が作られるという課題もあります。しかし、個々のスキルや適性によりポジションが決まるため、社員一人ひとりが最大限に能力を発揮できるというメリットがあります。そのため、採用する会社も増えてきています。そのような時代背景の変化から、一律に目指すべき姿を、規定することは難しいです。しかし目安として社会に出た段階で、ある程度の社会人として進むべきレベルをイメージしておくことは無駄にはなりません。次ページの表Ⅰは、新卒の新入社員が進むべきステップの例として示したものです。

表Ⅰ

STEP6	STEP5	STEP4	STEP3	STEP2	STEP1
会社の将来的な道筋を見通せる存在になる 人格的にも社員の鑑（かがみ）とされるような存在になる	全社的な広範囲な分野に精通する 会社全体に貢献する存在になる	所属分野に精通する 所属する組織全体に貢献する存在になる	担当分野に精通する 新たな難易度の高い業務に挑戦する	ルーチンの仕事を確実にこなしていく 後進への指導も積極的に取り組む	ルーチンの仕事を覚える 会社全体の業務の把握に努める

あくまで一例ですから、それぞれ個人で具体的な目標を定めてください。要は段階別に到達すべきレベルを明確にすれば、今日なすべきことが、はっきり見えてくるはずです。

階層別の留意点

まず、一般職として新卒入社後2～3年程度は会社の業務を理解することが大事です。何のためにこの業務を行うのか、次の工程は誰がどのように担当しているのかなどです。上司や先輩からの指導を理解し、疑問点は積極的に質問するようにしてください。そして同じ質問を他の先輩や上司にも投げかけて確認してみます。学校での正解は大半が一つです。しかし、会社の仕事で正解は一つとは限りません。そのため数多くの先輩や上司に質問することで、本質的なものが見えてくることが期待できます。さまざまな視点から情報を集めることが、より全体的な業務の理解につながるのです。本質的なものが見えてくるようになれば、新人であっても業務の改善点を見つけられるかもしれません。

積極的に業務への理解を深めていくことで、数年後には専門知識や特別のスキルなども身につけることができます。そして基本的なルーチンの仕事を確実にこなし周囲からの信頼も得て、いわゆる戦力として認められるように努力します。そのためには、上司から求められた業務を定められた期限内に正確に処理することが、過不足なくできなくてはなりません。また後輩に対しても、ルーチン業務について指導できるように心がけます。後輩への指導は後輩のためだけでなく、指導することで業務知識に対する自身の理解を一層深めることにつながるのです。中堅の一般職となりルーチン業務が当然のように処理できてくると、より難易度の高い業務への取り組みが求められます。それに応えて、職場の主力として活躍するような働きを目指します。この時、積極的に取り組むことが、自分自身のさらなる成長へつながるのです。

会社の組織では、指揮命令系統が統一されている組織のことを、ライン組織と呼びます。そして決裁権限のある管理職を「ラインの管理職」と呼び、決裁権限のない管理職を「ラインではない管理職」と呼びます。この決裁権限のないといっても「ラインでない管理職」になれば、実質的に管理職としての役割を担う比率が増えていきます。すなわち、部下・後進の指導管理や所属組織の目標や予算の達成に責任を負うのです。この時にラインの管理職でもないのに、そのようなことはできないと思いますか。あるいはラインの管理職を補佐して、職場のために何とか努力しようと思いますか。この心がけの違いが、会社人生の将来を大きく変えることになります。

特に係長やチームリーダーなどに就けば、部下や後進の先頭に立つことになります。そしてリーダーシップを発揮して、実質的な管理職として予算達成のため、組織力の向上にも努めなければなりません。もちろん、そんな話はまだまだ先だと思われる若手ビジネスパーソンも多いでしょう。しかし会社では、「いつ来るとも限らない機会」に備えなければならないのです。毎日の業務で小さなリーダーシップの練習を積むことや、さまざまな人との関わりを通じてコミュニケーション能力を高めることなどが、将来の大きな機会に備える一歩になるのです。

スポーツの世界に例えると、チームのキャプテンのような存在です。手本になるようなプレーと取り組み姿勢で、率先垂範してチームを引っ張るようなイメージです。もちろん会社の方針に基づいて、後進を指導します。現場の社員の中には上層部の考えが理解できずに、不満を溜め込む人がいるかもしれません。そのような時にこそ、日頃の後進との関係性が問われるのです。個々の仕事力には課題が残るような部下でさえもモチベーションを失わず働けるように、具体的な方法を示して指導していかなければなりません。それができてこそ管理職としてのスキルが積み上がり、部下に信頼されていくのです。

ただし、ここで特に気をつけなければならないのは、組織を引っ張るリーダーになることであって、お山の大将のようなボスになってはいけないということです。ラインの管理職ではなく、先輩という意味合いの強い立場であれば、後進に対して少々の無理も言えます。また、指導という名目で一方的に話をしても、それほど問題ではないかもしれません。後進からすれば、ラインの管理職ではないので、フランクに話せる関係です。それほど気を遣って話さなくても、問題はないでしょう。「背中を見せて、ついて来い」というスタンスでも、受け入れられることも多いはずです。職場という集団の先頭を走って、引っ張っていけばよいのです。しかし、そうだからといって、後進に対して無理強いや理不尽な扱いなどが許容されるわけではありません。謙虚さや思いやりは、尊敬されるリーダーシップの重要な資質でもあるのです。

そして、一旦ラインの管理職になり上司となった瞬間から、今までの先輩後輩や友人という間柄については切り替えが必要です。上司は部下へ指示・評価する権限を有すると同時に、部下の能力を引き出し育成する監督責任が発生するからです。ただ現代では、部下への指導には上下関係よりも、パートナーシップの精神が重要となっています。ただ現代では、部下を育て、成長をサポートすることが求められるのです。ただ管理スタイルは組織環境や個々の部下の性格、能力により異なるため、これが全ての上司と部下の関係に当てはまるわけではありません。

今までは、後輩の話を途中で止めて解決案を説明しても、相手が不満に思わなかったかもしれません。それは本来の仕事でもないのに話を聞いてくれているという、後輩からの思いがありました。お互いに言いたいことを伝えられる関係でもあったからです。

それが上司と部下の関係になると、部下は評価される立場なので、全て本音で話せなくなる人もいるでしょう。ただし現代の組織においては、部下が主体的に意見や感想を上司に伝えて、職場を改善することが求められることも多い時代です。その関係性の変化を十分に理解し、部下に最後まで話をさせて、聞くようにしなければなりません。おそらく話の半分も聞けば、部下の言いたいことの大半は理解できていると思います。しかし、注意が必要なのは、話の途中で解決策を指示してしまうことです。その行為の問題は、部下に自分の言いたいことを聞いてくれないと感じさせることがあるという点です。上司は部下の話を最後まで聞いて、全て伝えられたという満足感を、部下に持ってもらうことも重要です。そして直接の言葉はなくても、部下の言葉の奥に潜む思いなども見抜く力も必要です。その次に、どのように説明すれば部下が理解できるかを考え、ソリューションを指示していくことが管理職としての基本です。究極的には、この上司のために精一杯働きたいと、部下に思われる存在になることです。部下からの評価は、目に見える成果だけでなく、チームの結束力や信頼関係を深めます。長期的な実績へとつながりますから、上司として非常に大切な部分です。

それから上司として特に注意が必要なのは、好悪の感情をあからさまにしないことです。上司に嫌われていると感じた部下は、会社や職場への連帯感を失くし、モチベーションが大幅に下がります。また好き嫌いに関係なく、部下に対しては功績と過失の評価をはっきりと示すべきです。成果を上げても評価をしない上司だと部下は無気力になります。また過失を犯しても責任を明確にしなければ注意力が散漫になり、同様の失敗が再発する組織になりかねません。信賞必罰は管理職の部下評価の基本です。但し、それらを踏まえた上で、上司は部下の良い結果だけでなく、失敗からも学び成長する機会を提供する役割を果たすことが求められます。罰よりもむしろ、間違いからの学びを推奨し、失敗を許容する文化が育つようにする努力も必要です。

そして会社の規模にもよりますが、一部の企業や業界においては、40代で上級管理職である部長などの役職に就いて活躍することもあります。その場合には、既にエースとして仕事に取り組み、部下や後進の指導にも十分成果を上げていることでしょう。

管理職として、優秀な部下には難易度の高い課題を与えて、より大きな力を発揮させます。その他の部下にもモチベーションが持てるように管理する、マネジメントに力を注ぐウエイトが高まります。30代では指導力を発揮して陣頭指揮で部下を育成してきました。しかし40代になれば、自分がなんでも率先して動くのではありません。それぞれの部下に、どの仕事を担当させるか、誰とコンビを組ませるのが良いのかなども含めたマネジメント力で組織の全体像が見える後方から指揮することになります。もちろん、これらの年齢と能力の関連性については、一般的な傾向です。そして個々の人間の個性や経験にもよるものです。より若くして重責を担う人もいれば、ベテランになってから力を発揮できる人もいます。

ちなみに管理できる部下の人数には、推奨される上限があるとされています。経営学の用語であるスパン・オブ・コントロール（管理限界）では、一人のマネージャーが適切に管理できる部下の数は、一般的に5～8人とされています。人数は職種や業務内容、部下一人一人の能力や経験などによって、適切な数は変わります。

しかし、部下が多すぎると、状況や進捗の確認が難しくなります。また個々の部下とのコミュニケーションの機会が欠けるなどの問題も起こり得ます。そのような問題を解決するための一つの方法は、リーダーを設けた小さなグループを組織内に形成することです。その場合、一緒に働くメンバーの特性やスキルを考慮してグループを作り、リーダーシップやコミュニケーション能力を有する人物をリーダーとして選定することが適切です。

さて、年齢的に50代は多くの人が一定の経験を積んできており、業務に精通し、必要なスキルやノウハウを身につけていることが多い世代です。『論語』の中で孔子が天命を知った年齢とされています。役職はさておき、業務に精通し業務上で身につけるべきスキルやノウハウも、ほぼ完成されているかもしれません。いずれの立場であっても、日々悔いのないように過ごしていくように心がけます。もちろん、年齢だけによって、能力が頂点に達するわけではありません。経験やスキル、知識の蓄積によるものであることは、言うまでもないことです。

重要なポストに就いている人は、ここからは会社を未来へ導くための先見性と構想力が、より求められます。つまり、会社のかじ取り役の一人として、先を見通す力を研ぎ澄ましていくことが必要です。しかし、それだけではなく、周囲から尊敬されるような人間的な魅力も、併せて求められるのです。スポーツの世界では、勝ち負けにこだわるレベルを超えれば、道を究める境地に目標が変わります。それと同様に、業務遂行という目標を超えて、より高いレベルで自己研鑽に励まなければなりません。それができれば、企業人生を実りあるものとして感じられるでしょう。

窮理尽情という言葉があります。「天の理を究めて人の情けを知り尽くすこと」という意味です。50代では、既に仕事の理は究めているかもしれません。また、ある程度究めなければ、それなりのポジションにはつけないでしょう。しかし、人の情けを知り尽くす人間でなければ、人としての魅力に欠けるという他ありません。いくら仕事ができても自分本位で部下に愛情のない上司に、心酔する部下がいるでしょうか。以前、運送大手である日本通運の支店長や子会社の社長も務めた人に同行して、その人の元勤務先の職場を訪問する機会がありました。事務所に伺うと、事務職の女性から中堅の社員まで皆さんが笑顔で、その人を迎えるのです。まるで現在も現役の上司であるかのように。この時ほど、お手本にしたいと思ったことはありません。人間として尊敬されていなければ、立場が変わると周囲の態度も変わるものです。そして、いつまでも現役で活躍できるわけではありません。「人の値打ちは後半生で決まる」という言葉があります。役職で人を動かすのではなく、自分自身の人間性が周囲から評価されて、人が動いてくれることを目指したいものです。

笑顔の力

顔色を窺うという言葉があります。相手の表情から相手の考えていることや機嫌をひそかに観察することです。あまり良くないことだと考える人もいますが、これは人間の本能として無意識に行っている行動といえます。顔色を窺うことは、社会的なコミュニケーションの一部であり、相手に対する思いやりの表れでもあるのです。また人間の行動原理の一つは、自分自身が生き残ることです。そのため周囲の環境には注意を払って生きています。特に対人関係は重要な位置づけにあることから、子どもの時は保護者や学校の先生の、大人になって会社勤務となれば上司の顔色を窺っています。上司に何か相談事や頼み事がある場合は、上司の機嫌の良い時を見計らっている人もいるかもしれません。これらの行動は、誰もが意識的か無意識かに関わらず行っています。逆に上司の立場であれば、部下とのスムーズなコミュニケーションを続けるためには、笑顔が重要であるといえるのです。上司は場合によって、厳しい表情をする時も必要でしょう。しかし、通常は穏やかな笑顔で話を聞いてくれる上司と、常時不愉快そうなしかめっ面の上司とどちらが良いでしょうか。もちろん穏やかな笑顔の上司の方が話しやすいですよね。実は逆に上司の立場からも、笑顔の部下は付き合いやすく感じられます。他方、不愛想や無表情の部下には話しにくいと感じることもあります。上司、部下のいずれの立場でも、笑顔がコミュニケーションを円滑にする一つの方法として、重要なのです。接客業では、常に笑顔が求められます。これも顧客が、尻込みしないようにするためです。笑顔の力は周囲にも自分自身にも、大きな力を与えます。

ぜひ、積極的に笑顔でいることを目指しましょう。そのためには笑顔のスイッチが入りやすくなるような、各々が自分自身に合った心地よさを感じる行動を見つけることも大事です。例えば、出勤前に、お気に入りの音楽を聴く、子どもの笑顔を想像する、何か感謝することをひとつ挙げてみる、休日の計画を立てるなどです。自分の心の中から、笑顔を引き出せる行為を見つけてみてください。自分の心と体を大切にしながら、笑顔のスイッチを入れて、積極的な気持ちで一日を始めてはどうでしょうか。

ストレスが溜まり心にゆとりがない時は、すぐに笑顔になるのは難しいと感じるかもしれません。それは自然なことです。無理に笑顔を作るのではなく、自分だけのペースを大切にしてもかまいません。一歩ずつ、自分のペースで前向きな思考を持つことが大切なのです。明るくポジティブに考えることで、笑顔が自然と増えるものです。自然な笑顔は周囲の雰囲気をも和ませます。ただし、周囲の人々の反応はあくまで二次的な目標であるのです。実は笑顔であることの一番の目的は、自分自身の心地よさを感じるためです。それを忘れないでください。

筆者の元同僚で、若い時はアメリカンフットボールの実業団で活躍していた人がいます。彼は身長１８０ｃｍを超えています。体重は自称１１０ｋｇですが、部下に言わせると実は１３０ｋｇ近いとのこと。とにかく巨漢です。体型だけなら相当の威圧感を与えるところです。しかし、会社では上司、部下、男性、女性とも全ての人に慕われていました。それは、いつも笑顔だったからです。部下が失敗をしても、精々びっくりするような表情をするだけで、怒った顔を見せたことはありません。おそらく自身の体形から、周囲に与える圧迫感を少なくしようと、努力していたのかもしれません。本社の部長や支店長を数多く務めました。もちろん能力が高いので要職を歴任できたのですが、赴任する職場を魅力的にしていった本人の笑顔が実に印象的です。

笑顔は伝染しますから、周囲も笑顔になり、より良い関係性が生まれてきます。笑顔の力は偉大なのです。笑顔でいる秘訣は、常に周囲に対する感謝を忘れないことです。物事は見る立場によって大きく受け止め方が変わります。たとえ文句を言われたとしても、自分の修正すべき欠点を指摘してもらっていると受け止められれば、有難いことだと自分自身の心の中で消化できるでしょう。万が一、その文句が理不尽な内容であっても、これは自分自身の心の許容度が試されているのだと考えれば冷静になれます。笑顔が我が身を守ってくれるツールの一つだと心得ておけば、自分の笑顔と仲良くなれるものです。「笑う門には福来る」と言いますが、実践することで福をつかみ取ってください。

説教を苦しくなく聞ける方法

家庭でも学校でも説教は嫌なものです。ましてや会社で上司から受ける説教ほど、苦しいものはありません。家庭や学校での説教は、自分自身の成績や素行の問題などへの指摘が大半です。学校の説教は、今後の行動について、勉強をするとか、悪いことはしないという「する・しない」という意思の確認に主眼が置かれます。そのため、基本的に約束や反省をすれば、説教は終わります。

しかし会社での説教は仕事に関する内容が主であり、場合によっては「仕事ができる」ようになるまで説教は何度も繰り返されることもあるので、よりつらいのです。それ以外にも社則違反や法律違反という問題があります。しかし、こちらは叱責や処罰の対象となるため、説教の説明対象からは除外します。ここでは説教が招く心理的な苦痛を認識しつつも、それらが自己成長につながるように受け容れられ易くする方法について説明します。

説教を受けるタイミングは、ミスをした時と、それ以外に分かれます。まずミスをした時、本人は当然ミスをしたショックと、その解決に頭も心もいっぱいです。説教を聞く余裕は全くありません。特に問題なのは、ミスしたことを上司に報告するタイミングを見計らっていた矢先に、そのミスが発覚してしまった時です。問題を放置していたか、隠していたと疑われます。どのような抗弁もむなしい限りです。そういったことから、ミスが判明した時は、すぐに上司に報告をします。そして、対処について指示を仰ぐことです。そうすれば、上司も発生直後のミスであれば対処がしやすいことも多いため、叱りはしても怒りはしないかもしれません。ただし同じ過ちを繰り返さないように注意しなければなりません。

次に、特にミスしていなくても、説教を受ける場合があります。これは業務改善の一環として、常日頃の勤務態度などに、注意すべき点がある場合です。特に重要であれば、勤務時間中に別室に呼ばれて注意されます。それほどでもない場合は、仕事帰りに酒を飲んだ席などで、説教を受けることもあるでしょう。説教をする目的で酒に誘っている場合もあります。また、たまたま飲んだことで酔いに任せて、日頃の不満から説教が始まる場合もあります。説教を受ける側からすれば、唐突に始まることもあります。その場合は心の準備もできていないので、より苦しい時間が始まるのです。

筆者も若かりし頃に、大きな契約を成約したお祝いとして、上司にご馳走していただいたことがあります。しかし、その上司が酔っ払ってしまい、そこから2時間まるまる説教を受けてしまいました。その時に説教した上司は、おそらく忘れているでしょう。しかし、説教を受けた側は30年以上も昔の話ですが、未だに忘れることはありません。ただし、その時に説教された内容は、全く覚えていません。楽しく酒を飲ませてもらえると心が弾んでいたところに、説教が始まったのです。そのため、早く終われと心の中で念じているばかりでした。説教の内容などは全く耳から入ってこなかったのです。閑話休題。

理不尽に思われるかもしれませんが、そもそも説教は業務を遂行する上で、必要に迫られて始まるものです。そのため説教は、説教する側のタイミングで開始されます。心の準備もできていない状態で受ける説教は苦しいものです。説教を受ける側が上司に対して、常在戦場（常日頃から戦場にいるような緊張感を持って物事に臨めという心構え）の気持ちを保つのは、非常に難しいことです。

会社のカルチャーにもよりますが、特にアフターファイブで楽しく飲むつもりの時に、厳しい説教が始まった時は最悪の気分です。その説教は耳に入ってくるわけもなく、その時間が過ぎるのを、ただひたすら待つような状態になります。そうすると説教する側もされる側も、お互いに無意味な時間となってしまうのです。しかも上司からは、あれだけ親身になって教えてやったのに理解できない奴だと無能者の烙印を押される可能性もあります。

本来、説教とは宗教上の教えを説き聞かせて導くことであり、受ける側のためのものなのです。説いて教えてもらうのであれば、自分のタイミングで説教の内容もリクエストできれば、受け容れやすいはずです。

もし上司から飲みに誘われたら、絶好の機会と捉えて、こちらから自身の課題や解決方法を問いかけてみるべきです。上司と飲みに行き、当たり障りのない話で時間を過ごしても決して有意義ではありません。貴重な機会を、世間話に終始しては全く時間の無駄です。上司と親密な関係を持つことは大切です。しかし、その一方で尊敬の念を持ちながらも、教訓や知識を吸収する存在であることを忘れてはなりません。逆に教えを乞うために、自分から上司を飲みに誘って、いろいろと質問してみてはいかがでしょう。上司が部下を安易に誘うと、パワハラと言われる時代です。しかし、部下が上司を誘ってもパワハラとは言われません。安心して誘えます。ただし、常に敬意を持ち、付き合い方に一定の節度を保つことを忘れてはなりません。

もし上司と飲む機会があるのなら、積極的に自身の事や職場の問題解決、業務改善について質問や相談することをお勧めします。そのためには常日頃から自分自身に足らないものを自身に問いかけておくことです。説教を自分自身のタイミングで受けられれば、聞く側には事前の心構えができます。また説教をする側にとっても、聞く気になっている相手からのリクエストなので、ソフトな言い回しになることが多いのです。そうすれば上司も感情に任せて説教したりせず、言葉を選んで、それこそ説いて教えてくれるかもしれません。そういう説教が続けば、これからも説教を積極的に受けたくなるのではないでしょうか。

筆者が、この本で説明しているさまざまな事柄は、自分自身が経験して理解したことが中心です。しかし、上司の説教による金言も、決して少なくはありません。金言が増えれば増えるほど、仕事力は向上していくのです。

勝者が周囲に感謝する理由

スポーツの世界でも芸術の世界でも、成功した人たちのインタビューでは、大半の人が周囲への感謝の言葉を述べています。なぜなのでしょうか。厳しい競争に打ち勝って成功したのは、本人の才能や不断の努力によるものです。もっと、自分を誇ってもよいと思われます。しかし、インタビューでは周囲の人への感謝の言葉が大半です。もっとも中高生が全国大会で優勝した時などのインタビューで周囲への感謝を述べる言葉は、監督や顧問の先生からの、日頃の指導によるものなのかもしれません。

ここで勘違いしてはならないのは、周囲に感謝するから、強くなれたのではないのです。強い選手が感謝の言葉を述べているのです。本人が心から周囲への感謝を述べるということは、どういうことなのでしょうか。おそらく、周囲の応援や支援があってこそ、成功や勝利を獲得できたと実感しているからでしょう。ここで、なぜ周囲の応援を実感しているのかというと、強い選手は常に自分自身の力を１００パーセント出し切っているからです。そして、自分が常に１００パーセントの力を発揮していても、負けることがあり、勝利した時は周囲の力もあった時だと身を持って経験しているからなのです。つまり自分自身の力に加えて、周囲の力があってこそ、初めて勝利や成功という結果につながることが身に沁みているのです。だからこそ周囲に感謝するのです。逆に、100パーセントの力を出し切ることができていない人たちにとっては、それが理解できません。自分が力を発揮さえすれば、勝利できると考えています。周囲の支援や応援が、勝利にどれだけ重要であるかということに思いが至らないのです。

　ゴルフの帝王と呼ばれるジャック・ニクラウスは、マスターズ、全米オープン、全英オープン、全米プロ選手権というゴルフの4大メジャー大会に史上最多の18回優勝しています。しかし、その栄光の陰で、2位には19回、トップ5には56回、惜しくも優勝の機会を逃した回数も半端ではありません。おそらく、優勝した時も優勝を逃した時も、彼は常にベストを尽くしてきたであろうことは想像に難くありません。しかし、何が勝敗の分かれ目になったのでしょうか。本人の努力以外を考えれば、体調、コーチの指導、キャディのアドバイス、天候などの気象条件、家族やスタッフの支援、ファンの応援、その他さまざまな要因が影響しているはずです。「天の時は地の利に如《し》かず、地の利は人の輪に如かず」といいます。何か事を為すには、それに携わる人々の心が一つになっていることが、最も大切だという意味です。孟子の、この言葉が心に響きます。

　勝利や成功は自分の力も当然ですが、周囲の応援があってこそ、初めて獲得できるものなのです。それゆえ、常に勝とうとすれば、自分の力に加えて周囲の力を味方につけるような努力も必要です。ところが周囲の応援というのは一定ではありません。思わぬ後押しがあることもあれば、逆に孤立無援ということもあります。トップアスリートは、努力することで周囲の支援を引き出す能力に長けているのかもしれません。常に周囲からの応援を力にできるように心がけることが、勝利を目指す選手も、また成功を目指すビジネスパーソンにも必要です。

多くの人は社会の中で生きています。誰も自分だけの力で、一人生きているわけではありません。大きな契約を取れたのは自分の力だと高慢になるか、周囲の人たちのおかげで成約できたと謙虚に感謝できるか、いずれでしょうか。勝利や成功した時には冷静に振り返って、周囲から受けた応援や支援を思い返してください。営業部門で大きな成約を獲得できたとしても、生産・サービス部門の力や管理部門の協力なくしては、決して成功しないことが、はっきりと理解できるはずです。周囲からのより多くの応援を受けられる人間になるよう心がけていくことは、次の勝利や成功につながる仕事力を伸ばすベースでもあるのです。

できる人とできない人の明確な違い

仕事ができる人と仕事に苦戦している人の最も大きな違いの一つは、仕事の壁に直面した時の対処に表れます。仕事のできる人は仕事で壁に直面しても、責任を持って、その壁を乗り越えようと努力します。もちろん一人で解決できそうにない場面はいくらでもあります。その時でも、上司に相談するなどして問題を放置しません。しかし仕事に苦戦している人の中のごく一部には、他者に責任を押し付けて、責任逃れをしようとする人がいるかもしれません。

人間には誰しも、生存本能があります。そのため厳しい課題や高い目標を求められると、職場で生き残るために、人々はさまざまな反応を示します。厳しい課題に挑戦する気持ちを持つ人もいれば、逆に責任を他人に押し付けようとする人もいます。重要なのは、自己の行動に対する責任を理解し、困難に直面した時には、全力で取り組む姿勢を持つことです。しかし努力をせずに結果が出なかった人の中には、叱責されると上司や他者のせいにする人がいます。そして責任を回避して、結果から逃げ出そうとする傾向があるのです。逃げ癖が身に付いてしまうと、問題に立ち向かう力が失われてしまいます。困難を伴うような仕事には、とても対処ができません。もちろん逃げることが、時には必要な場合もあります。それが問題ではなく、逃げることを繰り返すことが問題になるのです。そして職場での不適合な対処が蓄積すると、挫折感を抱きやすくなり、職場からの逃避を考えるようになるかもしれません。

また上司にも優秀な上司と指導経験の少ない上司など、さまざまな上司がいます。優秀な上司は、部下の可能性を引き出すために、必要に応じて厳しく叱咤激励をする場合があります。しかし、それだけではありません。優秀な部下には、それぞれの能力にあった仕事を委ね、成長の機会を作り上げます。そうすることで、その上司の下で働く部下も自分の限界を超えて、高い目標を追い求め、仕事における充実感や成長感を得ることができます。逆に期待より少し低いパフォーマンスしか示さない部下については、達成可能な目標を設定して褒めて指導します。それは、できないことを叱責しても、奮起して活躍することが期待できないからです。指導や叱咤激励は、相手が受け入れられる範囲内で行い、決して部下をオーバーフローな状態に追い込まないようにします。

次に管理スキルが未熟な上司は、教育的な叱責は少なく、部下の状況もかまわず感情的になり易いこともあります。部下は叱責か怒りかを見極めています。教育的な叱責であれば、聞き入れて反省するかもしれません。しかし、怒りに任せた上司の言葉に、聞く耳は持てません。

また優秀な上司は部下の挑戦を積極的にサポートし、困難があっても共に解決策を考えます。時には部下を他の部署や仕事から守ることで、安心して仕事に取り組むことができる環境を作り出します。このような上司に仕えると、心の底から尊敬の念が湧きあがるのではないでしょうか。指導される言葉にも深く理解が進みますから、部下は大きく成長できるのです。

仕事で自分には手に負えないと思われるような課題に直面することは、日常的に数多く出てきます。その時に逃げ出すか、立ち向かうか。よくよく腹を据えて対応を考えねばなりません。逃げ出したくなっても、耐え抜くことで人間の成長が促されます。もちろん、単独で無理な時は、周囲に助けやアドバイスを求めればよいのです。

重要なことは難局に立ち向かう姿勢を持つことです。厳しい状況の前に立った時に、武者震いをしたとしても、チャレンジする精神が必要です。ただし場面によっては撤退や他者からの援助を求めることも大切です。いずれにしても、逃げてばかりいては何も解決しないし、その先には行き止まりか崖っぷちしかありません。

「一を聞いて十を知る」の本当の意味

「一を聞いて十を知る」とは『論語』の言葉ですが、意味は物事の一部を聞いただけで全てを理解できることとされています。そのため、相手の喋る言葉の全てを待たずして相手の話したいことを理解できることだと、誤解する人も少なくありません。

上司となれば、部下の数だけ報告を受けることになります。そのため、一人に対する報告時間を少しでも削減しようとして、部下の報告を途中で止めてしまいたくなります。しかし、「一を聞いて十を知る」は、対話者の意図や情報を決めつけず、より深く、包括的に理解する力を育むための言葉なのです。時間が厳しく、結論を優先する必要がある場合もあるでしょう。しかし、できるだけ相手の全ての視点や考えを吸収することで、より良いコミュニケーションが図れることを忘れてはなりません。

「一を聞いて十を知る」の本当の意味は、相手の話すことを全て聞いた上で、相手が本当に言いたかったことや、その本質とその奥に隠されているものに思いを馳せて理解することなのです。人によっては意識的か無意識かにかかわらず、必要な説明が抜け落ちていることもあります。あるいは、自分自身でさえも気づいていない気持ちや考えがあるのかもしれません。相手が全てを伝えているとは限らないと考え、その可能性に耳を傾けるべきです。つまり、相手の話を通じて相手自身も認識していないかもしれない、潜在的な事柄を顕在化させるのです。海面下に隠れている、氷山全体の80パーセントを、見つけることが肝要といえます。そのためには相手の話す内容はもとより、相手の人間性や話し方や表情、抑揚など全ての面から推し量るのです。そうすることで、相手の言葉の裏側に潜んでいるものが、見えてくるかもしれません。あるいは、その話を聞くことで、大きな気づきに到達するかもしれないのです。

聞くと見るとの違いはありますが、近代理論科学の先駆者であるアイザック・ニュートンは、りんごが落ちる光景から万有引力の法則を導き出しました。単なる一つの出来事から、全ての物に汎用性のある法則を探求し、発見したのです。このエピソードは、「一を聞いて十を知る」の素晴らしい実践例です。ニュートンの観察力と思考力は、この『論語』の言葉を体現した象徴といえます。自然現象であるりんごの実からでさえ、そのような法則が見つけ出されるのです。人間同士のコミュニケーションであれば、それ以上の発見があるかもしれません。これは上司・部下にかかわらず、誰もが心がけるべき姿勢です。

「賢者は愚者から学び、愚者は賢者から学ばず」

忍耐強く、広い視野で学ぶことの重要性を示す、この格言は、絶えず成長し、他人から学び続けることの価値を再認識させてくれます。一つの事象から多角的に考えるスキルは、賢者であることと同義といえます。あなたも自己成長を追求する賢者を目指しませんか。

人は二度生まれ変わる

人は二度生まれ変わることをご存じでしょうか。思想家ルソーは「青春が第二の誕生」と言っています。人はなぜか思春期の川を渡った途端に、全く別人格になってしまうのです。青春の川を渡ると、少年は青年に転生するといいます。一般的に少年の時は服装も髪形も、文句を言わず親の指示に従うことが多かったのです。ところが、思春期に入った途端に自己主張がはっきりしてきます。恋にも、そして生きる意味を見つけることにも、情熱的になり命がけで生きようとするのです。

なぜなら青春時代は未来が大きく広がっているにもかかわらず、本人は、今現在だけを生きている意識しかないからです。そのため、先のことには思いが及ばないのです。例えばスポーツでいえば、高校生は高校スポーツの祭典であるインターハイには、怪我を押してでも出場しようとしてしまいます。もし出場したら選手生命が絶たれるかもしれない恐れがあったとしても、欠場は考えないのです。将来オリンピック出場の可能性もあるトップクラスの選手でさえも、出場を強行しようとします。それは、今ここでは、インターハイしか見えていないからです。

15歳から20歳頃までの時間は、自分自身の将来を考える大事な時期なのです。青春時代は人間としての成長と発達のための重要な時期です。この時期の経験と学びが、その後の人生に大きな影響を与えます。それは具体的な人生設計を立てるというよりも、自己の価値観を探し、興味や才能を追求するという意味です。真剣に人生の航路を見定めるようにと、DNAが指示しているのかもしれません。この濃密な時期を経験することは、大人へと大きく飛び立つ前の、さなぎのような貴重な時間なのです。反抗期も含めて少年期から大人へと成長する過程で、今を全力で生きようとするのです。この青春時代を必死に過ごすことが、その後の人生に大きく影響を与えます。それゆえ、青春時代は貴重なのです。

ところが社会人になり、結婚して家庭を持つと、自分だけでなく家族と共に生きていく責任が生まれてきます。もちろん、結婚だけが要因ではなく年齢を経ることによって、自身の意志だけでなく周囲への配慮や社会的な役割を考慮に入れ、バランスをとる冷静さが育まれていくのです。ネガティブで世俗的な表現をすると、打算と駆け引きを覚える大人になるとも言えます。厳しい表現のようですが、大人になると慎重且つ冷静な判断が必要になってくるからです。もちろん個人差はあります。しかし打算も駆け引きも慎重な判断力の一部であり、生きるために、そして家庭や周囲を守るためには、やむを得ないのです。これが第二の生まれ変わりです。

会社も同様で、新入社員の時には、理想に燃えた社会人生活を追求しようとします。しかし、そのうちに、社内の人間関係や担当する職務の問題から会社人生の限界が見えたかのように勘違いして、情熱が冷めてしまう人もいます。その結果、仕事への取り組みも割り切って無難にこなすだけの毎日となれば空しい限りです。人は生まれた時のことを覚えていないように、一般的に大人になると青春時代の精神を忘れ去っています。社会で働く人は、青春時代の燃えるような情熱と人に対する温かさ、そして大人としての冷静な判断力を併せ持つことが大事なのです。「クールヘッド、ウォームハート（冷静な頭脳と温かい心）」（経済学者アルフレッド・マーシャル）が必要といえます。何人もの部下を従える立場に立った時には、情に流されずに冷静な判断が下せるようでなければなりません。しかし、そこには他人の感情や立場を尊重し、助け合いの精神を持つ温かい心が伴っていなければ部下は救われません。

筆者が熊本で勤務している時代に、三菱自動車の特販部長と知り合いました。自動車販売会社の特販部長とは、主に法人関係を担当する部署の長です。多数の車両販売台数に責任を負い、会社の業績に大きな影響を与える重責を担う存在です。予算の達成を厳しく求める立場から、通常は部下から恐れられることも多い役職なのです。ところがこの人は、得意先はもとより社内の部下たちにも大変慕われていました。その頃は、その理由の深遠さまでには考えが及びませんでした。誰からも好かれるので、筆者はその人の名前を冠して「並川マジック」と呼んでいました。まるで人に好かれる魔法を使っているようだという意味です。厳しい予算のプレッシャーや数多く発生する難題の解決など、数多くのストレスを抱えながらも、独特のストレスマネジメント術を持っていたのでしょう。プレッシャーの中でも確実に仕事をこなし、余裕のないような素振りをみじんも見せませんでした。自動車のハンドルやブレーキに設けられた「遊び」のようなゆとりをもって周囲に接していたのです。今振り返れば、周りの人々を気遣う温かい心があったのだと理解できます。

会社という組織の中で生き残って成功していくためには、抜きん出た力と弛まぬ努力が必要です。しかし生き残って成功していくために、ルール違反でなければ、何をしてもよいというわけではありません。個々のルールを遵守するだけでなく、他人を尊重し、高潔で公正な行動を取ることが不可欠です。いくら出世のためといっても、他人を陥れるような行為や不誠実な行動を取る人間に、上司としての資格はあるのでしょうか。非情な命令だけを下す上司に、部下はついていくのでしょうか。そして自分自身は、それで満足なのでしょうか。人生観は人それぞれです。しかし、できることならば青年の情熱という熱い心と温かさ、そして大人の冷静な判断を併せ持って、長い人生を歩むように心がけてほしいものです。

会社は正直者であるべきか

ビジネスの世界において、嘘は避けるべき行為の一つです。それは、嘘をついた個人のみならず、会社の信用をも失墜させる致命的な結果につながるからです。社内間での小さな嘘が積み重なって、対外的な大きな嘘となるのです。そのことにより、会社の信頼も大きく損なわれます。不祥事として明るみに出てしまうことは、有名企業でも少なくありません。不祥事とは、企業の行為や行動が社会的な信用を傷つけるような事件のことを指します。例えば、中古車販売会社による車両保険の不正請求や、旅行会社がワクチン接種会場の運営費用などの水増し請求した事案などが該当します。

しかし、社内と社外では、その発信対応が異なります。社内では、全ての真実をありのままに報告しなければなりません。なぜなら会社として、正しい判断をする必要があるからです。ただし社外に対しては、個人情報の保護や競争上の利害関係により、全ての情報を開示することが適切でない場合もあります。もちろん高い倫理観は必要です。しかし、真実とプライバシーやビジネス戦略の間での、微妙なバランスを維持することも重要です。

情報公開は、それが顧客の利益に対して必要かつ必須、そして法律や社内規定で公開が求められていることが一つの基準となります。ただし、その基準を超えて、あまりにも全てをさらけ出すと、それが競争上の不利益につながることもあります。そのため、適切な情報管理と透明性の確保とのバランスを保つことが重要です。経営情報は繊細です。全てを公開することは、社員や関係者の利益を損なうだけでなく、結果的には全体の不利益につながる可能性もあります。もちろん、嘘をついてはいけません。このような矛盾する問題には、どのように対応すべきでしょうか。この問題を解決するには、嘘をつかないことが、そのまま全てを正直にありのまま話すことと等しいわけではないと理解することが必要です。正直とは正しいことですが、度が過ぎると馬鹿正直となります。

例えば、会社が他社との合併を極秘裏に交渉していたとします。その時にマスコミから「合併についての進捗状況を教えてください」との質問に、あなたが広報担当だとしたら、どのように答えますか。このような案件では、一般的に関係する会社同士で秘密保持契約を締結しています。秘密保持契約とは、あるビジネスを進める上で必要な内密情報を双方が共有する際に、その情報を第三者に漏らさないという約束を契約書としてまとめたものです。そのような状況で正直に「ここまで検討が進んでいます」などと回答すれば、契約違反の大きな問題に発展してしまいます。問題どころか、せっかくの合併検討が中止となることさえあるでしょう。

しかし「そのような事案は一切検討していません」というのは、全くの嘘になります。数日して合併発表となると、嘘つきの誹りは免れません。この時の正解は「現在、決定していることは一切ありません」と回答します。これは一見すると、合併の話はないように聞こえます。しかし、合併の検討をしているとも、していないとも言っていません。決定したことは一切ありません、と言っているだけです。確かに合併が決定していれば、発表となるのですから、嘘ではありません。

また顧客からの質問に対して、あやふやで安易な回答は信用を失います。しかし、いつでも「私はよく分かりません」と答えていては顧客に頼りなさを感じさせ、不信感を与えることになります。この場合は「詳細を確認の上、後ほどご説明いたします」と回答すればスマートです。ただし、全ての場合で、そのような対応が当てはまるわけではありません。質問の内容や状況を把握した上で対応するのが賢明です。

嘘をついてしまう原因としては、自身の誤解や無知を隠すため、あるいは困難な状況を避けるためなどがあります。また、顧客からの質問に対して、はっきりとわからないままに応えてしまうと、誤った情報を広めることになり、それは事実上の嘘となります。いずれも会社や個人の信用にかかわる問題です。どちらにしても、嘘や相手に勘違いをさせてしまうような言動はNGです。会社や個人にとって問題にならない範囲の真実を慎重に考えて、適切な表現で説明するよう心がけてください。

売れるものを売れる時に売れるだけ作るトヨタ自動車の凄さ

トヨタ自動車は世界最大の自動車メーカーのひとつです。そしてトヨタ自動車といえば、仕事力を高めるポイント（インテリジェンス）の項でも簡単に触れましたが「トヨタのかんばん方式」（105頁）が有名です。「ジャストインタイム生産システム」とも言います。かんばん方式とは、各工程で必要な物を必要な時に必要な量だけ供給することで在庫を最小限に抑え、生産効率を最大化するシステムです。例えば、製造ラインで部品が足りなくなる前に、新しい部品が適時に供給される仕組みです。このシステムにより、無駄が削減され、効率的な生産が可能となります。これは素晴らしいシステムだと評価されて、日本国内だけにとどまらず、全世界で導入している企業は数多くあります。

他方、1970年代から1980年代にかけて、日本では「QC活動」が、多くの企業で導入されました。QC活動とは品質管理（クオリティコントロール）を向上させるため企業が行う改善活動のことです。品質管理を目標とし、それを現場単位で考えて実行するものです。もちろん今でも、継続してQC活動をしている会社もあるでしょう。しかし、一部の企業では、QC活動が立ち消えたか、または形骸化しているという指摘もあります。

トヨタ自動車のかんばん方式もＱＣ活動も、いずれも素晴らしい活動であるにもかかわらず、一方は世界的に普及しましたが、もう一方は残念ながら浸透しなかった企業も少なくありませんでした。なぜなのでしょうか。実はどちらの活動も、本来は意識の変革が必要なシステムなのです。トヨタ自動車のかんばん方式は、在庫量の適正化やリードタイム（工程や作業にかかる所要時間）の短縮化が期待できます。しかし、在庫切れのリスクや品質管理のコストアップなど様々な問題が発生します。その解決策としてトヨタでは常に製造現場での改善を重視しています。この考え方があるからこそ、持続的に高い品質を保つことができるのです。トヨタ自動車のかんばん方式を導入して成功した企業も、トヨタ自動車と同様に製造現場で問題の解決に改善の意識をもって取り組んでいるのだろうと思われます。一番大事なことは、現場の社員が常に改善していこうとする意識を、持ち続けることです。トヨタ自動車の凄さは「トヨタのかんばん方式」にあるのではなく「カイゼン」という考え方にあるといえます。全ての業務について、より合理的且つ効率的にできるかを常に工夫して考える、そのような企業風土があることです。

ＱＣ活動も品質向上を目指して各現場で取り組みました。しかし、掲げた目標が達成できたことで満足し、それを終了してしまったのです。しかし、本当に重要だったのは、ＱＣ活動の目標達成と共に、ＱＣ意識を根付かせることでした。ところが現場での意識改革が重要であることを理解せずに、活動の目的を、その時点での具体的な目標を達成することだけにしたのです。そのため、その目標を達成した段階で、多くの企業はＱＣ活動を続けることを考えなかったのです。時代が進化すれば、その時代に合うＱＣ活動が必要です。本来は現場が品質管理をしていくという、ＱＣ活動の精神を継続させなければならなかったのです。現在、筆者が知り得るところで、数少ないＱＣ活動を継続している会社はＪＲ九州です。さまざまな工夫を凝らして事業展開をしていることで鉄道事業への依存度が30パーセント余りに抑えられています。また、プレミアムクルーズトレインの「ななつ星」の成功などもあります。安定的な経営を実現していることと、ＱＣ活動の継続が無関係であるとは言えないのではないでしょうか。

さて、トヨタ自動車が、なぜそのような意識を持ったのかというと、自社の目標の高さなのかもしれません。普通の会社は売れるものを作ることだけを目標としています。しかし、トヨタ自動車は「売れるものを売れる時に売れるだけ作る」ことを目指していると役員が説明していました。この高い目標を達成するために「カイゼン」という企業体質が醸成されたのかもしれません。継続的な利益の追求には、トヨタ自動車のような企業体質が必要です。ただし特別な意識は持たなくてもよいのです。「少しでも楽に仕事をするにはどうすればよいか、常に考えるだけ」とトヨタ自動車のＯＢ社員が雑誌のインタビューで答えていました。

トヨタ自動車と同じ東海地区の静岡県浜松市にハマキョウレックスという会社があります。大須賀正孝氏という人が一代で築いた売上高一千億円以上の物流会社です。この会社の強みは何と言っても、現場で常に全員が改善を考えていることです。パートの女性が自主的に職場の改善を考えて自宅に持ち帰り、ご主人に相談するという企業体質があります。そういう企業体質が、会社の躍進につながっているといえます。

ここで重要なことは、「誰か」ではなく「誰も」が担当している業務という身近なところに、改善すべき点はないかと意識して業務に取り組むことです。常に社員全員がこの意識を持って業務に取り組めば、最強の会社になることは間違いありません。

役割の本質を見極める

会社とは何かを冒頭で説明した際に、鉄道会社は地域のプラットフォーマーであるべき（20頁）と説明しました。地域のプラットフォーマーとは、その地域と他の地域を結びつける基盤を提供する存在です。しかし地域同士が有機的に結びつかなければプラットフォーマーとしての役割を果たしたことにはなりません。地域のプラットフォーマーになることは、昨今流行りの「地域の町おこし」とは異なります。よく町を盛り上げるとか、町おこしで寂れた町をイベントなどで活性化させようとする動きがあります。しかし、その町はなぜ寂れたのでしょうか。原因はいろいろとあるでしょう。買い物が不便、学びたい学校がない、そして一番大きいのは働く場所がないことでしょうか。そこに住む人のニーズを満たしていないので、人が離れていくのです。さまざまなイベントや町のＰＲも大事です。確かにパブリシティ（広報ＰＲ活動の一種）も有効な手段の一つです。しかし、発想を変えて、その町が多くの人にとって必要な存在になるにはどうあるべきかを考えることです。自分たちのためではなく、社会やその他の地域の人々にとって役立つことは何かを見つけることが一番大事です。そのためには、地域の特性を十分に理解する必要があります。もともと住んでいる人にとっては当たり前のことでも、ニーズに合致するように少し工夫すれば、外部から魅力のある地域と評価される素材があるかもしれません。例えば分刻みの交通システムが構築されている都会と、限られた交通手段の地方では、時間の流れ方も違うでしょう。それは優劣ではなく、それぞれの地域の特性であり違いなのです。のんびりとした時間を求める人も少なくありません。

２０２４年1月9日のニューヨークタイムスで世界の行くべき名所の3位に山口市が選ばれました。もともと魅力的な街です。しかし、世界3位の評価は、おそらく地元でも驚かれた人が多いのではないでしょうか。当たり前と思っていた景色の中に素晴らしい魅力があり、評価されたのかもしれません。

関西私鉄の雄である阪急電鉄の創始者、小林一三氏は、鉄道事業を検討した際に、鉄道敷設予定線を歩いたそうです。「そして牧歌的な風景を見ながら、『こんな良いところに、どうして大阪の人間は住みたがらないのか？』と、当時、人口増加が著しかった大阪市内の狭い住居の暮らしと比べ合わせ、『郊外に住宅地を新たに作り、その居住者を市内へ電車で運ぶ』という、その後の私鉄経営の基礎となる考えに至ったのです」（阪急電鉄ホームページからの引用）。そして沿線に住宅地を開発していきました。また宝塚歌劇団や宝塚ファミリーランド（遊園地＝１９６０年からその名称で営業してきたが２００３年に閉園）を創設しました。もちろん鉄道経営安定のための施策であったかもしれません。しかし、結果的に地域のプラットフォーマーとしての役割を果たしたのです。

ちなみに、以前海外駐在経験のある商社マンから聞いた話ですが、海外での鉄道事業の成否は便数にあるそうです。便数が多ければ多くの人に利用されます。しかし、一時間に一本しか電車が通らなければ、自動車を選ぶ人が増えるでしょう。そうすれば、ますます電車の便数を減らすしかありません。鉄道収益悪化に対する対策として便数の減便は、短期での収益改善につながるかもしれません。しかし長期的に見れば乗客離れを促していることになります。やはり地域のプラットフォーマーとしての役割を見極めなければなりません。

西日本鉄道という大きな名前の鉄道会社は、グループ全体でのコーポレート・スローガンが「まちに、夢を描こう」です。鉄道自体は福岡県内しか路線がありません。しかしバス部門はグループ全体で約2700台のバスを保有しており、保有台数は世界一とも言われています。そのバス部門では「のるーと」という名前のワンボックス型のオンデマンドバスを、福岡市と宗像市の一部で運行(2024年9月13日現在)しています。オンデマンドバスとは利用者の予約に応じる形で、運行経路や運行スケジュールをそれに合わせて、運行する地域の公共交通のことです。鉄道と路線バスで福岡県内の公共交通としての大動脈を担うだけでなく、毛細血管として、きめの細かい移動のニーズに応えています。正に「まちに夢を描く会社」として、会社のスローガンが具現化されている見本ともいえるでしょう。

コロナ禍をきっかけにリモートワークが普及しました。自宅でのリモートワーク時間が増加することで、通勤時間に縛られず住む場所の自由度は高まってきています。今こそ、社会にとって役に立ち、必要なものを見つめなおす時です。その地域でなければできないものを提案・提供していければ、その町は再び活気を取り戻せるはずです。近い将来にはＡＩに自分のキャリアやこれからの生き方の希望を伝えれば、その人にとって最適と判断した地域を案内するようなサービスが出現するかもしれません。地域のプラットフォーマーは、単に目先の地域の活性化を目指すのではなく、その地域の特性の中で社会に役立つ部分を見出して、地域と社会をつないでいくことです。このように、地域のプラットフォーマーであることが本質であると見極めれば、いろいろと考えることができるはずです。

２０２４年5月にＮＨＫで放映された『スポーツ×ヒューマン・ソフトバンク小久保裕紀監督』でペナントレース開始前に行われたホークスの決起大会の食事会での小久保監督の挨拶が印象的でした。要旨は次の通りです。「今年から1軍監督となりシンプルに勝つために決断を下すのが自分の仕事だ。自分は人間的に偉いわけではなく立派なわけでもなく、ただ決断しないといけないという役割がある。そのために、不本意な自分の目標ではない起用方法の選手も出るかもしれない。しかし全ては勝つために決断を下すということが自分の仕事なので最後までぶれずにいきたい」監督の役割が勝つことではなく勝つために決断することであるという、この挨拶は正鵠（物事の急所や要点）を射ています。プロ野球のチームは勝利を目指しています。しかし、それぞれに役割があり、勝つためにプレーするのが選手で、その選手を指導するのはコーチです。不調の選手を見かねて監督が直接指導をすることがあれば、コーチの存在意義はありません。会社でも社長が部長や課長を飛び越えて、職場に具体的な指示を直接したら組織は機能不全に陥る可能性が高くなります。小久保監督は監督の役割をはっきりと理解しています。試合は水物（運や状況に左右されやすく、予想が立てにくいもの）で故障者などの有無により成績はどうなるか分かりません。しかし小久保監督がこれから長期にわたってチームを指揮していけば、選手やコーチ、それ以外のスタッフにも、それぞれの役割が十分に理解されていくでしょう。そしてその意識が隅々にまで浸透していけば、常勝軍団として強固な組織になることは間違いありません。

さて、皆さんが勤める会社は、どのような役割を担って、社会に役立っていくべきなのでしょうか。勤めている会社の本質を理解できれば、会社の今後の進むべき道筋が見えてきます。企業を評価する時に、その事業活動の全てが是であるか、あるいは全てが非であることは極めて稀です。その会社のトップだけでなく、そこに努める人たちが自社の役割の本質を一人でも多く理解して、より社会に役立つような会社にしていく努力が必要なのです。

例えば出版会社の役割の本質は、文化を伝え残していくことであり、本を出版することだけに限定されるものではありません。電力会社やガス会社は電気やガスの提供だけにとどまらず、エネルギーを安定的且つ経済的に供給することです。会社以外でも、芸術は人々に感動を与えて心を豊かにすることであり、スポーツは人類の可能性の極限を追求する素晴らしさを証明して夢を与えることです。

１９８０年代に住友商事は商社機能だけでなく、さまざまな子会社を設立して、いろいろな事業を行っていきました。その時に、自社は何の会社なのかと社内で議論になったそうです。最終的に住友商事は「総合事業会社」であると規定しました。外形的には、そのとおりです。しかし、社会に役立つ情報やサービスの提供が、この会社の本質のように感じます。

いずれにしても、一人一人が自社の本質を見極めて、それに沿ったマニュアルの改定などを考える体質になれば、会社という組織で新たな力が創出されていくと確信できます。

日本経済新聞の読み方

毎朝、新聞は読んでいますか。また、どの新聞を読んでいますか。もし可能であれば、日本経済新聞、総合的なニュースが豊富な四大紙（読売・朝日・毎日・産経）の一つ、それと地方色豊かな在住地方紙の3紙購読をお勧めします。特に日本経済新聞は経済や産業関係の記事が多く、ビジネスパーソンにとって有意義な新聞といえます。

日本経済新聞は経済新聞ですが、社会面やスポーツ面、そして将棋・囲碁等の文化面も掲載しています。もちろん経済面は、他紙よりも多くスペースを割いてあります。

新聞の読み方としては、時間に余裕のない場合は、まず全ての新聞記事の見出しをチェックします。そして自身の仕事に関係のある所とそれ以外でも興味のある記事を読めばよいのです。無意味なように思えるかもしれませんが、全ての見出しをチェックすることにより、さまざまなジャンルの情報に触れ、知識の幅を広げることができます。より詳しい内容が知りたければ、ネットや業界紙などで情報を確認します。

最近はネットニュースなどの方が早くてタイムリーなので、速報性という面では新聞の意義も低下しているといわれています。しかし、幅広くバランスの取れた情報入手は新聞が優位です。例えば会社の人事異動（部長級以上）の詳細が掲載されるのは一般紙では日本経済新聞です。

ただ、人事異動欄を全て確認していくことは結構大変な作業です。こちらも記事の見出し同様、自分の会社に関係のある取引先や同業などの会社名を探して、該当があればその役職名と氏名を確認します。もし、取引先等の会社が掲載されていたら、当日の朝に上司に報告し、どう対応するか指示を仰ぐのです。関係の濃淡にもよりますが、栄転などであれば祝電を打つなど、社会通念上の範囲内でお祝いを検討します。なお祝電の文例として、就任日がこれからの場合は「○○にご就任の趣おめでとうございます。心からお祝い申し上げます」などがあります。取引先の異動・昇格の情報を知り、お祝いを伝えることは大事なことです。相手が祝電を喜んでくれるかどうかは不明です。しかし、少なくても日頃から自社のことをきちんと見てくれているのだという理解と評価につながります。そういう意味では死亡欄も見落としてはいけないポイントです。仮に取引先の現役役員が亡くなったのであれば、取引に大きく影響するかもしれません。現役役員か引退した役員かに関わらず、自社との関係の濃淡によって、弔電等を手配することも検討します。

また、日本経済新聞の最終面の「私の履歴書」は、社会に功成り名を遂げた人たちの自伝が一か月にわたって掲載されています。生まれた時から幼少時代、学生時代、そして社会に出てから苦労したことや成功したことなどが、赤裸々に本人の筆で語られているのです。そこには本人の弛まぬ努力や周囲の支援などで窮地を乗り越えたことなど、私たちが参考にできるエッセンスがいっぱい詰まっています。素朴な表現で人柄がにじみ出ているような人も多く、いずれもビジネスだけでなく人生の道標として役に立つでしょう。

転勤の意義と意味

社員の転勤がある会社であれば、一般的な社員の場合は定期的に転勤があります。会社にもよりますが、周期的には5年を目安に早い人では3年、遅い人でも約10年程度で異動となることが多いようです。

家族帯同で転勤するとなると、新しい住居の確保費用や下見費用、引っ越し費用、家族移動の交通費・宿泊費、さらには赴任手当など、少し遠い距離なら100万円以上を会社が負担することもあります。なぜ、それほどまでの費用をかけて、会社は社員を転勤させるのでしょうか。

転勤の主な意義や理由としては次の通りです。第一に、人材の育成と評価に関するためです。例えば、経理の人間に他の部署を経験させることは、将来の経理部の管理職として必要です。また営業では、さまざまなマーケットを経験することで営業の幅が広がります。都心を担当すれば、人の入れ替わりが激しいので、営業効率を求めたスタイルになるかもしれません。また地方であれば、長年同じ人との付き合いが多くなり、人間関係を重視した取引となるかもしれません。どちらが良い悪いではなく、異なるマーケットを知ることが大事なのです。人間は環境の影響を受けて成長していきます。そのため、さまざまなキャリアを積み重ねることが重要なのです。上司も部下も定期的に異動が行われます。部下にとって上司が変わることは自身の成長への糧になることが期待されます。上司と部下の組み合わせは、いずれかが異動すれば変わります。そのため平均3年で新しい上司に仕えるとしたら、大卒入社の場合40歳までに6人程度の上司に仕える計算となります。そうなれば、それだけの数の上司に指導を仰ぐことになり、本人のスキルも相当磨かれることになるでしょう。もちろん不幸にして相性の悪い人が上司となっても、数年経てば、どちらかが異動します。会社を辞めなければならないと覚悟するほど、悲観することはありません。また本人の成長度合いを測る人事評価も、上司が代わることで一方的な評価を防ぐことができます。人事評価の多様性と公正性が担保されて、評価結果も衆目の一致するところに落ち着きます。

第二は、組織編成上の問題です。経験を積み管理職となるような人材に成長していく人がいる一方で、管理職・一般職の中には定年や自己都合で退職していく人もいます。例えば、退職した課長のポストに他部署の課長代理であった人が昇格したとします。そして、その課長代理が抜けた職場では補充が必要です。仮にその部署が課長、課長代理、主任、中堅、若手の5名で構成されていたとします。その中から課長代理が抜けたのですから別の課長代理を補充するか、それとも主任を課長代理に昇格させるかなどの対応が必要です。いずれにしても抜けたメンバーの穴を補充しなければなりません。そして補充のために、人が異動した職場も新たに補充が必要となります。こうして人事異動は複数の職場に及びます。

第三は、人材が成長することによる、組織の適材適所への配置変更です。中堅として申し分なく育ってきた若手を、いつまでも新人のポジションで扱うと、本人の成長を促せません。これは若手社員だけでなく、中堅、ベテランも同様です。若手は中堅に、主任は課長代理に、課長代理は課長にと、それぞれの成長に合わせて処遇を変えていく必要があります。本人の力量に応じた仕事の内容や資格・役職・給料なども含めた総合的な変更です。力量がアップした社員に、難易度の低い仕事をいつまでも担当させることは、生産性の観点からも問題です。また生産性の低い業務のままであるため、給料が上がらなければ、本人のモチベーションも低下してしまいます。

第四は、マンネリの防止です。全く同じ仕事を続けていけば刺激もなく、進歩しようとする気持ちも失せてしまう場合があります。また、新任の時のイメージが払拭されずに、実力の割に職場で頼りにされないようなケースが出てくるかもしれません。そのため異動で新任地に赴任すれば、前任地勤務の集大成として、新たな気持ちでスタートを切ることができます。そのような気持ちにさせてくれるのも、異動の大きな効果の一つです。

第五は、社内人脈の構築です。転勤によって、新たな職場のメンバーと、懇意な関係を結ぶ機会を得られます。もちろん、人間関係の構築には、エネルギーや時間が必要です。しかし、特に本社勤務になれば、部門の異なる人たちとの交流も期待できます。若手時代は自分の職場以外の交流は、それほど必要がないかもしれません。しかし管理職になれば、組織の長として社内の組織間の折衝などにも責任が出てきます。その時に可能な限り他部署・他部門との交流があれば、よりスムーズな組織運営が可能となります。

第六は、不正の防止です。特に現金を扱う銀行などでは短期間で異動させることが多かったのです。今では、あまり考えられないことですが、昔は銀行員が個人の家庭を回り定期預金の積立金や、店舗などの売上金を回収するのが一般的でした。そのため不正をしやすい環境があったのです。それを防止するために、頻繁に担当交代をしていました。今でも時々、金融機関でなくとも社員の不正が、新聞紙上を賑わすことがあります。会社は不正が起きないように、さまざまな防止策を立てています。しかし、所詮人間が考えたものは、人間によって抜け穴が見つけられるのです。抜け穴を見つけた時に、人はそれを塞ごうとするか、その穴を潜り抜けようとするかで、人生は大きく変わってしまいます。会社ができる最も効果的な方法は、担当を交代することで前任の不正を発見できるようにし、それを抑止力とすることです。このように説明した6つの転勤の理由が、一つ、もしくは複数、場合によっては全ての理由によって、その人に転勤が発令されるのです。

転勤は、会社にとって多額の費用負担が発生します。しかし、転勤する本人や家族が受ける負担や影響も少なくありません。例えば、独身なら、それまで交際していた人とは遠距離恋愛となり疎遠になるかもしれません。あるいは、逆に新しい地で理想の伴侶と巡り合うかもしれません。家族も小学生以上なら転校という負担の大きい経験をすることになり、受験などにも大きくかかわってきます。このように個人も影響が大きい転勤だけに、少しでも前向きにとらえて、公私ともに、より良い結果が生み出せるようにしてほしいものです。

家族への注意点としては、妻が専業主婦の場合は赴任先に知り合いがおらず、周りは見知らぬ人ばかりということもあります。人間は毎日ある程度、複数の人間とコミュニケーションを図らないと、精神的にストレスを抱えると言われています。転勤した本人は、新しい職場で、新しい社員や新しい取引先との関係構築のため余裕はなくなります。しかし、新しい土地で顔見知りさえいない妻は大変です。妻とは、極力コミュニケーションを取るように努めてください。また友達や実家の家族との連絡を、できるだけ頻繁にするよう妻に勧めましょう。

子どもの場合は、まず挨拶をしっかりするように教えます。挨拶は、初めて会った時や、しばらく離れていた後などにします。初めての時は、これからよろしくお願いしますという気持ちを表明するものです。挨拶の意味や大切さについての詳しい説明は後述します。言葉も、大人の社会では転勤してきた相手を気遣い、地元の方言をなるべく抑えて話してくれる場合が多いと思います。そのため、ある程度は理解しやすいものです。しかし子どもの社会は遠慮会釈のない世界なので、言葉に慣れるまでは、かなり苦労をするかもしれません。ただ子どもは大人よりも順応性があります。その辺りを子どもに説明して理解をさせるのです。クラブ活動があれば積極的に参加するようにもアドバイスします。一般的にクラス単位と違ってクラブでの同一学年の人数は少なくなり、同じ趣味仲間の集まりなので、友達ができやすいかもしれません。いずれにしても「住めば都《みやこ》」で、半年も我慢すれば、新しい地域に溶け込めると教えてあげてください。

夫婦共稼ぎや子どもの受験、その他さまざまな事情から家族が帯同できない場合は、単身赴任となります。なお、夫婦ともに会社勤めなどの場合に、「共働き」と表現される場合があります。しかし、専業主婦が何もしていないわけではありません。家事などをこなしており、厳密には共に働いています。夫婦ともに経済的に収入を得て稼いでいる場合は、共稼ぎが正しい表現といえます。

単身赴任は、食生活や家族とのコミュニケーションだけでなく、他の健康面や日常生活での問題にも注意を払うべきです。自炊する時間がないために外食が増え、栄養のバランスが崩れて健康を損ねる可能性があります。また家族とのコミュニケーションを欠いた場合、孤独感やストレスが増える危険性もあります。

寮スタイルの食事付き住宅に入居するか、栄養バランスの取れた宅食サービスを利用するなどの工夫が必要です。ウォーキングやジムの利用もお勧めです。また単身者は自身では体調の変化などに気づきにくいものなので、定期的にクリニックで検査を受けて体調管理をしましょう。

また、家族とのコミュニケーションも、可能な限り取るべきです。特に、子どもが思春期になると、その成長をきちんと見守れる家庭環境が必要になります。だからこそ、子どもの表情を直接見る時間を設け、その成長を察知できるようにしましょう。週末に家族全員でのビデオ通話の時間を設けるのも一つの方法です。家族の顔を画面で見て自分の癒しにするとともに、何か違和感などがないかもチェックします。そうすれば家族と離れた生活をしていても、家族の絆が互いに感じられるのではないでしょうか。

さて、一般的に平均的な評価を受ける人々は、標準的なサイクルで職場が変わっていきます。一方、特定のスキルや専門性を持つ人々は、その職場で不可欠とされることが多く、異動のタイミングが異なることがあります。これらの人々は、その実績、リーダーシップ、専門的な知識などが、その職場で特に高く評価されているからです。例えば、課のポイントゲッターで余人をもって代え難いと言われるようなエース級の人は、その人に見合うだけの人との交代でなければ職場間のバランスが取れません。そのため上司が異動を受け入れずに、長くその職場で働く例もあります。また逆に評価の低い人は、受け入れ先の上司が難色を示すこともあり、その職場に留め置かれることも少なくありません。転勤はいろいろな理由によりますが、会社にとっても個人にとっても非常に重要な位置づけにあります。ぜひ、転勤して良かったと思えるように最善を尽くしてほしいものです。

挨拶の重要性

　前項で挨拶のことに触れました。学校でも会社でも「挨拶をしましょう」と指導しています。ところが、挨拶の意義や目的について、しっかりと説明がなされることが少ないように感じます。学校で「挨拶をしよう」とスローガンを掲げても、児童や生徒自身が必要性を理解できていないと、なかなか浸透しないものです。もちろん会社でも同様です。挨拶の目的や必要性を理解してこそ、しっかりとした挨拶ができるようになります。

　挨拶はいつするのかというと、初めて会った時や時間をおいて再会した時、あるいはしばらく離れる時などです。つまり会う時と別れる時です。別れると言っても永遠の別れではなく、家族なら夜寝て朝起きるまで、会社なら退社して翌日出勤するまでという単位となります。通勤や通学で家を出る時や帰る時、さらには会社から外出する時や帰社した時にもするので、数時間の間が空いたなら必要となります。

「おはようございます」は、昨日と同じ気持ちで、今日もよろしくという意味です。「こんにちは」は、前回お会いした時と同じ気持ちなので、今日もよろしくという意味です。「さようなら」は、次会う時まで、私の気持ちは変わりませんよと伝えています。「おやすみなさい」

は、翌日の朝まで気持ちは今と一緒ですよと告げているのです。また「初めまして」は、初めてお目にかかりますが、どうぞよろしくという意味が込められています。初めて直接会うから「初めまして」と挨拶するものなのです。ちなみに電話の初対面では、一般的には「初めてお電話いたします」と表現するのが自然です。しかし、場合によっては「初めまして」とも言います。

挨拶の目的はさまざまです。挨拶は信頼関係の構築や、互いに尊重しあう良好な人間関係を築くための第一歩です。一言挨拶するだけで相手の存在を認め、尊重することを示せます。これにより、他人とのコミュニケーションがスムーズになり、協調性が高まります。挨拶をすることで、まず相手とフレンドリーにコミュニケーションを取る意志を示すことができ、その反応から相手の現在の気持ちを一部把握することもできます。つまり「しばらくの間、離れていたけど、以前と同じ気持ちです」という互いの気持ちを確認する行為です。離れている間に以前会った時の気持ちに変化があるのかどうか、自身の気持ちを示し、相手の挨拶によって相手の気持ちも確認するのです。そのため、付き合いのある人全てと、挨拶をしなければなりません。もちろん付き合いの濃淡はありますが、近所で顔見知りの人なら挨拶は必要です。逆に、全く関係がなく付き合いのない人には、挨拶をしなくても差し支えはありません。しかし、あえて関係がなく付き合いのない人にも、笑顔で挨拶をすることで新たなコミュニケーションへの、第一歩を踏み出すことができるかもしれません。また、喧嘩している間は挨拶をしないかもしれませんが、仲直りは挨拶がきっかけになることもあります。

挨拶の影響は大きいものです。誰にでも笑顔で挨拶をすると好印象を与えます。最初は慣れるまで気恥ずかしいかもしれません。しかし、挨拶は相手を尊重する姿勢を示す行為であることを忘れないでください。職場でも家族間でも、笑顔で挨拶するのが最適な場合が多いのです。しかし、その一方で、相手のバックグラウンドや状況によっては、直接的な笑顔が不適切と感じられることもありますので注意が必要です。

上司の中には朝から不機嫌な顔で出勤し、その雰囲気に威圧された部下が俯いてしまい挨拶をしそびれたりすると、後々挨拶がなかったことを批判するかもしれません。ずいぶんと理不尽な話です。上司も部下も挨拶の大切さを理解し、互いに尊重する姿勢を持つべきです。だからこそ、立場に関係なく自分から笑顔で挨拶をしましょう。特に苦手な相手にこそ、先に挨拶をすることで気まずい出会いになることが避けられます。挨拶は競争ではありません。しかし、先に挨拶をすることで、相手に対する気配りや敬意を示すことができます。そこをよく理解して、挨拶負けしないように心がけてください。朝の挨拶、ランチタイムで同僚に合った時、会社のエレベーターで上司に出会った時などです。これらの一つ一つは、相手に敬意を表して、ポジティブな印象を与えます。ビジネスや人間関係を円滑に進めるための尊重の表現です。それと同時に、自身のプロフェッショナルな姿勢を示す機会でもあります。内気な人はなかなか元気に挨拶ができないかもしれません。営業職でも無口な人はいます。しかしベテランにもなると、営業の時は自分の心にスイッチを入れて、笑顔で堂々とセールストークをするものです。挨拶も同様です。しっかりと身につけて、心のスイッチを入れて、挨拶上手を目指しましょう。

挨拶で気をつけなければならないことは、相手が挨拶をしているのに気づかずにいることです。知らず知らずのうちに考え事に集中し、周囲への注意が散漫になり、他者からの挨拶を見逃すことがあるかもしれません。相手の挨拶に気づかなかった場合は、挨拶を無視されたと相手から誤解されることもあります。その誤解で関係を悪くするかもしれませんから、注意しなければなりません。

また、別れ際の挨拶も注意が必要です。会っている時に意見の相違などで、一時的に険悪な雰囲気になるかもしれません。感情が高ぶって相手に対して攻撃的な発言をしたり、逆に受けたりしたとしても、必ず最後の別れ際は笑顔で挨拶をするように心がけます。心の中でわだかまりがあり、相手に対してネガティブな感情を抑えられなくても、笑顔で別れなければなりません。喧嘩別れは今後二度と付き合わないという宣言にも等しいものだからです。誰もが二度と付き合わないことなどは、なかなかありません。現在はあなたの方が立場的に優位であったとしても、次に会う時は攻守逆転して、あなたが頭を下げて何かを頼まなくてはならないことがあるかもしれないのです。また、あなた自身が喧嘩別れをそれほど重くみておらず、次に会った時に何のわだかまりもなく挨拶するとします。しかし相手は以前のことをずっと忘れずにいて、恨みに思っているかもしれません。いくら腹が立ったとしても、ぐっと腹に納めて、最後は笑顔で挨拶するのが大人の対応です。一般的に人間の感情は、よほどのことがない限り、三日あれば収まると言われています。笑顔で別れの挨拶をしておけば、次回は何のわだかまりもなく会えるようになれるのです。

さて、ビジネスで社外の人との挨拶といえば名刺交換があります。名刺の渡し方や受け取り方は、入社時の新人研修などで説明を受けているでしょうから割愛します。名刺はビジネスの世界における、その人の身分証明です。職業的な存在を示す代表的なツールです。

会社名や肩書を見て値踏みをしてはいけません。1987年に発刊された「トヨタの自動車開発主査制度」（塩沢茂著）によるとトヨタの主査は自動車の企画・開発・生産・販売の機能の全般を主導し、その結果についての全ての責任を負う非常に重い立場です。しかしその一方、各部署に指示をすることはできないという不思議な役職と記載されています。通常の役職は権限と責任が表裏一体でバランスが取れているものです。しかし、トヨタの主査には自動車の開発という非常に重たい責任だけがあり、各部門へ指示する権限が全くない珍しい役職です。これは主査が、デザイナーやエンジニアなど異なる部門のスペシャリストと相互理解の上で、開発を取り進めることを最上としたものなのでしょう。トヨタの主査という役職は特別かもしれませんが、肩書だけを見て短絡的に相手を判断してはいけません。あくまで人となりを見ることが大事なのです。

それぞれの名刺は、接触した人々との重要な関係を記録し、保存するためのツールでもあります。名刺を適切に管理するには、すぐにアクセスでき、情報を検索できるように整理することが重要です。具体的には、名刺管理ソフトを使用してデジタル化して、カテゴリー別や会社名の五十音順に整理したりすることが効果的です。このようにすることで、必要な時に必要な名刺を迅速に取り出せ、関係を維持するためのフォローアップに使用することができます。

さて、挨拶の重要性を理解していただけたでしょうか。テレビドラマなどで自宅から外出する時に近所の人との挨拶の定番として「お出かけですか」と声を掛けられ、「はい」と返事をします。次に「どちらまで」と聞かれ、「ちょっとそこまで」と答えます。行き先をいきなり尋ねるのもどうかと思いますが、答える方も「ちょっとそこまで」と答えにもなっていない無意味な答えにも思えます。しかし、無意味なようなやり取りが、意味のある話への入り口でもあるのです。近所付き合いの場合は、つかず離れずの関係を維持するのが目的なので、会話の入り口までの挨拶で終わります。しかしビジネスの世界では、意志と意図を持った情報収集や関係構築を進めなければなりません。そのためには日頃からの挨拶があってこそ、次のステップに踏み込めるのです。まずは、家族や会社の上司・同僚・部下の人たちへ、積極的に挨拶をしてみてください。気がつけば関係が、かなり深まっているかもしれません。

地理と歴史に学ぶ

仕事は、人との関わり合いの中で成立しています。そのため「人」のことを十分に理解することが重要です。人を十分に理解することで、コミュニケーションが円滑になり、信頼関係が築かれます。例えば、言葉の裏にある意図や感情を正確に汲み取ることができるようになれば、人間関係のトラブルを減少させる効果があります。特に入社や転勤などで新任地に赴任した際に、異なる文化背景や価値観を持つ人々と良好な関係を築くためには、その人たちの出身地や文化、歴史について理解することが役立ちます。なぜなら、人はその地域で生活しており、そこで生きているからです。国、県、市などの行政単位の法律や条例、あるいは地方には独特の見えないローカルルールなどもあり、留意する必要があるのです。

地域を理解するためには、その地域の現在の環境と過去の歴史の2つの観点から見る必要があります。これを例えて、現在の環境を示す平面のエリアを見る「横軸」と、歴史を示す時間の流れで見る「縦軸」とします。この横軸と縦軸という2つの観点から地域を把握することで、立体的でより深い理解と共感を得られます。

まず横軸として、人間は環境に大きく影響を受けて生きています。地理的な位置、地形、気候などから地域を理解することは、その地域の現状や風土を理解することにつながります。温暖な気候の地、暑い南国、逆に寒さ厳しい雪国で生活をする人では、それぞれ住む家も違えば、仕事も食事も異なります。都会と地方では生活が違いますし、都会でも都心と郊外では大きく異なります。例えば、一部の都市部では多様性と個性が求められる一方、郊外の一部ではコミュニティとの調和や伝統への敬意がより重要視されることがあります。ネットの普及や一部グローバリズムによって、場所による環境差よりも、情報アクセス性の平等化が進んでいます。それでも地域の文化や特色が、ある程度は残っています。

当然、生活が異なれば考え方も違うのです。それらを理解しなければ、その地に住む人の考え方を理解することは困難です。その地を理解することが、その地に住まう人々を理解することにつながります。

その地域が商業か農業か、あるいは漁業、林業など主要産業が何かによっても考え方が大きく異なってきます。個人個人は、それぞれ違っていたとしても、その地域が、堅実性を重んじる、あるいは積極的な考え方など、地域全体としての個性が形成されているのです。

銀行は都市銀行と地方銀行等に分かれています。都会にいれば都市銀行というのは大手銀行という印象です。確かに大手ではあります。しかし地方へ行けば驚くほど支店の数は少ないのです。マーケットの規模の問題もあり、県庁所在地に支店が一つだけという県も少なくありません。逆に地方銀行はその地においては、くまなく支店が設置されています。その地では、その地方銀行が一番大きな銀行と、評価されていることが多いのです。

小中学校では生水を飲むことが禁止されており、水筒にお茶などを入れて持参することが一般的です。しかし、熊本市では外輪山である阿蘇山の影響から、豊富な地下水で賄う水道水が美味しく、そのまま飲めます。そのため水筒は不要とされていました。ただ平成の後半からは、暑さ対策で授業中の水分補給も必要なことから、水筒持参も許可されたようです。

また、酒を飲む人が特に多いと知られるのは高知県です。その昔、新しい殿様が来た時、家来一同に「一升飲む者は前に出よ」と言ったところ、数人しか前に出なかったのです。その後に「二升飲める者は前に出よ」と言うと残りの全員が前に出たという逸話があるそうです。本当に大酒飲みが多いのかどうかは分かりません。しかし、確かに高知の日本酒は口当たりの良い酒が多いので、この逸話の信ぴょう性もあるように思えます。

このように地域による特徴的なことが、狭い島国である日本の中にあっても、全国にいろいろとあります。そのことを理解することで、その地に住まう人々への理解が深まるのです。

次に、もう一つの縦軸は歴史です。その地域の歴史を理解していくことは、そこに住む人々の伝統や価値観を理解することにつながると言えます。例えば九州の中でも、長崎県は、鎖国時代に幕府が公式に認めた唯一の貿易の地であったことから進取の風土が残っています。かたや隣接する佐賀県は、長崎からの異国の文化を食い止めようとしていました。武士としてなすべきことをまとめた「葉隠《はがくれ》」（佐賀藩士の山本常朝と田代陣基が完成させた武士道の真髄を伝えた本）の精神は今も残っており、保守的な文化と言われています。宮崎県は、ほぼ大きな戦がなかったため、穏やかで親しみやすい県民性が特徴的です。

隣国に目を向けてみれば、日韓関係は複雑だとされています。これは日韓併合という歴史があったからです。しかも、その根は奥深いのです。大和朝廷の時代には、朝鮮半島から大陸の文化や技術が日本に流入しており、朝鮮半島は日本の手本といった存在だったのです。「特に文化的には百済に負うところが大きく、百済人が帰化すると、すぐさま、政府高官、もしくはそれに準ずる顕職に任じられることも珍しくなかった」と『韓国の悲劇』（小室直樹著）に記されています。明治になっての日韓併合は、朝鮮半島の人からすれば、文化的な忘恩でもあり、通常の他国による侵略以上の気持ちが沸いたとしても不思議ではありません。このような歴史を認識すれば、韓国との付き合い方や見方が変わるかもしれません。

戦争の本質を考える

歴史認識では戦争が大きな影響を与えるので、戦争についても説明します。テレビなどで「私は戦争反対です」と言っているコメンテーターがいます。こういう意見は言葉足らずといえます。なぜなら戦争は反対するだけのものではないからです。反戦の声は高貴で重要ですが、反対という意思表明だけでは問題の解決にはつながらないのです。だからこそ、戦争を避けるためにはどう具体的に取り組むかを考えることが重要です。論理的に考えれば、反対という選択肢の対極には賛成があります。戦争反対と言うことは、戦争には賛成と反対という両方の選択肢があると言っていることに等しいと言う指摘もあります。確かに犯罪行為について、反対と言いません。戦争にも犯罪と同様に、賛成・反対の選択肢はないように思えます。しかし現実には様々な立場や意見が存在します。そのため、単に反対するだけではなく具体的な行動や対策が求められるのです。もちろん戦争反対と述べる言葉の奥には、絶対に避けなければならないという気持ちがあるのは確かでしょう。しかし反対という言葉は、意思表示だけで終わってしまい、次の行動へのイメージが繋がらない危険性をはらんでいます。つまり、戦争反対と平和的解決が必ずしも同一ではないのです。悲惨な戦争を防ぐためにはどうすべきなのか、具体的な防御策を講じる必要があります。私たちが言うべきは「悲惨だからこそ、戦争は防がねばならない」です。ところが残念ながら、戦争そのものへの説明が少ないため、反対すれば戦争は防がれると誤解されているのかもしれません。

そもそも戦争は国際紛争解決の最終手段なのです。日本国憲法の第9条には、次の通り明確に記載されています。

「国権の発動たる戦争と、武力による威嚇または武力の行使は、国際紛争を解決する手段としては、永久にこれを放棄する」

第二次世界大戦で敗北した日本に対して、戦勝国である連合国側が、日本に二度と戦争を行わせないために作り上げた憲法です。ただ「戦争」と言っただけで広義にとらえれば、自衛の戦いも含まれてしまうため「国際紛争を解決する手段としての戦争」と定義したのです。つまり、この一文を見れば戦争の能動的目的は、国際紛争の解決であることが分かります。戦争の本当の意味や影響を深く理解すれば、戦争反対という言葉も、より深化していくことでしょう。

それから、よく言われるのが戦争を回避するために、紛争国同士が十分に協議するべきだという意見です。その通りです。もちろん紛争の当事国は、戦争を回避するため、あらゆる機会を捉えて解決のために協議していきます。しかし、努力しても解決できない紛争解決の最終手段が戦争なのです。理想的には、紛争は話し合いや外交努力で解決されるべきです。しかし、全ての努力が尽きた場合、戦争が最終手段となることが歴史上散見されます。社会学的に説明すれば、戦争は国際紛争を解決するための制度ともいえます。なぜ国際紛争が起きるかといえば、歴史を見ればはっきりしています。衰退する国と繁栄していく国とは必ず地位の交代期に争うことになるのです。その昔に版図を広げていた国が衰退期に入ったとします。代わりに隆盛し始めた国が新たな土地を必要として、衰退期の国の領土を求めたら、そこには紛争が起こります。中国の海洋進出をしようする動きが、日本を含む当該国と問題になっているのは、その典型的な例です。例外もあって、アメリカはアリゾナ州とニューメキシコ州の大半をメキシコから購入したのを始めとして、それ以外の土地も購入して国土を広げた実績があります。しかし、それは何世紀も前の未開拓の、いわゆる当時では辺境といわれていた土地でのことでした。最近でもトランプ大統領（当時）が2019年にデンマークのグリーンランドを購入したいと話しました。もちろん、現代では南極も含めて未開の地はなく、当然デンマークは拒否しました。しかし、隆盛していく国と衰退していく国との間で、領土問題を避けて通ることはできないのです。そして国際紛争は解決されなければなりません。国際紛争が放置されれば、グローバル化している現代で、分業と共同のシステムで成り立っている世界が機能不全に陥ってしまいます。例えば中東で深刻な紛争が起きてOPECの石油輸出が途絶えれば、世界経済が立ちいかなくなることは想像に難くありません。そのためには、それぞれが解決しようと努力をします。しかし、それでも解決できない場合の最終手段が戦争になるのです。世界が統一されれば、紛争は統一された司法制度により解決されるかもしれません。しかし、現在のところ、全ての国が一つの政治体制や経済体制に統一されるというシナリオは遠い未来です。「戦争は全て人間の欲に駆られて起きるものではなく恐怖に駆られて起こるものだ」と小室直樹監修の『ザ・カミング・ウォー・ウィズ・ジャパン』により喝破されています。侵略される側はもとより、侵略する側も侵略しなければ自国の生存権にかかわると判断したから、戦争を決断するのです。太平洋戦争を決断した、昔の日本がそうでした。資源の乏しい日本は他国に進出し、資源を確保しようとしたのです。その過程で石油の輸入を頼っているアメリカと敵対したことから、自国の生存権を懸けてアメリカとの戦争に突入したのです。

それ以来70年以上、自国の戦争経験がない日本では、自国が何も悪いことをしていないと安心している人がいるかもしれません。しかし、それは日本人の論理です。他国が日本を悪いと思っていないことにはなりません。例えば、北朝鮮は自国のミサイル発射に対する日本の経済制裁は敵対行為と思っているかもしれません。中国は台湾だけでなく尖閣諸島も自国領としなければ、安全保障や海洋進出の課題が解決できないと考えており、尖閣諸島の日本国有化には恨みを抱いているかもしれません。それぞれの立場で、それぞれに自国の正義があるのです。例えばウクライナも「自分たちは何も悪いことはしていない」と考えているかもしれません。安全保障上の観点からＮＡＴＯ（北大西洋条約機構：アメリカ、イギリス、フランスなどで発足したヨーロッパの加盟国の領土と国民を防衛することを目的とした「集団防衛」「危機管理」「協調的安全保障」を中核的任務とする軍事同盟）に加盟したいだけです。他国を侵略する気持ちなど夢にも思っていないでしょう。その証拠に核爆弾を放棄しています。それでもロシアは、ウクライナのNATO加盟が、自国の生存権を侵す行為であると判断し侵略してきたのです。

戦争と喧嘩の違いは、喧嘩は感情に任せて気のすむまで、相手を痛めつけるのが目的です。戦争は敵を殺すことが目的ではありません。紛争解決のために相手の意志を強制できれば目的が達成できます。つまり、戦争の理想的な目的は敵を殺すことではなく、紛争の解決です。しかし、残念ながら現実は極めて悲惨な事態が起こり、多くの無意味な犠牲が伴うことを忘れてはなりません。決して戦争を正当化しているものではありません。戦争を否定して未然に防ぐためにも、戦争への理解が必要だと言いたいのです。私たちは歴史から学び、国際紛争の解決に向けて積極的な役割を果たさなければなりません。

繰り返しますが、国際紛争解決の最終手段が戦争なのです。戦争の当事者は主権国家です。私人が武力を行使すれば単なる犯罪になります。自衛の行使は正当防衛として一般的には合法とされます。しかし、無差別な武力行使や他人の権利を侵害する行為は犯罪とされます。戦争は国家が主体で、国の存亡を懸けて行うものです。人命と膨大な物量を巻き込む高度な国家事業なのです。そのため戦争は、ある日突然起こるものではありません。1979年の暮れには、旧ソビエト連邦がアフガンに侵攻しました。そのため日本では、次に北海道へ攻め入ったらどうするのかという議論になりました。しかし、戦争は国同士の紛争があって、解決できない場合に起きるのです。当時、ソビエト連邦から北海道の割譲などの申し入れはありませんでした。

また日本も、北方領土の武力による奪還を考えてはいません。従って、二国間で戦争をしなければならないほどの紛争が存在していないのですから、ソビエト連邦の北海道侵攻はあり得ない話です。現在の日本で領土紛争といえば、ロシアとの北方四島、中国とは尖閣諸島、韓国とは竹島の領土問題です。ただ、領土的価値と軍事的に衝突するリスクの比較で、互いに武力では争わずに領土の正当性を主張しているだけにとどまっているのです。

もし戦争を絶対に回避した上で紛争を解決しようとするなら、紛争国の要望を全て受け入れるしかありません。もちろん領土の割譲には、そこにいる住民の生殺与奪権も含まれています。それを受け入れるのであれば、紛争は解決したことになるので戦争にはなりません。もちろん平和的な解決を目指して交渉するのは当然です。それでも紛争を交渉で解決できない場合に、戦争を回避する究極の選択肢は、相手の要求を受け入れるしかないのです。これが厳しい現実です。

沖縄離島への自衛隊の駐屯やアメリカ軍との演習を反対する人がいます。しかし、地域の平和と安定を維持するために、自衛隊やアメリカ軍の存在が重要な役割を果たしているのは明らかです。自衛隊やアメリカ軍による防衛は、現時点で他国の侵略を防ぐ最も効果的な対策の一つであると言えます。もし他国から侵攻が始まれば、侵略側にジェノサイド（民族の大量虐殺）の意図がなかったとしても、相当数の民間人が犠牲になるでしょう。これは、ウクライナへのロシアの侵攻を見れば明らかです。単に反対するだけでは、そのような事態を防ぐことはできません。そのため国民は地域住民の負担が少なく、且つ抑止力となる方法を国に求めていくしかないのです。

ただし他の選択肢に希望がないわけではありません。戦後の日本は、70年以上にわたり平和憲法に基づいて、他国との交渉を平和裏に解決してきました。もちろん致命的な紛争がなかったことや、日米安保条約が寄与していることが、その背景にあることは間違いありません。しかし、日本の平和に対する絶え間ない努力が、いつか世界の手本となる日が来るかもしれません。平和的解決策の模索や、絶対に戦争に訴えずに、紛争を解決しようとする姿勢が大事なのです。そのためにも、戦争反対という言葉で全てを閉ざさず、戦争の本質について学んでいくべきではないでしょうか。

本来は、国際紛争の最終解決手段である、戦争を防ぐことが一番重要なことなのです。このようなことを踏まえて、太平洋戦争などの歴史を見れば、また違った見方ができるかもしれません。国内でも海外でも、歴史への理解が深まるでしょう。

仕事力とはかけ離れたテーマのように思われるかもしれません。しかし、正しい知識を持つことが、いかに重要であるかを理解していくことが大切です。仕事力を養成するには、専門知識の習得や技量の研鑽は欠かせません。しかし、幅広い知識を持つことで、着眼大局（広く物事を見て、その要点や本質を見抜くこと）の判断力が身につきます。一見関係性がないように思えることでも、その本質まで理解することで、専門性の奥深い領域まで到達ができるのです。

第五章　注意しておくべきポイント

出世は運？

会社に勤めれば、出世に無関心ではいられません。出世を目指す人もいれば、出世そのものを目指さない人もいます。ただ、役職に就くことで得られる影響力を通じて、自分の理想とする職場や仕事を形作るチャンスが増えます。もちろん収入も増えていきます。しかし、どうすれば出世できるのでしょうか。運不運によるところもないとは言い切れません。その辺りを、ここでは説明していきます。

まず、会社の変遷について振り返ります。その理由は過去から学ぶことで、現代の自分の働き方を見直し、さらなる改善につなげることができるからです。１９５０年代から１９６０年代前半、役員は「重役出勤」（始業時刻より大幅に遅れて出勤すること）、平社員は「休まず遅れず働かず」（文字通りミスをしなければ大して働かなくても許容されること）という言葉が使われていました。この頃は戦後の会社黎明期ともいうべき時代です。喜劇映画の『社長シリーズ』や『無責任シリーズ』などが象徴的でした。資本があれば会社が設立でき競争も激しくなく、のんびりとした資本家の時代といえるでしょう。１９６０年代後半から１９８０年代前半頃までは競争が激化していました。しかし、分かりやすい時代でした。毎日、残業して土日出勤当たり前の「モーレツ社員」が評価される時代です。この頃は難しいことを考えなくても、人より余分に働けば成功していたのです。高度成長期として、ストレートに仕事量で他者と差別化ができる、いわゆる量の時代でした。例えばトヨタディーラーの№1営業マンは、1日100件の家庭を訪問するだけで成果を得られたと自伝に書いていました。今のように厳しいセキュリティがあるマンションではなく、戸建て一軒家ばかりです。声さえかければ家人が出てきて、玄関先で名刺やパンフレットを渡せる家が大半でした。

現代では、以前ほど「人」「モノ」「金」に絶対性はなく、「アイデア」「情報」「スピード」が重視されるようになりました。特に革新的なアイデアを生み出す能力や、情報をスピーディに入手できる力が求められています。資金がなくてもクラウドファンディングなどで、必要な資金を集められる時代に突入しました。現代はさまざまな要素が難解な形で絡みあっており、業務も多岐にわたり複雑となるため、ストレスが溜まりやすい時代です。それを防ぐためにワーク・ライフ・バランスなどが叫ばれています。シリアスなドラマ『半沢直樹』が流行したのも時代を反映しているのかもしれません。

さて、近未来はどうなるのでしょうか。ＡＩやデジタル化が更に進化し、例えば適切な人材配置や事業計画の策定などの創造性を必要とする業務にも、大いに影響を及ぼしているかもしれません。いずれにしても、その時代に求められるものを身に付けていくしかありません。

なお、現在の役職で求められるものとして、課長は秀でた業務遂行能力、部長は組織を動かすマネジメント能力です。本部長や取締役は先見性と人を惹きつける人間力が求められるため、卓越した見識と豊かな人間性が必要です。そして、その時代に求められるものを実現できると目された人が、社長に就任します。

ちなみに、JR九州の元社長である唐池恒二相談役（2024年4月30日現在）は「会社員が部長になれるかどうかは実力6割、運4割だと思う。役員就任は実力4割、運6割に逆転する。社長になるかどうかは運が9割ではないか」と日本経済新聞の「私の履歴書」で述べています。自分自身が本流である鉄道事業の経験が少ないにもかかわらず、トップになったキャリアからの率直な感想かもしれません。

人が評価し、時代に求められる人材が重要な役職に就いて出世していくとなれば、実力だけではなく運も必要です。実力は努力することで身についていくものです。しかし、運は「運不運」というぐらいで、当てにできないものです。しかし、ひたむきに努力を続けていくと、それを見ている誰かが成功への扉を開けてくれるのかもしれません。それを運と呼ぶのかもしれません。以前にも説明していますが、「いつ来るとも限らない機会」に備えること（57頁）が大事なのです。もちろん、その機会が来ない可能性もあります。しかし、備えるために努力することで、仕事力として確実に力が蓄えられていきます。この力は消えるものではありません。目の前の成功のためではなく、自身の実力向上のためと考えて備える努力が大事なのです。

なお昇格の基準は、卒業試験と入学試験の組み合わせのようなものです。現職務を申し分なく遂行し、且つ上位の業務をこなせる可能性が高いと評価されている人が昇格していきます。会社の規模により昇格委員会等で判定したり、役員会で決定したりと、さまざまです。ワンマンのオーナー企業でない限り、昇格は原則として全会一致で決まります。全会一致とは、誰か一人でも反対する人がいたら否決になるということです。多数決での決定はしません。人事案件で反対意見を抑え込むと、根深い禍根を残すことにもなりかねないからです。その上、多数決で昇格決定した人に問題が起きれば、賛成した人だけに責任が発生する可能性もあります。しかし、全会一致なら、そのような問題は起こらないのです。このような昇格のルールが分かれば、昇格に関する関係者の中に反対者をつくらないことです。日本で稀代の宰相と言われた田中角栄元総理の名言で「味方を増やすより敵を作るな」という言葉がありました。尋常高等小学校卒業の学歴ながら、総理大臣にまで昇り詰め「今太閤」と呼ばれた人の言葉として、敵を作らない心がけが非常に重要であることが理解できます。

一般的に、昇格すると収入も増えますが、責任も重くなります。業務の難易度も上がるので、自身の能力と役職のバランスが取れなければ、維持することができない厳しい世界です。役職に見合うように努力するしかありません。大相撲の世界では本場所の勝ち負けが地位に直結します。負け越せば番付が下がるのです。ただし大関は二場所連続して負け越さなければ大関の地位が守られます。横綱は一旦横綱を張れば降格することはありません。かなり優遇されているように思えますが、そうではありません。横綱は負け越すことがないのです。つまり負け越すような状況になれば、休場あるいは引退するからです。もちろん休場が続けば引退するしかありません。そこが大関以下とは大きく違います。その理由は横綱が単なるチャンピオンではなく、チャンピオンの中のチャンピオンである、グランドチャンピオンだからなのです。どの世界でもチャンピオンが負けても引退する必要はありません。リベンジする機会が与えられます。大相撲の世界では大関がチャンピオンに当たります。そのため大関はただ勝てば良いのです。しかし横綱は横綱相撲を求められます。横綱相撲とは、ルール違反ではないにしても、立ち合いでの変化や、かち上げや張り手などを使わず、下位の力士の挑戦を正々堂々と受けて立って勝つ相撲のことです。歴代最多幕内優勝など数々の記録を残して大横綱となったのは白鵬関です。しかし、晩年の相撲に対する世間の評価は、大変厳しいものでした。それは勝っても立ち合いで張り手やひじ打ちなどを頻繁に使っており、いわゆる横綱相撲ではなかったからです。会社も地位が上がれば、求められるレベルが高まります。課長としては評価が高かったものの、部長に昇格した途端に評判が悪くなる例は少なくありません。焦らず慌てず実力を着実に身に付けていき、会社ではどの地位になっても、常に横綱相撲を追求してほしいものです。

出世は他人（上司や周囲）の評価によるものであり、場合によっては自己評価と他人の評価とに乖離が生じることがあります。会社には個人の業績評価のフィードバック制度があり、上司と面談する機会があれば、真摯に説明を受けることです。もちろん自己評価と上司の評価が異なる時は、まず自己評価の根拠を整理し、それを上司に伝えて、理解してもらう努力が必要です。そして、上司に評価理由を尋ね、自己改善の指標を得ることも重要です。

人事評価や異動の決定は一部の人に委ねられることが多いため、常に妥当な判断がなされるとは限りません。ただし、評価制度を透明化したり、フィードバックを頻繁に行ったりすることで、公正さを向上させる努力をしている会社も少なくありません。その結果、「管理職が優秀な理由」にも記載しましたが「衆目の一致するところ」（116頁）というところに落ち着いていきます。短期では理不尽な評価であったとしても、長期的な視野に立てば、正当な評価に近づくのです。時には自分が望まない状況や仕事であったとしても、多くを学び成長することもあります。日々、どのような環境でも、やりきることが大事なのです。

さて、自分に甘いのが人間といえます。自分の方が実力としては勝っていると思っていた人物が実は自分とほぼ同等であり、自分と同等だと思っていた人物が実は自分より実力的に上であることは少なくありません。このようなことを自分に言い聞かせ、謙虚さを忘れないよう心がけることも肝要です。出世は順調というだけではなく、時には理不尽に思える結果もあります。出世が遅れたとしても、腐らず真摯に取り組むことができるかどうかで、人間としての真価が問われるのです。左遷からカムバックしてきた人は、例外なく左遷先で腐らずに活躍してきているのです。

ここで『菜根譚』（守屋洋著）の名言を紹介します。「逆境は良薬、順境は凶器」という項がありあります。その意味は「逆境にある時は身の回りのもの全てが良薬となり節操も行動も磨かれていくのです。また順境にある時は、目の前のもの全てが凶器となり、体中を骨抜きにされても、まだ気づかない」と説明されています。これを出世で考えれば、左遷・降格した時には周囲も同情して応援しようとしてくれる人が出てきます。決して逆境ではなく自身を磨くべき時です。逆に栄転・出世した人は周囲に妬みや嫉みがあり、目の前のものは全て凶器となっており、有頂天になって驕り高ぶっているとぼろぼろにされてしまいます。しかし、それに気づかないのが本人だということになります。

栄転しても左遷となっても一喜一憂せず業務に取り組むべきです。しかし、実情として感情が動くのは当然です。しかし、自らがそれを理解し、感情をコントロールしながら物事に取り組むことが重要なのです。どちらの状況に置かれたとしても、本人が思うほど良くも悪くもありません。しかも当の本人がそれを知らないという点も、この『菜根譚』の言葉を忘れてはならないところです。

さて、出世の目的は何でしょうか。人それぞれ違うでしょう。昔風にいえば富や名声の獲得もあるでしょう。しかし出世するには、大変な労力を長い時間にわたり積み重ねていかねばなりません。その厳しさは尋常ではありません。私利私欲だけで続けることは不可能です。

以前にも説明しましたが、出世は目的ではなく、あくまで手段です。社長を目指すのは目的ではなく、手段のための目標にしなければ、その地位を維持する厳しさに耐えられません。出世するために努力するのではなく、目的達成（自己実現）のために、努力することが正しい考え方なのです。もちろん、その目的とは、人のため、会社のため、世のためといった崇高なものでなければ続けられません。ただお金が欲しいなど、自身の目の前にある卑近な欲望だけが目的であれば、厳しい環境を長期間にわたって耐えられるものではありません。

マネジメント力を伸ばして昇格（出世）を目指す道もありますが、専門力を生かしてスペシャリストを目指す道もあります。それぞれ自分の特性を見極めて進むべき道を考えてもよいでしょう。スペシャリストが社長よりも評価が高くなる場合もあります。旭化成の吉野彰名誉フェロー（2024年9月13日現在）のケースなどは、その代表的な例です。旭化成の社長の名前は知らなくても、ノーベル化学賞を受賞した吉野彰名誉フェローの名前は世界でも有名です。

会社の組織は木に例えられます。中心となる幹は経営層、管理職は枝、一般社員は葉、根は専門職というところでしょうか。幹が倒れたら木は枯れてしまいます。経営判断を間違えば、会社は倒産するかもしれません。葉は数多くあり一枚抜けても大勢に影響はないように見えますが、光合成を司る重要な役割を担っています。一般社員も同様です。数多くの社員が売り上げとなる具体的な活動を支えています。枝はその葉と幹をつなぐ重要な役割を果たしています。管理職が経営層と一般社員をつないでこそ、会社は機能するのです。根は日の当たらないところで、しっかりと水と栄養分を吸い上げています。会社では研究職や技術職など専門職の力量が、会社の深みともいえる底力を創り上げています。幹も枝も葉も根も、いずれもなくてはならない存在なのです。会社の全ての役職員も同様です。個人個人で見れば一人しかいない社長の方が重要に見えるかもしれません。しかし、経営層、管理職層、一般職層、専門職層とそれぞれの階層で見れば、全て等しく重要で必要不可欠な存在なのです。

経営に携わるゼネラリストの道も、研究や職人といったスペシャリストの道を選ぶのも、それぞれの人生でしょう。しかし、どの道を目指すにしても、弛まぬ努力が必要です。そして、その努力こそが出世運を招き寄せるのです。そのことを忘れないでいただきたいものです。

学歴は必要か（料理人のエリートコースは？）

出世の話とくれば、学歴の話を避けては通れません。もちろん出世の要件には、スキルや能力が学歴以上に重要です。それらがバランスよく評価されるのが現代の会社環境です。だからこそ学歴についても、よく理解しておくことが必要です。

半世紀前なら有名大学卒は確かにエリートコースを歩みやすかったのです。しかし、現代では学歴だけでなく、スキルや経験、個々のパフォーマンスが評価基準に加わっています。つまり、学歴が道を開くことはあっても、それだけで成功することは難しくなっているのです。

以前は新入社員の募集では指定校制度を採用している会社もありました。学歴による採用は終身雇用と合わせて、会社の人事制度として確立していたのです。しかし現代は、大学卒がそのままエリートとはされず、終身雇用も薄れてきています。もちろん今でも学歴によるエリートコースというものが存在している会社もあるでしょう。ある大手金融機関では、入社時からエリートたちの配属先は、他の一般行員とは違っていたそうです。ただ、ここで勘違いしてはいけないことは、単純に学歴が全てではないということです。この金融機関の話であれば、入社試験の成績で抜群の評価を受けていたものと推察されます。その証拠に同じ大学の同じ学部から入行した二人のうち、一人がエリート向けの配属先で、もう一人は一般向けの配属先でした。

また違った例で料理人は中学卒で、その道に入るのがベストだそうです。一流割烹の経営者がテレビ番組『平成の金の卵たち～料理人を目指す中卒物語～』で説明していました。なぜなら15歳から20歳頃は味覚が一番発達する時期だからという理由です。その時に料理の修業をすることで、料理人としてのスキルが一番身につくと言われています。その観点からすれば、料理人のエリートコースは中学卒といえます。もちろん、学校に行かないから、勉強をしなくて良いというわけではありません。料理は文化とともに進化してきたのですから、歴史を学ぶ必要があります。フランス料理やイタリア料理を目指すなら、それらの言語にも堪能でなければ、神髄には触れられません。もちろん料理の材料に対しても、深い造詣が必要です。

学歴は半世紀前までとは違い、エリートを目指す資格や勲章ではなくなりつつあります。学校は実力を養成する場所として、本来の役目に戻ろうとしています。もちろん有名一流大学を卒業していれば、本来の頭の良さもさることながら、厳しい大学受験を乗り越えてきた気力や体力も評価されるでしょう。そのため、就職試験での優位性は、今後も残るかもしれません。しかし終身雇用が崩れつつある現代では、学歴だけの優位性で長い会社生活を、乗り切ることは厳しいといえます。やはり、この本で説明している「仕事力」を身につけなければなりません。

話は逸れますが、義務教育は中学校までと定められています。これは中学校を卒業すれば一応社会で生きていけるだけの基本的な知識が身についたと国が決めているからです。それ以降の高校や大学、大学院などは、それぞれの目指す社会へ巣立つための助走期間ともいえます。ただ昔の大学生活は例外があるにせよ、社会に出て自立した生活をするまでの一時的なモラトリアム（猶予期間）として、青春を謳歌し過ぎていたようにも思えます。「大学はレジャーランド」と呼ばれた時期（１９８０年代）もありました。しかし社会が大きく変貌し、進化の激しい現代においては、この貴重な時間を、将来に向けての研鑽に使わなければなりません。具体的な人生の目標（進むべき道）を見つけて、社会に出た時に力を発揮できるように取り組むべきです。

江戸時代に発達した寺子屋は、熱心な子どもでいっぱいだったと言われています。なぜなら自分が目指す社会にとって、必要なことだけを教えてくれるからです。例えば大工を目指すなら、読み書きについても、大工として必要なところだけを教えたそうです。寺子屋の子どもたちのモチベーションが高いのは、学ぶべき必要性が理解できていたからです。小学生に、本を読みなさいと言ってもなかなか読みません。しかし、新しく買ってもらったゲームの取扱説明書は、熱心に読んでいます。ゲームで遊ぶのに、必要だと分かっているからです。

もちろん複雑な現代では、一見関係ないようなさまざまな知識までも習得しないと、社会で生活していくのは難しいかもしれません。しかし、この寺子屋の「実感できる学び」の手法を学校でも導入すれば、学校生活も大きく変わる可能性があるでしょう。例えば中学で学ぶ数学に「ピタゴラスの定理」があります。数学ライターの鯵坂もっちょ氏がテレビ番組（BSよしもと『ジュニア、伺う』）で、ピタゴラスの定理を使えば、水平線までの距離が計算できると説明していました。このような具体的な利用例まで説明されれば、興味を持って授業に取り組めるのではないでしょうか。表現することの楽しさを教えず漢字の書き取りだけ重要視する国語の授業。外国人との会話もせずに英単語の丸暗記の英語の授業。歴史的な意味や意義も説明せずに発生した事柄と発生年だけを記憶させる日本史と世界史。どこに、モチベーションを保つ部分があるのでしょうか。大人でもこのような授業なら、居眠りをしてもおかしくありません。

余談になりますが、本来の教師の役目や目的は授業をすることではなく、児童や生徒に知識や技能を身につけさせることです。その観点に立てば、試験の結果が悪いのは児童や生徒にも問題があったとしても、授業の進め方に改善すべき点はないかと考えなければなりません。仕事で業績が上がらなければ、仕事の仕方に問題があると考えるのと同様です。試験の結果から児童や生徒を叱責するのではなく、教師は自分自身にベクトルを向けて授業の進め方や説明の仕方を改善するように工夫するべきと言えます。

もちろん公立私立にかかわらず、児童や生徒たちから興味を持たれるような魅力のある授業をされている先生方も多いでしょう。また有名校と評価の高い学校の中には、海外からの留学生との交流や海外短期留学などで、語学の必要性を理解させるなど工夫をしている学校もあります。できることならば、このような学ぶ必然性や効果などが理解できて、子どものやる気を出させてくれる先生や学校が数多くなることを望みたいものです。

さて話を戻して、入社に際して企業が最低限求める学歴水準はあるかもしれません。しかし、それ以降は学歴だけでは生きていけません。特にビジネスキャリアがミドルクラスになれば、情報力や思考力の重要性が増すため、学校で学んだ知識や記憶力だけでは勝負になりません。何と言っても、インテリジェンス（知識も含めた情報力と思考力）が必要です。その上で、目配り、気配り、心配り、感受性が重要とも言われています。つまり、細かい点にまで注意を払って相手を気遣う心や相手のことを思いやる心、相手のためになる行動をしようとする心、そして周囲の刺激や印象を敏感に感じ取るという能力が重要なのです。

学歴があるからといって、驕り高ぶらないように謙虚に取り組むことが大事です。また、逆に自分自身の学歴にコンプレックスを抱いて、努力することをあきらめてはいけません。自分で自分に期待できなくなれば、自身の成長に制限をかけてしまいます。いずれにしても自分を信じて、自身の奥底にある力を磨き上げてください。学歴より重要なのはこのマインドなのです。

給料を増やす3つの条件

会社に勤めたら誰もが気になるのは給料です。給料を上げる一番簡単な方法は出世することです。しかし「出世は運?」の項でも説明しましたが、出世には運不運が伴います。また心身を削って家庭を犠牲にしてまでも、出世したくないという人もいるでしょう。そこで出世をしなくても給料が上がる方法を説明します。それには3つの要件をクリアすることです。ただし、その前提条件として、労働分配率が一定であることです。

労働分配率とは企業の付加価値(売上利益)に占める人件費の割合のことです。簡単に説明すると、会社が儲けた利益のうち、どのくらいが給料(人件費)に使われるかの比率を表しています。つまり会社が稼いだ利益のうち、人件費に配分するお金の割合のことです。時代や会社の状況や経営者の考え方で、労働分配率は変動するかもしれません。仮に業績が変わらない中で分配率だけが高くなれば、今の働きのままで給料が上がることになり、社員は大喜びできます。しかし、会社としては単純に人件費コストが上がり、収益率を悪化させることになります。一般的に考えて、収益率を下げて会社の体力が落ちるようなことを、株主や経営者は容認するでしょうか。多くの株主は投資している株式に対する高配当を求めています。その目的を阻害するような、収益悪化につながる労働分配率のアップは反対するでしょう。株主の負託を受けている経営層も、会社の収益が落ちるようなことを積極的に行うことはありません。他方、業績が変わらない中で労働分配率を下げて給料を減らすと、優秀な人材を確保・獲得できず、また社内の勢いやモラルが低下します。そのため、一般的に外的要因がない場合の労働分配率は一定として、社員の給料が上がる方法を考えていくしかありません。

なお、２０２３年１月に、政府は経団連など経済３団体に賃上げを要請しました。これは極めて異例なことです。賃上げは各企業の業績により、各企業が独自に決定するべきものです。しかし、政府が要請するということは、それだけ日本の賃金レベルが抑えられているということでしょうか。各企業の人件費が過去と比較して、抑制されているか否か判断する方法は簡単です。先ほど説明した労働分配率の各社の推移を見ればよいのです。上場企業は有価証券報告書で業績を公表しているため、労働分配率の推移の把握は可能です。そうすれば人件費を抑えているのか、そうでないのかは明白となります。非上場であっても決算書を見ることができれば一目瞭然です。賃金レベルの推移は、そこに勤める人たちも、把握しておく必要があります。

さて労働分配率が一定として考えれば、まず会社及び自身の生産性を高めることです。会社の経費は固定費と変動費に分類されます。固定費を変えずに売り上げを増加させることが、生産性を増やすことになります。つまり人員を増やさず残業も増やさず、売り上げを伸ばすことです。よくある例は、業績好調で残業が増えて、予算達成した時のことです。これだけ残業したのだから、給料を上げて欲しいと考えるのが当たり前かもしれません。しかし、残業したことについては、残業代の支払いで会社は対応しています。残業代を支払っていることで人件費は増大しており、思っているほどの利益になっていない場合もあります。そのため、まず基本的な目標は定時退社で業務予算を達成することです。そして、その次のステップとして定時退社で残業をしないで予算以上の実績を上げるのです。それでこそ、初めて生産性が向上したといえます。

次に生産性が向上した状態を3年以上継続することです。もちろん会社全体の生産性も個人としての生産性も両方です。給料というのは日本の場合はいったん上げると、なかなか下げることはできません。一年だけ生産性がアップしたからといっても来年どうなるかわからなければ、安易に給料を引き上げることはできないのです。その代わりに単年度の業績に連動した対応として、一般的には賞与があります。しかし、3年以上連続で生産性を向上させていけば、賞与だけでなく給料の向上にもつながるはずです。プロ野球選手は活躍すれば、契約更改で翌年の年俸はアップします。その金額は継続して活躍した選手ほど大幅にアップしています。これなどは信頼性がいかに大事かを表しているものです。会社も3年以上の継続した生産性のアップが信頼性につながります。

最後に、自分自身のスキルや専門性を高めることです。仮に3年連続で生産性が上がったとしても、実は新しい機械の導入が要因であったとします。もう少し安い人件費の社員を雇っても十分に対応が可能となれば、収益確保による株主配当のためにも、給料の増額は認められないかもしれません。そうならないためにはマニュアルを改定し続けるなど、自分自身の絶対領域をつくり、余人をもって代えがたい存在になることが重要です。そうなれば、個人としても生産性の向上が認められることになります。

給料について、おおよそのところを説明しました。要はこの本で伝えてきた、それぞれの業務について自分たちで創意工夫を凝らしていくことが大事なのです。そして、何かしらの改善が積み重ねられれば生産性が向上して待遇に跳ね返ってきます。短期で賃上げを期待しても叶えられません。それは、よほどのことがない限り、単年度の業績が悪化しても簡単に賃下げされないからです。「石の上にも三年」と言いますが、三年間、生産性の向上を継続させることが大事なのです。

「鶏口となるも牛後となるなかれ」は本当か

「鶏口となるも牛後となるなかれ」ということわざは、小さい組織であっても、その中で長となる方が、大きな組織で一員として付き従うよりも良いということです。つまり、小さい組織でリーダーシップを取ることが、大きな組織の一部として単に指示を受けるよりも、自己成長、影響力、そして達成感につながるという意味です。

大企業に属するべきか、中小企業で腕を振るうべきか、それは重要なテーマです。２００４年に出版された『一匹狼で成功する人　賢い羊で生き残る人』（南渕明宏・和田秀樹共著）では、会社を飛び出し、自分の実力だけで生きていく「一匹狼」の道を選ぶか？　会社にいながらにして上手に自分の実力をつけ、会社から決して手放したくないと評価される「賢い羊」の道を選ぶか？　をテーマにしています。これから就職する学生だけではなく、既に会社員となっている若手ビジネスパーソンでも、一度は考えるかもしれない問題です。小さい組織でリーダーシップを取ることは、自己成長や影響力、達成感を得やすい一方、大きな組織には安定性や豊富なリソースといったメリットがあります。それぞれの組織には一長一短があり、自分に合った道を見つけることが大切です。

新卒で就職する際、名前の知れた大企業を志向する人が多いと思います。一般的に大企業の方が会社としては安定しており、収入や福利厚生も充実している場合が多いからです。クレジットカードが存在しなかった昔は、現金がなくても大企業の名刺を出せば初めて訪問した飲食店でも、ツケ（その場で支払わず店の帳簿につけさせておき後でまとめて支払うこと）で飲食ができたのです。それだけ大企業の社員でいることに社会的な信頼があったのです。また大企業であれば、豊かなリソースや充実した育成プログラム、そしてブランド力などが利用できるなどの魅力もあります。ただ大企業も良いことだけではありません。数多くの優秀な同世代のライバルに打ち勝たねば出世は望めません。実力だけではなく運不運も伴います。引き上げてくれた上司が左遷ともなれば、その余波が自分にも降りかかってくるかもしれません。上司との相性など、実力や実績とあまり関係のない部分の影響も、少なからずあります。もちろん転勤も多く、家族への負担も少なくありません。しかも、中高年となれば、最近は子会社への出向だけでなく取引先への転職打診や早期退職勧告などにより、実質的な終身雇用が崩れつつあります。

起業やカリスマ性がある経営者の率いる中小零細企業は、大きく成長する可能性が魅力の一つです。ただし、そのような可能性がある一方で、会社の成長が保証されているわけではありません。それでも、リーダーとして自分の道を切り開き、組織を大きく成長させる可能性に魅力があります。今や世界的な企業であるソフトバンクグループを率いる孫正義氏でも、その起業は1980年です。設立当初はまさしく中小零細企業であったでしょう。創業初日の朝礼でミカン箱の上に立ち、アルバイト2人を前にして、将来の目標を掲げて挨拶したことは有名な話です。

起業して独自の道を進むか、あるいはカリスマ性を持った経営者に仕えるか、いずれでも事業を拡大していく喜びは何事にも代えがたいといえます。そのため早く勝負に出たいと、はやる気持ちを抑えられないかもしれません。また、伝統のある大企業でいわゆる修行をしてから、独立する道もあるでしょう。あるいは、そのまま踏みとどまって、大組織のリーダーを目指すのも良いでしょう。どの道を選ぶかは、各々が自分で判断し、最終的な決断を下す必要があります。しかし、それは自分の力だけで判断するという意味ではありません。専門家や周囲のアドバイスを活用することも重要です。その上で、決断に対する責任は最終的には自分にあるという意識が必要です。いずれの選択にも必ずリスクが伴います。結果は、常に予測可能なものばかりではありません。だからこそ自身の選択に対して、できるだけの情報を集めるのです。そして十分な考慮を経て、自分で判断し、アクションを起こすことが求められます。そして、いかなる結果が出ても、それを学びの経験と捉え、次に生かしていくことが大事です。たとえ失敗したとしても、やり直すことは可能です。覚悟を持って決断してください。

起業や中小零細企業で経営に参画する鶏口となるか、大企業という組織の中で牛後であっても辣腕を振るうかは、「学校の本当の価値」の項（40頁）でも説明しましたが、好きか嫌いかと得手不得手で自分に合う道を模索すべきです。そして「鶏口となるも牛後となるなかれ」は決して大企業の社員より中小零細企業の社長になれと勧めているのではありません。どの部署にいても「寄らば大樹の陰」ではなく、それぞれが得意とする場所で、リーダーシップを発揮することを奨励していることだと理解してください。反省をすることがあったとしても、ぜひ後悔のない選択をしてほしいと願います。

後悔をしない会社選びの基準

ところで、後悔をしない会社選びの基準とはどういうものなのでしょうか。単に大企業であることや待遇の良さだけで判断しては、悔いの残る結果になることも少なくありません。日本を代表するような大企業であっても、倒産や他の企業に吸収されることが珍しくはない時代です。これから就職活動をする学生の皆さんの参考にもなるように説明します。

せっかく勤めるのであれば、末永く活躍できる会社を選びたいものです。そのための選ぶ基準としては、社会にとって必要とされる仕事をしている会社であることが条件といえます。例えば社会的な有用性や価値観があり、その業務活動は広いコミュニティの利益に資するといった点があるか否かです。また、それぞれの会社の本質を社員が理解できている会社でなければなりません。つまり社員が企業のビジョンやミッション、価値観に深く共感し、それを具現化する行動をとることができているかどうかです。この2点は絶対条件です。現在の形だけにとらわれず、即席ラーメンに安住しない食品メーカー、地域のプラットフォーマーであると理解している鉄道会社、モビリティカンパニーを標榜した自動車メーカーだけではありません。探せば規模の大小にかかわらず、立派な会社はまだ他にも多数存在しているはずです。その個別企業の本質を理解して、本質に沿った活動を会社がしているか否かを見極めれば、必ず立派な会社に巡り合えます。

それに加えて、全てを大事にする会社です。社会、得意先、仕入先を大事にし、職場と社員を大事にする会社を選びましょう。もちろん社員を大事にするといっても、社員を過度に優遇することではありません。なお、現在業績が良くても、また規模の大小にかかわらず、信用を損なうようなごまかしを平気でする会社、取引先を条件だけで簡単に切り捨てる会社、職場が雑多で整理整頓ができていない会社、社内の上下関係が異常に厳しく、社員同士もギスギスした様子であるなどは、立派な会社とは言い難いといえます。これらは対外的な情報や、会社訪問などで、ある程度は把握できます。また離職率が異常に高い会社も、社員を大事にしていない可能性があります。それらをクリアしている会社で、なお且つ、自分に合うと思われる会社を探すのです。自分自身に合うか否かを条件面も含めて総合的に検討します。これから就職を考えている学生の皆さんには、ぜひ覚えておいてほしいところです。

ただし、これは現在勤めている人に勤務先のあらを探して、転職を勧めている話ではありません。勤務先が、全ての項目で合格点という会社は少ないかもしれません。要は自分たちが、より望ましい会社にしていくように、個別具体的な課題改善の努力を勧めているのです。学校は修業年数が決まっており、在学期間はあっという間に過ぎていきます。それでも学校改革をしている生徒や学生がいます。会社も定年はあります。しかし、定年まで勤務するとすれば、決して短い在籍期間ではありません。自分たちの会社を、自分たちで良くしていく気概を持つことを忘れないでください。

採用面接で必ずするべきこと

会社選びの基準を説明しましたので、採用についても少し説明します。会社は学校と違い試験の成績の順だけで、採用の合否を決定するわけではありません。業種や職種、社風などで、その会社に合う人や、その年に必要なタイプがあるからです。

１９７０年代に学生の就職に関して、ある都市伝説がありました。サッポロビールの最終の重役面接での話です。受験者の一人が役員の質問に一切答えなかったため退場を促された時に「男は黙ってサッポロビール」（当時のサッポロビールの大ヒットしたＣＭ）と一言だけしゃべって退席して、内定を獲得したという話です。もし本当なら、ユーモアのセンスなのか度胸なのかは分かりませんが、どこかが評価されたのでしょう。また当時、文系の大学生で一番人気の高かった企業が東京海上火災保険（現東京海上日動火災保険）です。ここでは会社訪問解禁日の前日の深夜から訪問希望の学生が本社の前に長蛇の列を作っていました。そこで1番最初に並んだ学生は内定をもらえるらしいと、まことしやかにささやかれていました。こちらも、仮に事実なら志望の熱心さが評価されたということでしょうか。いずれの話もあくまで都市伝説であり、事実かどうか定かではありません。しかし都市伝説になるということは、学校の合否と違う採用の基準があると、多くの人が考えていることを示しているともいえます。学校の入試では推薦制度や芸術・スポーツ系などを除いて、入学試験の点数という数字によって合否が決まります。しかし、会社では履歴書の内容や受験者のキャリア、第一印象や面接での受け答えなどを、人が総合的に評価・判断して採否が決まります。評価基準は各社ばらばらです。業種や会社の歴史や規模、社風によっても異なります。ただ、共通して重要視されているのはコミュニケーション能力です。文系だけではなく理系採用が主な一部の企業でも例外ではありません。理系の技術職の採用であれば関係する分野の成績で選びそうですが、社内でのコミュニケーションが図れる人材が評価されるそうです。特定の技術能力は、入社後に教育や研修を通じても鍛えられるという観点から、コミュニケーション能力が重視されるのかもしれません。

また最近、増加傾向にあるのがスカウト・逆求人型サービスです。学生が就職情報サイトにプロフィールや長所などを登録しておくと、企業がその情報を見てスカウトメッセージを送るという仕組みです。新たな人材採用の手法として評価されつつあります。企業側からは採用の条件にマッチする可能性の高い学生へのアプローチとして、学生からはスカウトメッセージを受けて知らなかった企業に出会えたとして評価が高まっています。

ただ、スカウトメッセージが来なかったからと言って、自分の価値をネガティブに感じる必要はありません。それはあくまで一つの就職情報サイト上の結果であり、自身の価値を全て反映しているわけではないからです。アタックしたい企業があるなら、悔いのないように挑戦することです。ただし企業や業界の文化やルールによって適切なアプローチが異なる場合がありますので注意してください。なお、学歴についてはファーストコンタクトや書類などの初期選考をクリアすれば、それ以降は気にする必要は全くありません。特に最終面接では、学歴や筆記試験の結果などに合格したから、最終面接まで進んでこられたのです。そこでは、あなた自身そのものが問われる場所です。そこを理解して、ビクビクせずに堂々と挑んでいきましょう。

　もちろん面接の予行演習は必要です。ただし、その目的は自分を実力以上によく見せることではありません。正しい自分を知ってもらうためです。緊張し過ぎて本来の自分の良さを知ってもらえずに、評価されなければ悔いが残ります。面接では、経歴やスキルを正確に伝えます。自身の得意とするところや課題も正しく伝わるような説明や受け答えを心がけることです。面接の質問に対する正解はありません。想定される質問に対して、本当の自分を知ってもらうためには、どのように答えるべきかを考えましょう。もちろんここでも、正解はありませんが不正解はあります。質問に対して的外れな答えや、相当の時間を要して返事をするなどです。打てば響く太鼓のように、ポンポンと返事をする必要はありません。しかしあまりにも時間がかかり過ぎると、その間に質問者が苛立ってしまうことがあるかもしれません。そのため、適切なタイミングで素直な心で答えることが大切です。

　さて、採用の合否は成績だけではないと前述しました。時に、明るく積極的な人が求められる場合がある一方で、寡黙でも緻密なタイプが必要とされる場合もあります。筆者も採用面接に試験官として立ち会った経験があります。その際に会社のメンバーをイメージして、どういう人が入社したら組織が活性化されるかなどという判断も含めて、面接に臨みました。

採用試験では一般常識や専門知識など一定レベルの優秀さは必要です。しかし、その先の採否については会社と受験者の相性が重要であるともいえます。自分がその会社に合うか合わないかを、その会社に判断してもらうのです。素の自分を出して面接に臨み、評価を受けたほうが採用不採用にかかわらず結果的には良いのではないでしょうか。つまり会社の採用面接では、単に優劣だけを判断するものではなく、自社に合うか合わないかも判断しています。そのため、本当の自分ではない部分を過度にアピールし過ぎて、その部分を過大に評価されて採用されたとしても、職場で順風満帆とはいかないかもしれません。採用面接では相手の会社に判断を委ねるのだと割り切ることが大切です。そのように考えて面接に臨めば、結果的に自分らしさを伝えることができるのではないでしょうか。例えば面接で「弊社は第何志望ですか」と質問を受けた際に思わず「第一志望です」と答える人も多いようです。しかし実際のところ面接官は正直な答えを期待しています。正直に「何番目です」と答えても大きな影響はないかもしれません。もちろん第一志望やそれ以外の志望先との明確な違いなども、面接官が納得するような説明を整理しておく必要はあります。面接先も立派な会社として魅力を感じているのであれば、正直な気持ちとして「志望している先は全て魅力的な会社と思っており、最初に内定をいただけたところに対しては、誠意を持って対応したいと考えています」と付け加えればどうでしょうか。もちろん、そのような気持ちを持っていなければなりませんが、あなたの人柄が相手に伝わるように思えます。

不慣れな面接官によっては、不愉快な表現の質問をする場合もあるかもしれません。例えば品のない話題や採否に関係のないようなプライベートに関する質問などです。不適切な質問が、その面接官だけの問題か、会社そのものの体質なのかは見極める必要があります。住友商事では、２０２５年4月に入社する新卒学生の採用面接から、学生が面接官を評価する制度を導入するそうです。この動きが他社にも広がれば、採用面接のレベルがアップされて、正しい評価につながると期待されます。

なお、求人情報誌などでは面接のポイントなどを詳細に説明していますが、盲目的にそれに従うのはどうかと感じます。例えば、２０００年頃の自己アピールの流行りは「やればできる」でした。自己アピールとしては、かなり良いフレーズです。しかし、全員から「やればできる」と熱弁されれば、面接官としては興ざめです。あまりに一般化してしまったせいか、数年後には「負けず嫌い」という言葉を大半の学生がアピールしていました。また「尊敬する人物は」という質問をした際に、なぜか父とか母と答える人も多くいました。家族愛をアピールしたいのかもしれません。しかし、本来この質問の意図は、尊敬する人物とその尊敬する理由を聞くことで、本人の人生観などを知りたいと考えているからなのです。あまりに両親という人が多かったので、次の面接グループには家族以外で尊敬する人と条件を追加して質問したところ、親戚のおじさんだという答えがありました。もしかしたら尊敬する人は家族と言うとプラスだとする風潮でもあったのでしょうか。採用試験に受かりたい気持ちは痛いほど分かります。しかしどうか背伸びをせず、知性と教養を保ちながら、真の自分自身を見出してもらえるような自然体で、面接の受け答えをしましょう。そして面接先の企業に、自分自身を正しく理解してもらえるように、心がけてほしいのです。

仮に面接で自分らしさを伝えられたと自負しても、残念な結果になることもあります。その時はその会社と自分の相性が良くなくて、縁がなかったのだと納得するのです。そして心の中で一言「見る目がないなあ」とつぶやいて、次のターゲットに目を向けましょう。

ヤマアラシのジレンマ

勤務している会社で友人が作れるのかという話についてです。学校では、友達が簡単にできた人も多いでしょう。それは青春という成長期には、切磋琢磨する存在が必要だったからです。その時期に学校という同世代が集まる組織で出会い、しかもお互いの利害関係が少ないから親しくなれるのです。ところが会社では同期入社でも、管理職のポストを巡って、競争することになります。そこには利害関係が生じますから、なかなか親友とはなりにくい存在なのです。しかし、仕事の難しさや上司への不満や会社への愚痴など、そのようなことを話して理解し合えるのは会社の同僚だけです。その上、会社の同僚と勤務時間以外での付き合いを増やすと、新しい視点や情報を得る機会が増え、思わぬプラス面もあるかもしれません。情報交換などもあり、ある程度の付き合いは必要です。ただ、あまりにも関係が近くなりすぎて互いの境界が曖昧になってしまうと、それぞれの意見や違いを尊重することが難しくなるかもしれません。結果として無理な距離感から反発や摩擦が起きることがあります。この状況をヤマアラシのジレンマと呼びます。鋭い針毛を持つヤマアラシは互いに寄り添おうとすると自分の針毛で相手を傷つけ、また相手の針毛で自分が傷つけられてしまうので、互いに近づけないというジレンマに陥るのです。これはドイツの哲学者であるアルトゥル・ショーペンハウワーが寓話として用いた表現とされています。最終的にヤマアラシは試行錯誤して互いの程良い距離を見つけるのです。会社の中でも、心を許し過ぎて自分自身を全てさらけ出してしまい、後悔してしまう可能性もあります。相手に応じて程良い距離を考えながら付き合っていくのが無難です。そういった中でも終生の友と出会えるかもしれません。ただし仕事とプライベートではオンとオフがあります。社内の人との関係でも、ビジネスとプライベートを適切に区別する能力が重要です。

ところで、会社の中での付き合いで、特に注意しなければならないことがあります。それは人の悪口を言わないということです。職場の人に対する不満や文句を、吐き出したい気持ちになることはよくあります。しかし、悪口は意外と本人の耳に届くことがあるのです。人を褒めた話は忘れられても、人の悪口というものは思わぬところで拡がっていきます。誰が誰のことを悪く言ったというのはセンセーショナルですから、水面下でずっと広がっていきます。言った本人がとっくに忘れている頃に相手に伝わり、敵対心を持たれることにもなりかねません。悪口は「百害あって一利なし」です。もし職場関係の人物評価の話題になった時には、誰に対してでも悪い評価を出さずに褒めることにするのです。よく注視すれば、どこか良い点が見つけられるはずです。どうしても快く思えない人物であったとしても、ネガティブな評価をしないように気をつけて中立的な感想を述べるだけにとどめます。そうすれば、悪口を言っているわけではないので、対人関係において大きな問題が起きることは少ないでしょう。会社では100人の味方を作るより、1人の敵を作るなと言われます。これは昇格の時に大きく影響します。昇格の審査をされる場合に99人が賛成しても1人の猛烈な反対があれば昇格は見送られます。しかし、逆に強力な推薦者が1人しかいない状況でも、その他の人々からの反対意見がなければ、昇格する可能性が高まります。これは昇格だけではなく、社内のあらゆることにも繋がります。この論理をゆめゆめ忘れなきように。

「人を恋うる歌」の裏の意味

ところで友人を選ぶ基準というものがあるのでしょうか。人それぞれです。しかし、歌人で有名な与謝野晶子の夫で、同じく歌人でもあった与謝野鉄幹が作詞した「人を恋うる歌」が参考になるかもしれません。

「友をえらばば書を読みて六分《りくぶ》の侠気四分の熱」

友達を選ぶなら、どういう人が良いかを示したものです。「書を読みて」とは本を読むということですが、当時（１９０１年）の意味としては勤勉であることでしょう。次の「六分《りくぶ》の侠気」とは弱い者を助ける男気がある、最後の「四分の熱」は熱血漢という意味です。まず真面目で勤勉で、次に義理人情に厚くて、最後に情熱を燃やしている人となります。

なかなか、そのような人物に巡り合えることは、少ないかもしれません。しかし「類は友を呼ぶ」と言います。自分自身を磨いて魅力的な人間になっていけば、同じような人に巡り合えるかもしれません。当時の時代背景もあり、男性が主な対象とされていますが、現代社会においてこの基準は男女を問わず適用されます。人間として、真面目で優しくて情熱的な人がいたなら、魅力的というしかありません。

しかし、これにはおそらく裏の意味があるのです。与謝野鉄幹ほどの人物が、単に友人を選ぶ基準を歌にするというだけでは、傲慢であり不自然過ぎるように感じます。同氏は慶應義塾大学の教授として13年間奉職した教育者でもあったのです。この歌詞の本当の狙いは、相手に求める要件ではなく、自分自身が身につける規範を指摘しているのではないかと思うのです。良い人には良い友達が集まるという一つの真理があります。しかし良い友達を選ぶには、まず自分自身が良い人にならなければ、選ぶ権利も選ばれる資格もありません。友を選ぶ基準を歌にしながらも、実は自分自身が目指すべき基準であるという意味を込めた歌であると受け止めるのです。そのように理解すれば、教育者が創った歌であるとの整合性が取れており合点がいきます。

ちなみに、その歌の歌詞の前段が結婚に関する部分です。

「妻をめとらば才たけてみめうるわしく情けある」

妻をめとるとは明治時代の結婚は嫁をもらうという時代でしたので、結婚することの当時の一般的な表現です。こちらも結婚相手を選ぶ条件として鉄幹が示したものです。しかし、こちらの部分も与謝野鉄幹が、臆面もなく結婚相手の条件などを歌にするわけがないと思うのです。

この歌詞の意味を説明しますと、結婚相手を選ぶ基準として、まず「才たけて」とは知性と教養があって賢いことです。これは決して偏差値の高い学校を出ていなければならないという意味ではありません。学歴ではなく現代風にいえばインテリジェンスがあるということになります。

次に「みめうるわしく」とは美しい人という意味です。ただし、美しい人というのは主観的に評価されるものです。誰もが同じ基準で美しい人を決めているわけではありません。そして顔立ちだけで美しさが決まるわけでもありません。特に20歳を過ぎたら、その人の生き方や人柄が顔に表れてくると言われています。きれいな顔立ちでも、なぜか魅力的ではない人もいれば、その逆の場合もあります。美しさとは、外見だけでなく、内面の品性や個性、教養と知性、情け深さと優しさなど、さまざまな要素から成り立っています。また人にとっての美しさは、本人が自信を持てる何かによって自然と引き出されるものでもあるのです。

最後の「情けある」は情け深く優しい人のことです。「才たけて」の知性と教養があって「情けある」の情け深く優しい人になれば、その人柄が顔に現れてくるので必然的に美しく魅力的な人になるのではないでしょうか。なお「美しさ」とは、人々が他人の内面に惹かれる要素も含みます。内面の品格や個性が、人を美しく魅せる力を持つということです。これは男性に対しても当てはまります。女性から見て、知的で頭脳明晰、そして優しく思いやりがあり、それらが内面から、にじみ出ているような男性を夫にしたいと思いませんか。

もちろん男女にかかわらず、人を好きになるのに理屈はありません。現在お付き合いしている人や意中の人が、この条件に全て当てはまらなくても何ら問題はありません。

なぜなら、この表現も実は友人を選ぶ基準と同様に、相手に求めるものではないからです。

結婚相手として、男女を問わず、相手ではなく、自分自身が目指すべき目標であると理解するべきなのです。

勤勉で勇気があって情熱のある人になる。知性と教養があり、心根の優しい人になる。そしてそれらが全身から表れてくるようになるように、自分自身にベクトルを向けることです。きっと、これらは終生の友や人生の伴侶に巡り合うために、なすべきことでもあるはずです。そういう努力を続けていけば、いつか理想の人に巡り合えることは間違いありません。巡り合えるという意味は、相手があなたを評価してくれることもあります。しかし、自分自身が内面的にも成長して、あなた自身が相手の内面も含めた本当の価値を分かるようになれるということでもあるのです。難しい努力のように感じられるかもしれません。しかし、これらが身に付けられるか否かは、心がけ次第の問題です。仕事力や学力同様に日々の積み重ねが大事です。もっとも大事なことは、評価されるために努力するのではなく、そのような人間になりたいと心底からの思いによって努力することです。

なお、初めて出会った人とは一般的には好きなものが同じであるとか、趣味が共通しているなどで話が弾むことも多いようです。しかし、意外と嫌いなものや苦手なものに、共通点があるかどうかもポイントのひとつです。実は好きなものや趣味は変わっていくことが、往々にしてあります。新たに知ったものを、一番好きになることもあります。例えば、今まで全く興味がなかったゴルフを知ることで、ゴルフが一番好きなスポーツになるかもしれません。ところが嫌いなものや苦手なものは、まずもって変わることはありません。新たに苦手なものが現れても、以前の苦手なものが消えるわけではないのです。苦手なものが増えるだけです。また嫌いであるとか苦手であるとかには、さまざまなきっかけや原因があります。もしかしたら、そこに互いの共通項があるかもしれません。嫌いなものや苦手なものが、相手と共通しているかどうかも注意してみてください。共感できることは関係を構築する上で、非常に重要なことなのです。好きなことや得意なことと同様に、嫌いなことや苦手なことの共有も、人々との深いつながりを形成するのに役立つかもしれません。もちろん、これは一つの見方です。友情や好意を育む要素は無数に存在します。人間同士の関係は、もっと複雑です。互いの違いを理解し尊重することでも深まります。従って、共感だけでなく、違う意見や価値観を受け容れて尊重することも大事なのです。それぞれ自分自身の視点で、出会う相手を深く見つめてください。

いずれにしても、良い出会いのために、あなた自身の人間性を磨くことを心がけてください。そうすれば周囲からの評価も高くなるでしょう。しかし、それ以上にあなたの人間性が高まって、いつでも心を澄ませて周囲を観察できるようになれば、出会う相手の内面の素晴らしさや美点までもが、きっと見えてくるはずです。

上司・部下との付き合い方

「ヤマアラシのジレンマ」（３１７頁）の項では会社で友情を育めるのかというテーマで説明しました。ここでは上司や後輩との付き合い方について説明します。

上司との付き合いでは、信頼されるかどうかもポイントの一つです。上司から信頼を得るためには思慮深く行動することが有効です。ただし、上司に気に入られようとして、配慮し過ぎると「ごますり」ととられてしまう可能性があります。例えば上司の提案に不本意ながら常に迎合するのは、気を遣い過ぎていると思われて、決してプラスにはなりません。逆に上司がプロジェクトについて思案している時に、自発的に適切な情報の提供や有意義なアイデアを提案できれば、気が利くと評価されるかもしれません。自分の意見を適時伝えることで、より信頼関係を築くことができます。

上司にとってイエスマンの部下は、心地は良いけれども頼りないものです。本当に頼みたい時には、しっかりと信頼のおける部下に依頼します。その時には余程のことがない限り、上司の味方にならなければなりません。日頃から全員の前で、堂々と自分の意見を述べることは良いことです。しかし、同時に上司との信頼関係を築くためには、部下として意見を主張する場と、上司の依頼を協力的に受ける場をうまく使い分けることも大切です。上司と二人きりの時に依頼される話は真摯な姿勢で聞くべきです。言うまでもなくコンプライアンスや公序良俗に反することは論外です。二人だけになり上司が相談してくる時は、命令というより頼みに近いといえます。そういう時にむげに断らず親身に検討してこそ、頼りがいのある部下として評価されるのです。

また、上司が評価している部下の問題点の指摘や悪口は、その上司の前ではタブーです。評価している部下への悪い指摘は聞きたくないものです。なぜなら、それは自分の部下への評価を否定されていると感じるからです。もちろん、そういう場合でなくても、会社内では基本的に他者のことは褒めるだけにして、悪口は言わないように徹します。

次に、中元や歳暮も難しい問題です。中元・歳暮などの贈り物をする場合は、相手の気持ちを考慮しながら適切な価格や内容の物を選ばなければなりません。場合によっては相手を不快にさせる可能性もあるため、厄介なのです。現代では虚礼廃止（形だけのやりとりをやめる）という流れなので、そのような贈り物や年賀状も差し控えるように指導している会社が増えています。本当に虚礼廃止なのかどうかは即断せずに、社内のローカルルールの実態を確認してから判断します。そして見返りは期待せず、感謝の気持ちから送るのだと理解しておきます。

虚礼廃止は、あくまで虚礼についてのみです。本当にお世話になった人の栄転やお祝い事があった時に、個人的なお祝いを控える必要はありません。ただし、目立たないように留意することが大事です。

さて部下についてです。例外はあるにしても、上司の意向に反して自己の意見に固執したりせず、円滑な付き合い方をしてくる人が一般的です。しかし、それに気を許して何もかもしゃべってしまうと、その内容の全てが翌日には部下全体に拡がっているものと覚悟する必要があります。もちろん上司に話しても同じリスクはあります。ところが部下は、防衛本能が働くためか、部下同士での情報共有には積極的です。部下に話すことはＳＮＳで話しているのと同様と理解するべきです。そのため特に他の部下の悪口や不満などを口にするのは必ず避けなければなりません。

また部下は上司の一挙手一投足を注視していますから、誤魔化すことなどはできません。昔のことですが、証券会社から上司宛にＦＡＸが届き、勤務時間中に上司が株式投資で資金運用をしていたことについて職場の全員（部下）が知ってしまうことなどはよくある話です。管理職になれば（もちろん一般社員の時代から）、襟を正して後ろ指をさされないように心がけましょう。襟を正すとは、自己管理をしっかり行い、常に誠実で透明な行動を心がけることです。例えば、社内規定を守る、自己の行動を振り返るなどが挙げられます。

アフターファイブで酒を一緒に飲みながら、指導の意味も込めて話す言葉でも、話し方ひとつで部下からすれば「うるさい上司」と嫌がられるか、「熱く語る人」と慕われるか大違いです。同じ意味のことを話しても、自分の言葉に酔って一方的に話すか、聞く相手の気持ちを考えながら言葉を選んで話すかで、受け取る側の気持ちは大きく変わります。上司に接する時と比較して、部下に対しては、より慎重に対応する必要があります。

部下への気遣いは大変です。しかし部下全員が、この上司のために頑張るという気持ちになってくれれば、これほど心強い職場の組織はありません。上司に対しては尊敬と誠実さを、部下に対しては慈愛と謙虚さを持って接していくことです。そうすることで、あなた自身が理想の部下として、また理想の上司としての姿に近づいていくでしょう。

されど身だしなみ

１９８０年代までのサラリーマンといえば灰色のスーツが代名詞となっていました。しかし、最近はある程度カジュアルなファッションもビジネスの世界で許容されてきています。特にクールビズが定着してからは幅広く変わりました。ワイシャツも、ホワイトだけではなく、さまざまなカラーシャツやデザインシャツも着用されています。また女性も会社の制服採用が減少していることから、私服での勤務が増えてきました。社会が許容すれば、その範囲内でのファッションは自由であるべきです。ただ、ファッションで難しいのは、ビジネスのシーンに合致しているかどうかの線引きです。業種や職種によっては、Ｔシャツやジーンズを許容する職場もあるようです。しかし、社外との接点がある部署では、例えばビジネススーツやオフィスカジュアルなど、やはり常識的な印象を与える服装が無難といえます。

そして髪形です。学生時代に髪形のことで先生や保護者から注意されたことはありませんでしたか。たかが髪形、されど髪形問題です。髪形もビジネスの場では重要です。例えば、極端なカラーリングや過度なスタイリングは、ビジネスにおいてはあまり良い印象を与えません。丁寧に手入れがされて整った髪型が好まれます。

思春期を過ぎてからは、服装や髪形はそれぞれ個人の趣味嗜好が出てきます。もちろんプライベートであれば問題ありませんが、会社の一員とした場合には、不具合が生じるのです。知らない相手を判断する時に、人は第一印象で評価してしまいます。同じ社内でも、それぞれ互いを十分に理解しているわけではありません。まして社外の人に会うとなれば、まずは見た目で判断されることを意識しなければなりません。清潔感の漂う身だしなみに注意を払うことは、会社員としては基本中の基本と言えます。いくらクリエイティブな業種で服装自由な職場であったとしても、何日も洗濯していない服を着続けることなどは論外です。一定の範疇を超えた服装や身だしなみが周囲に悪影響を及ぼすことに注意すべきです。

これはあくまで会社での勤務時間内の話であり、プライベートでは髪形も服装も自由です。有名人の場合は世間からの注目度も高く、自宅以外では全て仕事の時のような心構えが必要となります。しかし一般の人々は、個人としての自由を謳歌すれば良いのです。ただし現代のように繋がりの多い世界では、完全にプライベートと公の境を分けることは難しいともいえます。例えばＳＮＳに投稿する場合は、内容についても注意することが重要です。それだけにオンとオフの切り替えだけではなく、オフの過ごし方も自分自身でしっかり気をつけるべき時代であるといえます。

職場におけるファッションは、業務の性質や職場の文化、マナーに即したものであるべきです。しかし部下が職場に相応しい服装や髪形を理解できていない時に、どのように説明するかは難しいところです。言い方ひとつでセクハラ、パワハラと受け止められることもゼロではありません。そのため服装への指摘は慎重にすべきです。単にだめだとは言わずに、それぞれの職場の業務に適した服装を選ぶことが基本であると説明します。例えば調理師ならコックコート、看護師なら病院のユニフォームなどと具体的な例を示します。いずれも清潔さがはっきり分かることや機能的であることなどの基準から選ばれています。その上で、理解を求めて話し合うのです。次に現在の業務に相応しい服装は何であるかということに、説得力のある説明が必要です。ただ説明するにあたり、上司が個人的に決めつけるのは、職場の理解が得られにくいものです。社則があれば社則に沿って説明します。もし社則がなければ人事部などに社則の制定を依頼します。いずれにしても職場の全員が気持ちよく働ける服装を理解してもらうことが大事です。

吐いた唾は呑み込めない

「足が滑って転んでも体が痛いだけですが、口が滑ったら取り返しのつかないことになる」と言います。特に会社においては致命傷になることがあるのです。家庭内なら言い方が悪かったとしても、訂正する機会や取りなしてくれる他の家族がいるかもしれません。またプライベートの関係であれば、それ以降は没交渉となるかもしれません。それはそれで、やむを得ないとあきらめがつきます。しかし、職場の関係は、一時的なものではないので長期的に影響します。一度傷つけた関係の修復は、容易ではありません。しかも、助けてくれる人がいるとは限りません。自らが努力しなければなりません。どのように心で思っていたとしても、口に出したら最後、その言葉の責任は負わなければならなくなるのです。

そのためには、他人を傷つけるような言葉や悪口は、厳に慎まなければなりません。仮に冗談のつもりの軽口でも、受け取る側が冗談として受け取らなければ、それは冗談にはなりません。そのために、言葉は選んで慎重に話す必要があるのです。下ネタ、卑猥な言葉、差別的な表現などは絶対に控えなければなりません。そういう表現をオフレコで冗談として話した言葉が、世間に公表されてしまい、地位を失った政治家は枚挙にいとまがありません。近いところでは、東京オリンピック・パラリンピックの大会組織委員長も軽口のつもりかどうかはわかりませんが、臨時評議員会で、「女性がたくさん入っている理事会の会議は時間がかかります」と発言したため辞任に追い込まれました。言葉は恐ろしいもので、わずか一つの言葉で、人格を疑われたり地位を失ったりすることがあります。

特に、腹を立てた時には、感情的に話さないことが重要です。感情的になると、冷静な時であれば口に出さないような、過激な表現を使ってしまうことがあります。これは、必ず避けなければなりません。この象徴的なシーンが、あの名作である『ゴッドファーザー』という映画の中にあります。主人公のゴッドファーザーであるヴィトー・コルレオーネは、一介のチンピラからマフィアのドンであるゴッドファーザーに上り詰めます。彼自身は苦労をして、その地位を得たので思慮深い人間でした。しかし残念ながら、その長男のソニーは、父親の七光りが輝く中で育ちました。そのせいか、単純で激高し易く、すぐに過激なことを言います。ある時、他のマフィアに対して腹を立てて暴言を吐きました。その時、父親から「思ったことをすぐに口にしてはいけない」とたしなめられたのです。しかし、その後も、それが守れず競合するマフィアから反感を買いました。そして、ついにはマシンガンでハチの巣にされてしまったのです。もちろん殺された原因は、それ以外にもありました。しかし、思ったことを口にするという直情型であるため、敵対勢力から危険視されたことが最大の理由といえます。

それ以外にも、この映画ではずいぶん参考になる言葉があります。「敵を憎むと判断が鈍る」（感情的になれば大局観を見失う）、「血の気が多いと理性を失う」（怒りに任せると冷静な判断ができなくなる）、「自分の考えをすぐに言葉に出すな」（思考を整理し、他人の視点や状況を考慮するために一旦沈黙することが重要）、「正直であることは危険だ」（全ての考えを無闇に口に出すと不適切な発言につながる可能性がある）、「用心深く生きること」（慎重に行動する）。これらの言葉はマフィアの映画の世界だけではなく、ビジネスの世界にも相通じるものがあるのではないでしょうか。

任侠映画の世界では「吐いた唾は呑み込めない」という常套文句があります。一旦口にしたことは覆されないのです。発言には責任が発生することを、よく理解した上で話をしなければなりません。感情的に話せば、相手を傷つけることになります。悪口は、必ず相手に伝わります。冗談は、誤解を招く恐れがあるため、慎重に話すべきです。発言の影響・責任を理解して、常に冷静に対処できるように心がけます。そして「口が滑ったら、ただでは済まない」ということを、常に肝に銘じておくべきです。

酒の功罪

酷使した肉体の疲れを取るために、飲む適量の酒は心地良いものです。また、身体は元気であっても、疲れた精神を酒が癒してくれるようにも感じられます。そのため仕事が終われば、酒を飲む習慣がある人は多いのです。

下戸に言わせると「酒は命を削る鉋《かんな》」、上戸に言わせると「酒は百薬の長」と言います。別れの酒に再会の酒、酒の上で喧嘩して、仲直りがまた酒。御酒家《ごしゅか》（酒呑みの敬称）を詠んだ狂歌に「酒のない国に行きたき二日酔い、また三日目に帰りたくなる」と酒にまつわる話はいろいろとあります。これらは、酒のうんちく漫画として評価の高い『BAR　レモン・ハート』（古谷三敏著）からの引用ですが、なかなか味のある言葉です。下戸《げこ》とは酒があまり飲めない人のことです。反対に、酒が好きでたくさん飲む人のことを上戸《じょうご》と呼びます。

また「一緒に酒を飲んで本音を聞き出す」、「あれは酒に酔って言ったことだから本気ではない」と矛盾している話もあります。お酒を飲んだ時に本音をしゃべるのでしょうか。それともお酒を飲んだ時の話は本気ではないのでしょうか。どちらが本当でしょうかというクイズに、あなたはどちらだと答えますか。

実はお酒を飲んだ人がリラックスし、本心を打ち明ける傾向があるからといって、全ての発言が真実であるとはいえません。それは判断力が鈍った状態で言ったことが、常にその人の真実を正確に反映しているわけではないからです。例えば酒に酔った時は、心の中にあるものを増幅してしゃべってしまう傾向があります。全く心にないことはしゃべらないが、心に少しでも思っていれば大げさにしゃべってしまうということです。少しだけ気に入らない人の評価については、相当嫌いだと全否定をして強調したりします。また、一緒に飲んでいる人と少しでも意見が合えば、昔からの無二の親友で運命共同体のように話したりしてしまいます。つまり酒に酔うと、心を解放させてしまうので、誇張して話してしまう傾向があるのです。哲学者カントの「酒は口を軽快にする。だが、酒はさらに心を打ち明けさせる。つまり心の率直さを運ぶ物質である」という言葉は、心に深く沁み渡ります。

このような酔っ払いのメカニズムを理解して、酒を飲むようにしなければなりません。特に社内の人と飲む時は、決して酔っ払ってはいけません。それは口が滑ってしまう可能性があるからです。そのためには、飲み過ぎてはいけないのです。しかし、「分かっちゃいるけどやめられない」という人もいますよね。

そこで飲み過ぎを防止する独自のアプローチとして、まず外で飲んだ後に家で一杯だけ飲む習慣を持つことです。このことで、外での飲み過ぎを、無意識に抑制できる可能性があります。この習慣があると、外での飲酒量に制限がかかり、結果として飲み過ぎを防ぐことができるかもしれないのです。家で飲む習慣がなければ、外での飲み会がゴールとなります。ついつい飲みつぶれるまで、飲んでしまうかもしれません。その日に飲む酒のゴールが家であるとしたら、外での酒の量を無意識に控える気持ちが働きます。これはあくまで一例です。自身の飲酒習慣をよく把握し、自分に合った飲み方を探すことが大切です。

次に、酒とともに水をチェイサー（酒の直後または間に飲む水などのこと）として、交互に飲むことです。酒を飲み出しての後半戦ともなると十分な酒量を飲んでいても、話の合間に手持無沙汰や癖で、ついつい酒に手がいってしまうことも往々にしてあります。その時に酒と水を交互に口にすれば、同じように飲んだ感覚でもアルコール量は半分となります。そうすることで、アルコールの摂取量は抑えられるのです。

最後に、酒のチャンポンは、注意が必要です。一回の酒席で、異なる種類の酒を飲むことを、一般的にチャンポンと呼びます。酔いやすいと言われています。このこと自体は間違っています。酔うかどうかは、飲むアルコール量によります。ただ一回の酒席で複数の種類の酒を飲むのは、口当たりが変わるため、量が進みやすいのです。チャンポン自体が悪いわけではありません。しかし、異なる種類の酒を重ねて飲むことで、量の認識が曖昧になり、飲み過ぎる可能性が高まるため注意が必要なのです。例えば食前酒としてのカクテルやビールから始まって日本酒、ワインと続き、仕上げにウイスキーかブランデーを飲むとなれば相当の酒量になります。しかし、酒類が変わっているので、量的には多いとは感じないのです。チャンポン自体が、悪いわけではありません。しかし、飲み過ぎるかもしれないことを、よく理解して酒を選びましょう。

なお、酒には食欲増進のための食前酒と、美味しく食事をするための食中酒、そして最後に食事の余韻と会話を楽しむ食後酒に分かれます。食前酒はビールや日本酒、食前酒向けのカクテルなどです。食中酒はワインです。食後酒はウイスキーやブランデーです。ワインでも貴腐ワインなどの甘いワインは、食後のデザートワインとしても美味しく飲めます。大体、酒は食事に合わせて、飲むタイミングが決まっています。しかし、一つだけ例外の酒があるのです。それは焼酎です。お湯で割れば食前酒や食中酒に、水割りやロックなら食後酒にもなります。

プライベートなら、このようなことを理解した上で、好みに合わせて選択すれば良いのです。ただし、これが接待などの仕事先の相手との会食では、相手が何を飲みたいのかを確認するのが基本になります。酒の銘柄などは好みの他に、取引の関係なども影響することから、よく注意することです。例えば企業グループで、住友系はアサヒビール、三菱系はキリンビール、芙蓉系はサッポロビール、三和系はサントリービールというのが有名です。ただ最近はグループの垣根を超えた取引も多いため、取引先を尊重して他系列のビールを選択する場合もあるので、事前に確認する必要があります。

最近、就業時間後は、まっすぐ家に帰る人も増えたと思います。しかし、半世紀前のサラリーマンのお父さんといえば、帰りに、赤ちょうちんなどの居酒屋で、一杯飲んで帰るイメージがありました。これはこれで、意味があるのです。会社では社内外の人との付き合いや業務などで、知らず知らずのうちに、ストレスが溜まっていきます。それを、そのまま家に持ち込まず一旦リセットするため、真っ直ぐに帰らず居酒屋などに寄り道をするのです。もちろん一人で行く時もあれば、社内の同僚と行く時もあります。同僚と行く場合は、職場の円滑な人間関係の維持や情報交換など、さまざまな目的も合わせて過ごすのです。

酒を飲むことで、仕事のストレスを自宅に持ち帰らないという、「酒の功罪」の「功」の部分は確かにあるといえます。ただし、あまりに度が過ぎて、不相応な飲食店に通い詰めて収入以上の浪費が続くのは問題です。経済的な破綻を招いて、家庭崩壊につながることもあるので、注意が必要です。

会社の同僚とは、酔っぱらうほど飲んではいけないと説明しました。しかし、学生時代の旧友など心が許せる友達とは、胸襟を開いて飲んでも良いでしょう。それは本心をさらけ出しても、大きな実害がないので、心置きなく飲むことが許されるからです。旧交を温める酒で飲み過ぎて、翌日になってみれば、何を話したか全く覚えていないことがあるかもしれません。せっかく時間をかけて酒を飲んで、話をしているのです。酒を飲まない人からみれば、これは「時間の無駄」と思われるかもしれません。しかし一言一句は覚えていなくても、その時間を過ごしたことで、翌日になっても爽快感は残っていると思います。ですから、人生の無駄ではないのです。確かに酒を飲んで記憶がなくなるのは、「時間の無駄」かもしれません。ただ、酒飲みを擁護する一部の人たちからは「酒を飲まないのは人生の無駄」と聞こえてきそうです。いずれにしても、酒とは仲良く付き合いたいものです。

ここまで「酒の功罪」といいながら、「功」に重きをおいて説明してきました。決して過度な飲酒を奨励しているわけではありません。もし飲酒されるとしても適量の重要性を忘れないでください。適量のアルコールがリラクゼーションとストレス緩和に効果的であるといえます。しかし、個々の健康状況やライフスタイルにより、全ての人に適しているわけではありません。飲み過ぎが続くと、肝臓への負担や依存症への危険性があるのは、周知の事実です。飲酒の際には、自身の飲酒量の限度を考えながら、百薬の長としての範囲内で嗜んでください。

このテーマの最後に注意事項を一つ説明しておきます。それは飲酒運転と交通事故についてです。日本は長らく飲酒運転について、寛大な考えを持つ人がいました。その昔は飲酒をしても、しばらく休んで酔いが醒めたら、運転は大丈夫だと考えているドライバーもいたのです。しかし、２００６年に発生した福岡市の海《うみ》の中道大橋《なかみちおおはし》飲酒運転事故を契機に、飲酒運転が社会問題化して法規制も強化されました。事故には過失と故意によるものの二種類があります。もちろん悪質なのは故意によるものです。飲酒運転そのものは故意です。しかし、事故を起こすつもりで運転をしているわけではない場合、事故の原因は過失（飲酒量により著しい過失または重過失）となります。ただ、飲酒をすることで、判断力が鈍り、事故を起こす可能性が高まることは、予見できるわけです。そのため、故意によるものとみなされてもおかしくありません。地方では交通手段が少ないため、飲食店へ自分で自動車を運転して行く人もいるかもしれません。しかし、他の手段での移動が賢明です。帰りは運転代行を頼む予定でも、いざ帰る時に予約ができない場合もあります。その時に正常な判断ができずに、つい自分で運転をして帰ろうと考えてしまうかもしれません。これは絶対に避けなければなりません。あなたの大事な人が飲酒運転の被害者になった時に、そのような事情で運転した人を許せますか。飲酒による事故、しかも死亡事故などを起こせば、会社は懲戒解雇になるでしょう。特に自動車に関連する会社や運送会社、あるいは酒類にかかわる業種は飲酒運転に関しては、特に厳しい対応となります。たとえ事故を起こしていなくても、飲酒運転による交通違反をしただけで解雇とする会社もあります。なお、交通違反は自己申告をしなくても、定期的に運転記録証明書を会社が取得（社員の同意が必要）すれば隠し通すことはできません。なお、飲酒運転は同乗者も同罪として飲酒運転同乗罪が適用されるので、飲んでいる人に送ってもらうのもＮＧです。

残念なことに、飲酒運転による事故はなくなっていません。飲酒運転で事故を起こすと、償いきれない事態になる可能性があることを、忘れないよう肝に銘じておくべきです。飲酒運転は悲惨な結果をもたらします。私たちは、常に安全で賢明な運転の選択をする責任があるのです。無事に帰宅し、かけがえのない人たちとの時間を大切にしましょう。

ゴルフはサラリーマンの必須科目か？

最近は少し下火になっているかもしれません。日本のゴルフ人口は若干の増減はあるものの、1994年の1450万人をピークに減少しているそうです。しかし、ゴルフは社内外でのコミュニケーションツールとしては、重要なイベントです。それは半日にわたって同伴競技者とプレーすることで、さまざまな会話を通じて、互いの人間性を知ることができるからです。プレーの振り返り、スイングの技術論、ドライバーやアイアンなどゴルフギア（道具）の評価など、会話には事欠きません。このような時間を共有できるのも、ゴルフの魅力の一つです。

また、ゴルフは年齢に関係なく楽しめる、稀有なスポーツです。例えば100メートル走で考えてみてください。元オリンピック選手などの経験者が相手でない限り、20歳と60歳が競争すれば、20歳が圧勝することは目に見えています。しかしゴルフの場合、年齢よりも個々の技量や経験が結果に大きく影響します。もちろん一定の体力は必要ですが、それ以上に大切なのが技術と戦略です。それがゴルフの魅力であり、あらゆる年齢の人々が競い合えるスポーツなのです。その上、技量に差があってもハンディキャップというシステムがあることから、ゲームとしても幅広い相手と楽しめます。青春時代にスポーツよりも学業中心だった人たちは、体力に自信がないかもしれません。しかし技術ウエイトの高いゴルフなら、スポーツとして対等に勝負ができます。そこに、魅力が感じられるのではないでしょうか。もちろん他のスポーツを経験した人、また現役のプロスポーツ選手でもシーズンオフにはゴルフを楽しむ人は多いです。ゴルフ場でのプレーは楽しいものです。ただ、練習場で一球一球どのようなスイングで打てばいいのかを、試しながらの練習も時間を忘れます。スイングの基本はあるにしても、体型などの違いもあることから、スイングは百人百様といえます。そのため人に教えることは、難しいスポーツです。ゴルフレッスンの神様と呼ばれるハービー・ペニックは一回スイングを見れば、どこが悪くて、どこを直せば良いのか、すぐに分かったそうです。ただし、そのことを、どのような言葉で相手に伝えるかが難しいと自著に書いていました。例えば、初心者にクラブを握る強さについて、どう説明するのか。握力などの数値では伝えきれません。例えば卵が割れないくらいの強さであるとか、グラスを持つ強さと説明するしかないのです。そのような表現による理解の難しさを克服して、技術を追求していくことが、いわゆる「ハマる人は、ハマる」ということなのです。技術のウエイトが大きいせいか、ゴルフ雑誌の中身は、基本的にプロゴルファーなどによる技術解説が大半を占めているように感じます。これは、ゴルフの技術を究めていく楽しみに魅了されている人が多いからかもしれません。他のスポーツ雑誌なら、試合結果やその解説などが記事の中心です。スポーツとしての特徴の違いが、よく分かります。このような背景もあって、会社内のゴルフコンペや取引先との接待ゴルフが、一般化していったものと思われます。

最近は、ゴルフをしない若い人が、増えているかもしれません。もちろん、興味のない人に強制することではありません。しかしゴルフ未経験の人は、食わず嫌いをしないでゴルフそのものを一度体験した上で、するかしないかを決めてもよいのではないでしょうか。

ゴルフは技術が大きなウエイトを占めています。そのため上手な人、とりわけシングルプレーヤーは他のゴルファーから尊敬されます。シングルプレーヤーとはハンディキャップが一桁の人です。平均スコアが主に81以内の人たちです。そうなれば年齢や立場に関係なく、人は耳を傾けて話を聞くことでしょう。

さて、本題の「ゴルフはサラリーマンの必須科目か？」です。ごく一部のゴルフ好きの会社員の中には、ゴルフはサラリーマンの必須科目であると主張している人もいます。社内の付き合いや得意先との懇親に、ゴルフはなくてはならないと言うのです。しかし、それがなければ社内の付き合いや得意先との懇親は無理なのかといえば、そうではありません。それ以外の有意義な方法もあります。ただ、ゴルフ好きの人と時間をかけずに関係が構築できることも事実です。社内コンペなどであれば、他部署の人と同じ組でプレーすれば交流ができます。ゴルフで一緒にプレーすることで、社内の関係性の薄い人との接点ができるかもしれません。本書の中でも、社内のネットワークの重要性を説明してきました。そのネットワーク構築には、非常に有効なツールの一つであるといえます。そのような観点からすれば、ゴルフは必須科目ではないが、重要科目であるとはいえます。

社内コンペ開催の際に、幹事は可能な限り参加してもらえるように、社内の多くの人に案内します。参加希望の返信を出していない人には、個別に誘ったりする場合もあります。もしゴルフをしないのなら、その旨をはっきりと伝えればよいのです。彼はゴルフをしない人だと社内に浸透すれば、誰も誘いません。もちろんゴルフはしていても、社内コンペを断ることに問題はありません。あくまで、休日の楽しみの選択肢として考えればよいのです。

職場のトップがゴルフ好きだと、社内でゴルフコンペが開催されることはよくあることです。社内コンペは職場の一大行事であり、コンペ前日の夕方にもなると、幹事はコンペ賞品の準備に取りかかることが多いです。ゴルフコンペの幹事はかなり疲れます。まして、大きなコンペなら、自分のプレーどころではありません。しかし、幹事をすることで、さまざまな段取りや気配りなどの得難い経験ができます。社内の他の行事についても、この経験がきっと役に立つでしょう。望んでできることではありません。しかし、もしチャンスが来たなら、積極的に取り組んでみてはいかがでしょうか。

接待といえば会食というイメージですが、会食は意外と費用がかさみます。まず、それなりの立場の人であれば、居酒屋というわけにはいきません。４人で食事をして、その後に二次会ともなれば、かなり高額な接待になるかもしれません。ゴルフもみんなで半日過ごすものなので、料金も時間もそれなりにかかります。しかし、ある程度の予算内で実施することが可能です。しかも、一度に長時間のコミュニケーションが取れることや、非日常的な体験を共有できることなど、ゴルフにしかない接待の魅力があります。それらを含めて費用対効果や長期的な関係構築を考えた場合、ゴルフも有効な手段のひとつとなり得るのです。ただし、接待ゴルフの手配は、なかなか気の張る仕事です。ゴルフ場の選択や相手先のゴルフ場への移動の手段、帰りの手土産の手配までしなければなりません。その上、プレー中は相手先の人のボールが、どこに飛んだのか、ボールの行方も確認しなければなりません。もし、ボールが落下した地点で見つからなければ、キャディさんと一緒に探したりもします。かなり気を遣います。しかし、しっかりと仕事をこなすことができれば、相手先にも自分の上司にも、高評価を得られる絶好のチャンスでもあるのです。気合を入れて務めましょう。

ちなみに、ゴルフでホールインワンといえばショートホールなどを一打でカップインすることです。ホールインワンを達成したゴルファーは、自分が主催しての祝賀会や周囲に記念品を配ったりします。それなりの費用がかさみますので、ホールインワン保険に加入するゴルファーも多いのです。ある保険会社の人から聞いた話ですが、ゴルフのホールインワン保険でホールインワンを達成した場合の保険金の払い戻しは、加入件数の約一万分の一だそうです。この確率をご存じだったでしょうか。まさに「万が一」という言葉が当てはまります。

さて、ゴルフをするには道具が必要です。ゴルフクラブ、靴、ウエアー、帽子、手袋などです。始める当初は費用を抑えようと思います。しかし、ゴルフにハマってしまうと、ゴルフクラブを常に新製品に買い替えるなど道具道楽に陥りやすい面もあります。メーカーは毎年のように、モデルチェンジをして新製品を発売しています。確かに道具によってスコアは変わるでしょう。日本のゴルフツアーで２０００年からの10年間で、４度の賞金王を獲得したのは片山晋呉選手です。日本を代表するプロゴルファーの一人である彼は、道具にかなり気を遣っていたようです。試合の前には、５本のパターを試して、その日に使うパターを決めていたぐらいです。上級者ほど道具の差がプレーに影響を与えます。しかし初心者では、それほど大きな差が出ないとも言われています。まずは自分に合った道具を探してみましょう。

ゴルフは、上手くなくても問題はありません。ルールとマナーを守り、スロープレーさえ注意すれば、大半のゴルファーは好意的に受け入れてくれます。ゴルフの楽しさは上手さだけで決まるものではありません。自然を満喫して、仲間との会話を楽しみ、そしてリフレッシュする、といった要素も大切な部分です。そうすることで、共にプレーする人たちと、楽しく過ごすことができます。そこにゴルフの真髄があるのです。「Ｎｏ　Ｇｏｌｆ　Ｎｏ　Ｌｉｆｅ（ゴルフなくしてなんの人生か）」という言葉があるようにゴルフに魅力を感じて積極的に楽しんでいる人が多いスポーツです。もし身近に経験者がいて、誘われたなら、ぜひ積極的に参加することをお勧めします。

会社でよくある落とし穴（ドロップアウトしないための注意）

今のところ、日本の会社は一般的に定年制があり、正社員となれば定年まで働けます。最近ではキャリアアップして、転職を繰り返すケースも多いようです。しかし、自分自身が転職を決意しなければ、無事に定年まで勤めあげることができます。

しかし、自身の不祥事で懲戒解雇や自主退職せざるを得ない場合もあります。痴漢行為や暴力行為を除けば、背任や横領が原因の場合も少なくありません。痴漢行為や暴力行為、横領や背任など極端な不祥事は、遠い他人の話だと思うかもしれません。しかし働く者としては、いつ何が起こるか分からないため、理解しておくことは重要です。実は背任や横領には大・小さまざまなケースが存在します。意識せずに不適切な行動をしてしまう可能性もあるため、日々の行動に注意を払うことが重要です。会社の文具などで、自分の私的なメモを残したことや、使い捨てのボールペンをうっかり持ち帰ったことはありませんか。厳密にいえば、それらの行為も横領に当たります。そして、それらの軽微な行為を積み重ねていくと、感覚が麻痺していく可能性もあります。ボールペンが電卓となり、パソコンの周辺機器などにエスカレートしていき、最後は現金の横領等につながるかもしれません。

横領の方法としてはさまざまな方法があります。悪質な例になると、架空取引をでっち上げるケースもあります。一部には、最初から悪質な行為を、平然と行う人がいるという話も聞きます。しかし、わずかなことから始まり、気が付けば引き返せないところまで来てしまったという人も少なくないのではないでしょうか。例えば、経費を正しく精算しなかったため自己負担となってしまった人がいたとします。それを取り返すために、別の機会に不正請求を考えてしまうことなどが、それに該当します。自分自身のだらしなさが原因なのに、会社に貸しがあるからと不正な方法で精算しようとする安易な気持ちが問題なのです。そのような自分自身のだらしない態度が、会社のお金を不法に取得してしまうという結果を生むのです。これはエスカレートして、歯止めがかからない場合は、必ず露見します。仮に上司の目をごまかして、請求した金額が手に入ったとします。もちろん、上司は疑ったりしていないので、承認しているのです。しかし、実は経理部門でアラームに引っかかっていることは、意外と多いのです。ただ怪しいと疑ってはいるけれど、確実に虚偽だと判定できていないので、そのままスルーしています。そして何度も繰り返して明らかにおかしいとなった時や、他に問題を犯していることが発覚したりすると、不正経費処理問題も社内告発をされます。社内告発される場合は、過去に遡って全てが調べられるでしょう。まさに「天知る、地知る、我知る、子知る」です。このことわざは、他人は知るまいと思っても、天地の神々も、自分も、それをするあなたも知っている。悪事は、必ずいつかは発覚するものだということです。

このような事態に陥らないよう注意するには、悪には決して染まらないと、固く心に誓うことです。そして、常に会社との間で貸し借りを一切しないことです。たとえ少額の経費でも、正々堂々と請求することです。人によっては「そのような細かいことを」と言う人がいるかもしれません。その時には「私は会社との金銭関係は、きっちりと精算する主義です」と説明しておけばよいのです。相手が真面目な考えの人なら、決して馬鹿にされることはなく、むしろ信頼されることは間違いありません。

苦しい時はどうすればいい

ここまで、仕事における成功へのための道筋について説明してきました。しかし「言うは易く行うは難し」です。長い会社人生では自分の実力やペースに関係なく、難易度や仕事量が厳しくなる場合があります。自身の能力を、はるかに超えた仕事を抱え込み過ぎると、オーバーフローになります。また、ミスを起こして自分だけで解決しようとしても、解決できない時は夜も眠れないほどの悩みとなり追い詰められます。それらを無理し続けると、ストレスが溜まり、メンタルダウンになる恐れがあるのです。

一部の人々は、真面目さや長時間労働を美学のように考えているきらいがあります。スポーツの解説者が選手を褒める場合に「この選手は真面目だ」という言葉をよく使います。解説者が言う真面目の意味は、人より長く練習をしているということが多いのです。また、人より多く練習しているからこそ、勝つことができたのだと説明していることもよく耳にします。もし人より多く練習すれば誰でも勝てるようになるというのなら、やみくもに練習さえすれば勝てることになります。そうではありません。勝利への真理は、体力、技術力、精神力、そして生活の全てに対して真摯に向き合うことです。言い換えればストイックを心がけることです。

ストイックとは、自分を厳しく律して、欲を排除して自ら持する（自分で自分を引き締めて崩れないようにする）姿勢のことです。メジャーリーグの大谷選手は２０２３年のワールドベースボールクラシックで優勝した時のチームメンバーの一員であるラーズ・ヌートバー選手からランチに誘われました。しかし大谷選手は「寝ているからランチには行けない」と断ったそうです。世界No.1の野球選手とうたわれる所以として、全てを野球に捧げている象徴的なエピソードと言えるでしょう。彼は日本ハムファイターズ時代の20歳の時に、「お酒を飲みたいとか遊びたいとか言っていて勝てるわけがない」と断じていたと言います。

ストイックな姿勢と合理的な知識に基づいて、ひたむきな努力を続けることが、成功をつかむ鍵なのです。合理的な練習についても、大谷選手の例を少し付け加えます。まず２０２３年のピッチャーとしての成功は、スライダーの一種であるスイーパーに磨きがかかったことです。彼は、マイクロソフト社出身の技術者が設立した、ドライブラインというトレーニング施設に通っていました。そこでは最新鋭のセンサーが内部に張り巡らされていて、投げたボールの回転数や回転軸など、あらゆるデータが瞬時に数値として表示されるのです。大谷選手は、この機能を駆使して、一球投げるごとにデータと照らし合わせ、「何がどれだけ、ずれているのか」「浮力をどのくらい上げればいいのか」「横幅をどれだけ広くすればいいのか」などの研究を重ねていました。その結果、２０２２年との比較でボール一個分、さらに横に曲がるボールを会得したのです。ホームラン王となったそのバッティングについても、高性能のＡＩバッティングマシンを駆使して技術を高めたのです。この高性能のＡＩバッティングマシンは、メジャーリーグのピッチャー８５０人以上の投球を細かく再現することができるものです。バッターボックスに立つのではなく、後方や斜め横などの位置からボールの軌道を、身体にインプットさせたようです。これらの内容は、２０２３年12月にＮＨＫスペシャルで放映されたため、ご覧になった人も多いかもしれません。二刀流の成功の裏には、ストイックな姿勢とともに、投打ともに技術革新につながるトレーニング革命があったことがよく理解できます。要は質の高い練習に注力することが重要です。効率的な練習法を学び、それに従って粘り強く取り組むことにより、上達のペースを加速することが可能になるのです。

技術向上の裏付けがなく、トレーニングの量だけを追い求めても、決して成功には到達できません。いたずらに睡眠時間を削って、何も考えずに練習しても、怪我や病気になる危険性が高まるだけなのです。スポーツ選手の場合は、身体への疲れや異常があればシグナルとして分かり易く、故障や怪我も客観的に判断できるので早期の対応が可能です。

しかし仕事において、特にメンタルの分野は非常に分かりにくいのです。仕事に取り組む気力が湧かない時の原因は、やる気がないのか、疲労がピークに達しているのか、本人でも気づかないかもしれません。本人が気づかなければ、もちろん上司や周囲にも正確な判断は期待できないでしょう。真面目な人ほど、精神的な負担を処理できず、メンタルダウンになることがあります。

スポーツでは身体を使い過ぎたら、骨でさえ疲労骨折をすることがあります。それと同様に、長時間の働き過ぎは精神的に疲れ果てさせ、ときにはバーンアウトにつながる可能性もあります。バーンアウトとは、それまで熱心に仕事に邁進していた人が、突然やる気を失ってしまうことです。まずは会社を休んで、スポーツや旅行など自分の好きな時間を持つことでリフレッシュしてみてください。それでも、精神的な疲れが変わらないようなら、専門医に相談するべきです。

仕事で精神が一旦メンタルダウンしたら、長期にわたっての治療が必要です。そのような恐れがある時は、上司に相談し、仕事を他者に割り振ってもらうことで、自身の負担を軽減するようにします。また、仕事でミスをした場合は、正直に報告し、上司にその解決を依頼するしかありません。決して恥ずかしいことではありません。会社のためにも、自分のためにも、早めに対処した方がよいのです。特に失敗は、個人としては大きな失敗と考えているかもしれませんが、会社としては十分対処可能な場合もあります。ミスは学びの機会と捉えれば、上司も余裕を持って対応してくれるかもしれません。何事も自分で抱え込まず、すぐに上司に報告・相談することが大事なポイントです。

自分で収拾できないミスを一人で抱え込んで思い悩んでも、解決できることは少ないはずです。覚悟を決めて上司に報告するのです。そうすれば、それ以降の解決の責任は上司に移ります。そのため、思い悩む気持ちも、軽減されることが多いのです。その上、上司の手腕によって、より良い解決策が見つかり、同じミスを繰り返さないための学びを得られることになるかもしれません。なお、時間が経過したミスは、上司にとっても対処が非常に難しくなります。報告はより早くした方が、上司からの叱責も少なく済む場合もあります。勇気を持って早めに報告して、早めの解決を目指しましょう。

第六章　仕事力を支える人生設計

仕事力を支える夫婦関係

仕事を支えるベースは家庭という存在です。しかしながら家族のために仕事に全てを懸けて、社会的には成功はしたものの、家庭を顧みなかったことで家庭崩壊という事態に陥った例も少なくありません。生活をオンとオフに分けて考えると、家庭は仕事の疲れを癒して明日の活力を蓄える大事な場所です。人生の伴侶や子どもの有無に関わらず、全ての人が日々の生活において、仕事力を維持していくためにも、仕事と生活の調和であるワーク・ライフ・バランスは極めて重要です。

結婚して子どもを育てることを通じて、自分自身も成長できるということがあります。なぜなら、子どもの気持ちは自分自身が子ども時代を経験しているので理解できるかもしれません。しかし、親の気持ちは子育てを通じて、初めて理解ができるからです。自分の収入の相当な割合を、子どもの養育費や教育費に充てていきます。しかし、子どもからは評価や感謝の言葉がないことさえあるのです。それでも、親はただひたすら、子どもの成長を願うものだと思います。無償の愛を知ることで、人は子育てを通じて、自分が育てられているのかもしれません。

もちろん、結婚や子育てを選択しない生き方であっても、自己成長や向上を促すリソースや機会がたくさん存在しています。ただ、今回は特に円満な家庭生活を築く例を挙げて、さらに仕事に取り組めることを説明します。

今では考えられないでしょうが、半世紀前は一般的に女性が25歳前後までに結婚し、専業主婦になるという時代でした。高校卒なら6年間、短大卒でも4年間の会社生活にピリオドを打ち、結婚退職するのが一般的でした。女性が結婚して専業主婦となることは、俗に「女性の永久就職」とも呼ばれていました。12月25日を過ぎても店頭に売れ残っているクリスマスケーキのように、25歳を過ぎてもまだ職場で働いていると思われるのが嫌で、慌てて結婚する女性もいたという時代でした。当時は例外があるにしても、現在と違い会社は男性社会であり、家庭では亭主関白が多かったのです。亭主が外で働いて稼いできて、妻は家事に専念する時代です。炊事、洗濯、掃除、育児など、相当な時間がかかる作業でした。しかし、現在は全自動洗濯機や電子レンジを始めとする家電などが進化し、家事にかかる時間が大幅に短縮されました。主婦として専業でなくても、働きながらの家事が可能になったのです。また、働く女性の権利の見直しとして、男女雇用機会均等法が１９８６年に施行され、女性が男性の仕事の分野に進出する道が拓けました。そして、結婚しても会社を退職せず共稼ぎする夫婦が、一般化してきたのです。

昔は働いて帰ってくる夫の疲れを、家庭が十分に癒してくれました。夫が家に帰れば妻から「お風呂とご飯どちらを先にしますか」と訊かれ、上げ膳据え膳で次の日の英気を養えている家庭も少なくなかったのです。ところが現在は共稼ぎの時代であり、男性も家に帰れば分担している家事をこなさなければなりません。収入についても女性の方が上回る場合もあります。このような状況の中で、夫婦ともに仕事の疲れが癒される家庭をつくらなければならないのです。

女性にとっても、厳しい就職試験を乗り越えて入社し、ようやく覚えた仕事のキャリアを続けたいと思うのも自然なことです。しかしながら、いくら家事を分担するといっても、女性には出産もあります。男性と比較して相当負担が多いのです。そのため、いくら平等に家事を分担するといっても不可能なのです。女性の負担が多いことは変えられません。しかも、会社の仕事は女性だからといって、許されるわけではありません。そのような厳しい環境で、互いに仕事に疲れた心身を、どのようにすれば家で癒すことができるのでしょうか。安らぐ場所として、過ごすことができるのでしょうか。また、仕事への活力をみなぎらせることができるのでしょうか。共稼ぎ夫婦の共通したテーマとなります。

もちろん、このテーマに対してもビジネスと同様に、普遍的な正解はありません。そして、やってはいけない不正解はあります。不正解を選ばないようにしてこそ、正解に近づく夫婦としての理想的な家庭を築き上げられるのではないでしょうか。

不正解の一つは、まず相手に一方的な期待をすることです。過度な期待というのは自分勝手な都合から出てきます。例えば、結婚した時に独身時代より、相手がさらに尽くしてくれると期待していませんか。そもそも独身時代というのは、最優先事項が交際相手との付き合いです。交際相手に少しでも好印象を持ってもらおうと、最大限の努力をしているのです。それは、誰もが自分を振り返れば、分かると思います。全員ではないでしょうが、男性であれば、日頃は普段着がジャージで外食はラーメン。ところがデートの時は、おしゃれなスーツを着て、レストランで食事をするなどです。しかし結婚すれば、そのような無理をする必要がなくなります。相手に対する心のこもった、もてなしとしての心遣いの度合いが下がります。これはお互い様です。相手にだけ結婚前以上の高い期待を抱くのは、無理があるのです。恋人時代の激しい愛情が、結婚とともに落ち着いていきます。その代わりに、深い絆や優しさが育まれていくのです。結婚というゴールは結婚生活のスタートです。そこからは、相手に対する優しさと、包容力が必要となるのです。相手に何をしてもらうかではなく、相手に何をしてあげられるかです。そもそも結婚の誓いとして相手を愛し続けると誓ったとしても、相手の人間性が激変すれば、愛し続けることが難しくなるかもしれません。結婚後は、愛する努力よりも、愛される努力に主眼を置くべきなのです。愛される努力とは、相手を深く理解し、相手のために最善を尽くすことです。

　今までそれぞれ別々に暮らしていた二人が一緒に生活することになるため、互いにそれまでと異なる生活パターンとなります。そのため新たな生活パターンを作るのには、お互いのサポートや理解が大切です。ゆっくりと時間をかけて落としどころを見つけて、二人の家としての文化を築き上げていくのです。同居するというのは、大変なことなのです。例え親子でも、一旦長らく別居していて再び同居を始めるとなると、違和感を持つ場合が少なくありません。親子といえども改めて同居する場合は、ある程度細かいことまで生活の決め事を確認することが必要です。まして初めて二人で暮らす新婚となれば、よくよく注意する方が後々のトラブル回避になります。

また同棲と結婚は大きく異なります。同棲は単なる同居です。嫌いになればさっさと別れられます。しかし、結婚は社会的に二人が家庭を持って生活をするということです。つまり結婚相手に対して相応の責任を負うことになります。互いの実家も含めた社会に対しての付き合いや行事など、夫婦として果たすべき義務も発生してきます。そのため、夫婦が互いを理解して価値観を統一しておく必要があるのです。互いに相手のことを思いやっても、そもそもの価値観が異なっていれば、行き違いが出てくることは避けられません。微妙な問題について相談する時も、元となる価値観が合致していれば、大きな食い違いさえ解決して理解し合えるものです。

結婚して末永く幸せに暮らせることができれば幸いです。しかし、夫婦の危機が訪れることもあります。その一つが浮気です。なぜ浮気は許されないのでしょうか。もちろん、相手に裏切られたという重大な結婚上の違反です。しかし、その根本の許されない理由は、男女によってそれぞれ異なると言われています。その一例として、まず男性にとって女性に浮気をされれば、生まれてくる子どもの父親が、はっきりしないという問題が起きることです。女性にとっては自分以外の女性を男性が選ぶことで、経済的に生活の基盤が崩壊するかもしれないということです。現在のように共稼ぎとなれば一概にはいえません。しかし少なくとも結婚相手から、離婚して浮気相手の女性と結婚したいと言われたら、生活設計を大幅に見直さなければなりません。歴史を見れば、経済的な問題のない殿様は、複数の側室を持つのが当たり前でした。昭和初期でも、富裕層は正妻へ十分な経済的な保障をしているなら、愛人がいてもある程度許容されていたようでした。もちろん現代では、そのようなことは許されません。浮気をすることで家庭の崩壊や、仮に社内不倫などであれば、会社を退職しなければならないなどのリスクがあります。そのようなリスクがあるため、既婚者は自分の妻や夫以外との恋愛は絶対に避けなければなりません。

円満な結婚生活を維持していくためには、まず夫は妻の家事や育児の大変なことを十二分に理解して、少しでも負担が軽減できるように精一杯家事の分担を増やすことです。その上で妻に対して、子育てのパートナーであるだけではなく、常に新婚当時のような思いやりと尊敬と慈愛に満ち溢れた夫婦関係を二人で大事にしていきたいという気持ちを伝え続けるのです。また、妻も家事への協力が仮に不十分だと思ったとしても、少しでも努力してくれる夫への理解に努めましょう。これは重複しますが夫婦ともども愛される努力をしなければなりません。お互いに相手を深く理解し、相手のために最善を尽くすことを忘れず、常に実行していくことです。そういう努力をもって、夫婦ともに家庭崩壊につながる行為を避けていくのです。一般的に女性は男性と比較して家庭での負担が大きいのです。そのことを考えれば家庭の危機を避ける努力は、厳しいようですが、男性がより多く負うべきといえるのかもしれません。

最後に夫婦喧嘩のコツを述べておきます。「夫婦喧嘩は犬も食わない」ということわざがあります。夫婦喧嘩はたいてい些細な原因で起こります。しかし、すぐに仲直りするので、他人が仲裁する必要がないという意味です。それぐらい家庭において些細なことが、夫婦間の喧嘩の原因になることが多いのです。しかし、心底憎み合っているわけではないので、大体は仲直りをします。仲直りをすれば仲直りの数だけ絆が深まるのです。ただし、それはお互いの心が許容できる範囲内の喧嘩であることが前提です。いくら夫婦といえども「言ってもいいことと悪いこと」があります。それらを踏まえた喧嘩にとどめなければなりません。そのようにして深い会話や対話を重ねることで絆を深めていけるのです。そのように考えれば、知らぬ間に距離ができてしまう冷戦よりも、微笑ましい夫婦喧嘩はお薦めかもしれません。ただし夫婦間の平和や理解を深める方法は無数に存在しますから、夫婦の絆を深める方法について時間をかけて二人で模索してもよいでしょう。

しかし、それぞれにストレスが溜まり、攻撃的な言葉で相手を傷つけてしまうことがあります。後悔するような喧嘩をするべきではありません。そのために心がけておくことがあります。夫婦喧嘩の注意点として、空腹だと感情的になりやすく、また深夜では話が深刻になると言われています。そのため、なるべく日中に食事を済ませてから、話し合うことを夫婦のルールにしてください。

夫婦として長い時間を過ごす内には、順調な時も、そうでない時もあります。経済的な危機が訪れることがあるかもしれません。順調な時は、誰でも、良好な夫婦関係を維持できます。順調でない時に、どれだけ相手を理解し合えるか、助け合えるかです。その時にこそ、人間としての値打ちがはっきり表れるのです。どうか心しておいてください。

仕事のモチベーションとなる子育て

出産・育児は夫婦生活の中でも特に大きなイベントの一つです。その過程には、小さな喜びや達成感が溢れる瞬間がたくさんあります。確かに辛いことも多いですが、それを乗り越えての子育てには日々感動があり、子どもの成長は仕事のモチベーションにもなります。仕事が苦しくても、その壁を乗り越えようと頑張れるのは、子どもの存在があるからかもしれません。

子育ては、その家の文化や夫婦の方針が表れるものです。従って、他人が介入するべきではないと考える人もいるかもしれません。子育ては家庭ごとに異なる対応の困難さがあります。ここで提案する子育ての視点は一例であり、万人に共通する唯一の正解が存在するわけではありません。他の考え方についても敬意を持って聞き、自身の子育てに活かせる部分は取り入れていくことが大切です。それを前提にして、一つの例としての考え方を説明します。子育てでは、3歳ぐらいまでのことは子どもの中で記憶としては残らないそうです。しかし「三つ子の魂百まで」と言います。それは幼い頃の環境が、それ以降の人間形成に大きく影響を与えるという意味です。常に笑顔に囲まれた家庭なのか、周囲からいつも穏やかに話しかけてくれる環境なのかなどが、子どもの身体に刻まれていくのです。

次に、思春期に入ると、心身ともに大きな成長期に入ります。小学生の時は、素直に親の指示に従うことが多かったと思います。しかし、思春期に入ると髪形から服装まで、自己主張をするようになるのです。子どもによっては反抗期になることもあります。それらは成長する上で必要なプロセスなのです。つまり、今までは親の言うことが全てでした。しかし、人間的に自立（自我の確立）するために通過すべき必要な段階とも言えます。残念ながら親は自分自身もそういう時期を過ごしていながら、すっかり忘れてしまい、子どもの変化を理解できないことも少なくありません。この時期には子ども自体も、どのように人生を歩むべきか悩むこともあります。親として強引な指示は控えなければなりませんが、さまざまな生き方もあるというアドバイスをすることが求められるのです。しかし、注意しなければならないことがあります。意識・無意識にかかわらず、息子は父親に対して強烈なライバル意識を持つ場合があるのです。そのため、父親が息子に向けてアドバイスする際には十分に注意しなければなりません。スポーツの世界では父親が娘を指導するケースは多いのですが、息子については他の指導者に委ねている場合も目立ちます。これには「競争的な関係になりやすい」や、「父親に強くプレッシャーを感じる」などの背景があると言われています。

スポーツの話題となったため、子どものトレーニングについて簡単に説明します。それぞれ成長の時期に合わせたトレーニングがあります。小学生まではバランス感覚や反射神経、中学生は循環器系（持久力）、高校生からは筋力が発達する時期です。それぞれの発達する時期に、発達する部分を強化することが効果的なのです。小学生以下がよく遊ぶ「鬼ごっこ」などは、理にかなったトレーニングといえます。

ところで学校生活の中で親として気をつけたいのが、いじめや学業の問題、友人関係などです。学校生活においては、さまざまな問題に直面する可能性があります。特に注意すべきは、いじめの発見と対処です。大人の社会だけでなく、子どもの社会は子どもなりの苦労があります。子どもの世界は、腕力がある程度幅を利かせてしまう場合もある社会です。大人と異なり、子どもは感情が行動に大きく影響を与えます。周囲より弱いとか他者と違っているというだけで、いじめの対象になることもあります。当然、教師も注意しているとは思います。しかし、全員を注意深く見ていくことは困難です。また、子どものいじめの多くは教師に知られないようにしようとする意識が働いています。そのため、子どものいじめを発見し対処するには保護者が主導となり、学校や地域社会と協力しながら子どもを守ることが大切なのです。病気と同様で早期発見が重要です。例えば怪我をしていたとか、服が破れているとか、何か学用品などをなくしているなどは、その兆候です。しかし、その時点で気づくのでは、既に遅いのかもしれません。毎日子どもとはコミュニケーションを取り、友達の話題などで変化がないか注意深く観察しておきます。子どもの様子を毎日注意して見ていればこそ、子どものわずかな変化にも気づけるものです。気づきが大事なのです。「仕事力を伸ばす基礎Ⅱ（思考力）」（83頁）で説明していますが、仕事力は子育てにも威力を発揮するのです。そして、子どもが悩みを伝えたら「よく教えてくれた」「ありがとう」と感謝し、褒めてやることです。よく「なぜ今まで言わなかったのか」と叱る親がいます。しかし、そうなれば家でもいじめを報告できなくなります。子どもにとって、学校でいじめられ、家でも叱られたら、生きていく場所がありません。子どもの社会が安全で何の心配もないところだなどと、決して思ってはいけません。親も仕事などで余裕がないのかもしれません。しかし、子どもの世界は常に危険に満ち溢れているところだと認識して、子どもと接してください。

また、学業については「学校の本当の価値」で説明している予習と復習（44頁）を参考にしてください。

ところで、もし子どもがたまたま自分と同じスポーツや趣味を選んでくれれば、それはさらに深いつながりが生まれます。親にとっては申し分ありません。互いの共通の話題として会話も弾み、その道の先輩としてのアドバイスも可能です。もちろん、異なるスポーツや趣味であっても、それぞれの関心を尊重し、互いの経験を共有することで親子の絆は深まります。子どもが一生懸命取り組む時間を、親子で共有できることが最高なのです。

どの道を選ぶかについて、無理強いはいけません。子どもが、自身でやりたいと思うことを選択することが、最も大切なことなのです。子ども自身で選択しやすくなるように、スポーツや音楽であれば、トップクラスの生の試合や演奏を見せてあげることも貴重な体験になります。それが難しければ、地元の試合や演奏会でも構いません。テレビではなく、生で見ることで感動が生まれます。もちろん、小学生の間に見せることが効果的です。そこで興味を示せば一緒にやり、褒めてあげることです。親としては、どうしても厳しく教えたくなる傾向があります。しかし自分を振り返ってみてください。親に強制されたり、厳しく指導されたりすれば、子どもは反発するだけだと思いませんか。無理強いせず、そのスポーツや芸術の良さを紹介する程度にとどめ、あとは本人の判断に任せましょう。自分自身と同じ道を選択したかどうかにかかわらず、何かの道に打ち込んでくれたなら、十分に成功です。少なくとも中学・高校の6年間は、親として、子どもの応援という至福の時間を過ごせることは間違いありません。

一番重要で勘違いをしてはいけないことは、子どものものためにあるということです。決して押し付けてはいけません。子どもの人生は子ども自身のものであり、親として、いくら子どものために良かれと思っても、親の意見を一方的に押し通すことは避けるべきです。慎重なガイダンスとサポートは必要ですが、自我の発達を尊重することも同じくらい重要です。時にはしっかりとしたアドバイスや指示が必要な場面もありますが、それも子ども自身の意見や感情を尊重しながら行うことが求められます。親は、教育、指導や支援の役割を果たす力強い存在です。しかし自分自身を振り返ってみれば、よく理解できることです。行き過ぎた親のお節介は、子どもにとって大きなストレスになるだけです。そのことを十分に理解しておかないと、親子関係がギクシャクしてしまう可能性があります。我が子を可愛さのあまり過大評価をして、親バカになるのは微笑ましい限りです。しかし、親自身の価値観を押しつけるようなバカな親になれば子どもが不幸です。常に自身を戒めて、親としての矜持を保たなければなりません。

親は生まれたての赤ちゃんに接するような絶対的な立場で、子どもを一生守り続けることはできないのです。そのように考えれば、無償の愛で、ひたすらに子どもの幸せを願うことしかできない、非力な存在でもあるのです。切ないことです。しかし、子どもの成長という、素晴らしく、かけがえのない時間を一緒に過ごさせてもらえることは、親にとっては宝物です。それだけで子どもの存在に感謝するしかありません。

仕事力を支える健康力

宴会での乾杯の挨拶では、必ずといっていいほど「ご健勝を祈念して」というフレーズが使われます。それほど健康は大事なものです。健康は人生をより充実させる大切な要素の一つです。若い頃には、あまり実感が湧いてこないと思います。年齢的に10代半ばから20代前半にかけては怪我を別にすれば病気で健康保険を利用することが、最も少ない時期と言われています。それが40歳を過ぎると、身体の不調な箇所が具体的な症状となって現れてくることが多いのです。会社によっては35歳から人間ドックを受けられるような制度になっていますが、実はとても合理的なシステムであるといえます。

病気対策の基本は早期発見と早期治療です。調子が悪いにもかかわらず、医者に病気と診断されるのが怖いからといって受診しないのは、健康問題を先送りにしているだけといえます。これらの体の異常は、病気を早期に察知するためのアラームです。例えば特異的な痛み、下がらない熱、異常な疲労感など、日常の範囲を超えるような不調が続く場合が該当します。発熱して解熱剤を飲み、平熱に戻ったとしても、治ったと勘違いしてはいけません。アラームである症状を、薬で一時的に緩和しているだけなのです。痛み止めも同様です。もちろん、その薬の効果があるうちに症状が回復できることが大半かもしれません。しかし、薬の効果が切れても同じ症状が出た時、医者へ行かずに、また解熱剤や痛み止めだけに頼ってはいけません。より病状の悪化を招いている可能性もあるのです。最近の医学はかなり進歩しており、心肺停止でも人工心肺装置で対応する技術があります。半世紀前は不治の病であった癌も克服されてきています。それほど医学は進化しているのです。また、医者の診察に不安があれば、セカンドオピニオンといって、他の医者に病状や治療方針を確認できるシステムも確立されてきました。しかし、そのような時代であっても、医者にエクスキューズ（言い訳）される場合があります。それは「手遅れ」という病状です。これだけは、どのような名医であっても治せません。だからこそ、少しでも身体に異常や何らかの自覚症状があれば、すぐに診察を受けるべきなのです。そして、早期発見早期治療に努めなければなりません。特に注意すべき点として、病気はまず症状が出て、その次に血液検査などの数値に変化が現れるのです。検査の結果だけで安心せず、出ている症状の原因を突き止めることが大事といえます。健康を維持してこそ仕事力が発揮できるのです。異常がなくても定期的な人間ドックと健康診断が非常に重要です。

健康診断以外で注意することは歯の管理です。30歳を超えると、約30パーセントの人が、歯周病になると言われています。歯が抜ければ食事は大変になります。インプラント治療（人工の歯を装着する治療法）は高額です。歯周病にならないためには、毎日の歯磨きが大切です。しかし、それに加えて月に一度、歯科クリニックで、歯石の除去クリーニングをすることが有効です。面倒と感じられるかもしれません。しかし、月に一度30分程度の時間を費やすだけで、無事に歯が保たれると思えば安いものです。

次に肥満は万病の元と言いますから、こちらも要注意事項です。肥満の原因は多様です。ただ生活習慣が原因の場合には、食事のタイミングの影響も少なくありません。一例として、肥満でない人は、空腹になってから食事をします。しかし、肥満の人は空腹でなくても、満腹でなくなったら食事をする傾向が見受けられます。これらは、ほぼ習慣によるものです。最初は苦しいかもしれませんが、朝昼晩と規則正しく食事をすることが基本です。肥満による健康状態に懸念がある人には、医師の指導の下にダイエットを検討することがお勧めです。ダイエットといえばランニングや運動などと思われますが、短期間での大きなダイエット効果は期待できません。専門家の研究によれば、1時間の自転車トレーニングで消費できるカロリーは約400kcalと言われています。これはご飯2杯分弱のカロリーと同等です。運動もダイエットには有効ですが、実は食事制限も効果的な手段となるのです。特に短期で一番効果があるのは正しい食事制限です。バランスの取れた栄養の摂取に注意しながら、食事量を減らします。ではトレーニングは無意味なのかというと、こちらもダイエットに必要です。食事制限によるダイエットでは、うまく管理しなければ、ケースによって筋肉量も落ちる可能性があるからです。筋肉が減少すると基礎代謝が減少します。基礎代謝とは身体の維持に必要なエネルギーのことです。一日に必要なエネルギー量がダイエット前よりも減少している場合、ダイエット後に以前の食事量に戻せば、エネルギーを摂取し過ぎていることになります。逆に筋肉が増えて基礎代謝が増えると、食事の量が増えても肥満にはなりにくいのです。若い時にそれなりに食べても太らないのは、この基礎代謝が高いからです。ダイエット後のリバウンドの主な原因は、筋肉量の減少によるものです。そのためリバウンド防止の観点からも、ダイエットには食事制限とトレーニングをセットにして、筋肉量の維持増加を図る必要があります。

健康状態は、働く能力に影響を与える要素の一つです。筆者が九州勤務の時、同じグループ会社の取締役を務めていた10歳年上の人がいました。当時59歳で「子どもが小さいので（中学生）、まだまだ働かないといけないのです」と話していたのです。それから筆者は広島、東京と転勤をして10年後に再び福岡勤務となりました。さすがにリタイアされているだろうと思っていました。しかし、取引先の地元の大手建設会社から三顧の礼で招かれ、バリバリの副社長として活躍していたのです。それも10年前の59歳の時よりも、はるかにパワーアップしていました。副社長でありながら、誰よりもエネルギッシュに顧客訪問をするのです。もちろん70歳前後で副社長として活躍されているのは、営業力や人脈などが突出しているからです。特に取引先の役に立とうとする営業姿勢には頭が下がります。取引先からの頼まれごとがあれば、全力で取り組むのです。頼まれたことの全てが叶えられるわけではないでしょうが、それでも相手側から感謝されるほどに動くのです。筆者は、その人のことでお役に立てたことは何一つありません。しかし、お世話になったことは数知れずありました。75歳過ぎまで元気で副社長として活躍されました。もちろん人柄や仕事力が卓越していなければ、要職に招聘（礼を尽くして人を招くこと）されることはありません。しかし、健康であるからこそ、長く活躍し続けられたのです。「無事是名馬《ぶじこれめいば》」という格言があります。これは駿馬（足の速い馬）であったとしても、無事（健康で長く活躍すること）でなければ、名馬（優れた馬）とはいえないという意味です。最近は健康寿命という言葉がクローズアップされています。ビジネスの世界でも、健康が最優先であるとしみじみ感じます。

　健康とともに、ワーク・ライフ・バランスとして、有給休暇の活用も重要視されています。有給休暇は労働者への恩典ではなく、権利（労働基準法第39条）として存在しているのです。ある程度、勤務年数が経てば、年間20日の権利が得られます。ただし有給休暇の時効（権利を行使できる期限）は、付与された年の翌年までとなっています。これは、できるだけ有給休暇を行使してもらうという観点から、有効期限が設定されているのです。そして２０１９年には労働基準法が改正され、毎年５日以上を取得させるように会社は義務づけられました。有給休暇が取りづらいと感じる場合、まずは上司や人事と具体的な話し合いを持つことをお勧めします。

　ただ、取得時に注意しなければならないことがあります。それは病気や怪我に備えるために、有給休暇を全て使い切ってしまわないことです。有給休暇は、その名の通り給料が保証されて安心して休める制度なのです。ただし、有給休暇を使い切ってしまった上での休みは、欠勤扱いとなります。欠勤となれば当然、給与の減額と賞与考課にも影響を与えます。そのため、可能な限り欠勤扱いとならないように、注意しなければなりません。決して、有給休暇を取得してはいけないということではありません。しかし、できることなら、本年付与される分は繰越しておきたいものです。そして前年に付与されて、その年に消滅する有給休暇を計画的に取得するようにすれば後顧の憂い（後々の心配）はありません。心身ともリフレッシュできるよう有効に活用してください。

また、病気になれば病院に通って治療を受けることになります。その時の治療費は、確定申告の医療費控除として申請できます。家族で年間10万円以上の治療費と薬局での薬代を支払っていたなら所得税の還付が受けられるのです。そのため、病院や薬局の領収書は、少額であっても保管しておいてください。病院や薬局への交通費も対象となります。塵も積もれば山となるかもしれません。毎年2月には集計をしてみてください。国民の三大義務の一つが納税です。脱税は犯罪ですが、節税は合法的に行使できる権利です。国が還付してくれるという税金については、しっかりと手続きをしましょう。なお、還付されるといえば、ふるさと納税もあります。こちらも正しい知識を身につけて、検討するとよいでしょう。

仕事力を支える住宅力

安定的に仕事力を発揮するには、家庭環境とともに、健全な生活設計が必要です。その中でもベースとなる住居は、最も重要な要素の一つです。住宅購入となると、大半の人が人生で一番高額な買い物になるかもしれません。にもかかわらず関心の低さが気になります。例えばマンションの購入を検討する際も、初めてモデルルームを見た途端に、他の物件と比較検討もせずに、購入を決定してしまう人も少なからずいるようです。おそらく現在の住環境とだけ比較して、魅力的と評価してしまい、「比較しない購入の罠」にはまってしまっているのかもしれません。住宅に次いでの高額商品の代表は自動車です。しかし、自動車と住宅には大きな違いがあります。それは住宅が一点物であるということです。自動車は全て工場で生産された既製品なので、リコールなどの例外を除いて、全ての品質が一定でバラツキがなく保証されています。そのため自動車に関して品質面の心配はありません。試乗して気に入って発注したとします。後日に納車された新車を運転しても期待を裏切られることはないでしょう。

ところが住宅は、手作りなのです。たとえ同じ間取りであっても、各々が個別に仕上げられることから一点物とも言えます。工場で全てを完成させるわけではありません。そのため、出来不出来もあるのです。モデルルームで気に入ったとしても、購入物件の引き渡しの際には、細部にまでチェックをする必要があります。また立地についても、全くの同一場所はありません。一つの棟であるマンションですら、隣同士でも間取りが異なります。また、同じ間取りの上下でも階数が変われば、眺望や日当たりも違ってきます。不動産の目利きの力をつけて間違わない住宅選びをするためにも、より多くの物件を見学して、慎重に比較検討しなければなりません。

そもそも住宅を購入するか賃貸に住むか、どちらが経済的であるのかも、理解しておく必要があります。この種のテーマは住宅関連雑誌でよく論じられています。しかし、これは結論がはっきりしているのです。理想的には、価格の落ちない物件を購入して住むことが、経済的にはベストなのです。もちろん住宅の購入はコストだけでなく、ロケーション、ライフスタイル、将来の計画など多くの要素を考慮する必要があります。ただ価格の下がらない物件を購入して住むことは、経済的な観点から、重要な選択肢の一つであることを忘れてはなりません。

賃貸住宅で支払う家賃は、賃貸料として確実に消費されていきます。しかし住宅を購入した場合に、住宅の価格が購入時の価格から一定期間下がっていなければ、その間の住居費としての負担は実質的にゼロです。仮に入居5年後に家を売却した際に、購入時以上の金額で売却できれば、その期間の住居費負担はゼロどころか収支はプラスであったことになります。その期間、住宅ローンを支払っていたとしたら、住宅ローン残高の減少分だけ貯金しているのと同じ意味を持つことになるのです。もちろん、新築時の価格より、下がる物件の方が一般的です。しかし、新築時より値上がり、あるいは現状維持の物件も少なくありません。少なくとも、住宅ローン残高の減少分より値下がり額が少ない物件であれば、問題はないでしょう。

ところで資産価値の落ちない物件の要素はなんでしょうか。立地、外観、眺望、設備、階数、部屋の方角、日当たり、間取り等、ポイントを挙げればキリがありません。これには専門的な知識と経験が必要なので、不動産業者や専門家に相談することも有効です。こちらもビジネスと同じで、正解は難しいですが不正解はあります。人口減の不人気地域、交通が不便、環境や眺望がよくないなどの立地条件、設備や仕様レベルが低いなどです。少なくとも自分が見て、嫌だとか我慢しなければならないと思う点が多ければ、やめた方が無難です。いずれにしても、数多くの物件を見ることで判断する力を養って、比較してみてください。

不動産賃貸業では、家主が利益を含めて賃貸料金を設定しています。利益を含めた賃貸料金が設定されていますから、持ち家の住居費と比較して割高とも言えます。ただ賃貸業も賃貸住宅に適した土地を所有しており、その土地に見合った賃貸用住宅を建てている場合に成立しているのです。よくマンション経営をうたって、事業用マンション（賃貸業を目的として購入するマンション）を販売している会社があります。確かに立地も良く、デザインも間取りも、魅力的に建てられているかもしれません。しかし、そのようなマンションは、相対的に販売価格の設定が高くなっています。皆さんが逆の立場で事業用マンションを販売する側に立てば、そのマンションの価格設定はどうしますか。事業用オーナーが購入すると思われる最高額に設定するでしょう。すなわち、想定される賃貸収入による利回りを計算して、購入者が損をしない上限額が販売価格の上限となるのです。よく賃貸マンションの経営は儲かるのですかという質問があります。これは単純に投資額と回収額とのバランスです。家賃は相場で決まりますから、いかに安く物件を取得あるいは建設できるかが、収益確保のポイントです。そのため、高い建設費がかかる物件で、賃貸業は成立しないことが分かります。住宅用の土地の目利きや建設用の資本力のない人は、参入してはいけない領域です。せいぜい転勤などで持ち家が空き家になる時に貸し出して、住宅ローンの支払いに充てる程度であると理解してください。それさえも、住宅ローンは住むことが条件で貸し出されているローンです。仮に自分自身が入居しておらず、他人に貸し出して、賃貸利用しているとします。そのことが融資元の金融機関に把握されれば、住宅ローンの全額返済を求められる恐れがありますから、注意が必要です。

なお、以前の住宅ローンは、頭金が必要でした。しかし、現在は頭金ゼロでも借り入れは可能になりました。住宅情報雑誌などでは、それでも頭金を入れた方が良いと説明しています。ただ、その理由は借入金額が少なくて済むからという説明です。それなら同じ頭金ゼロでも、より低価格の物件を購入することにすれば借入金額が少なくなり、説得力に欠けています。頭金を入れるべき本当の理由は、借入金額を抑制するためではありません。売却時にローン残高が売却額を超えるリスク、つまり残債リスクを回避するためです。これは、もしその物件を売却する場合に、売却価格がローン残高を下回った場合、その差額分のお金を他の方法で用意しなければならないというリスクが発生します。そのリスクを最小化するため、頭金が必要なのです。そのリスクを理解してローンを組む必要があります。購入する時は、住宅の売却などは考えていないかもしれません。しかし、勤務先の業績低迷や転職などによる収入減によって住宅ローンの支払いが困難になったり、離婚することになったりと、住宅を手放さなければならない理由は意外と多いのです。

そのため、特に相場よりも高い金額での購入は避けなければなりません。中古住宅の価格は相場が影響しています。しかし、新築物件は建設原価や事業主の考えによって価格が設定されているのです。そのため実際の相場とは大きく乖離している場合があります。購入後も価値が下がらない物件や値上がりする物件もあれば、大幅に価値が下落している物件もあります。どうすれば、それが判断できるかといえば、近隣の賃貸料金と比較してみることです。近隣の同規模マンションの賃貸料金が購入予定物件額の何パーセント程度になるか計算し、購入額が許容範囲の妥当な価格かどうかを判断します。そのような情報は、購入を検討している物件の近隣に詳しい不動産会社から入手は可能です。

立地も大切です。マンションなら駅近で徒歩5分圏内が良いと言われます。しかし、繁華街に近過ぎて、ファミリー向けの住環境として相応しくない場所もあります。駅まではバス便ながら便数が多くて、通勤通学に不便さを感じない場合もあります。また、小学校やスーパーなとっては、非常に魅力的な要素といえます。こういった便利な立地条件は住宅の価値を高め、将来売却する際にもプラスに働くことが期待できます。

住宅を購入する場合に、戸建てかマンションかという選択も悩みどころです。一般的に立地の利便性やセキュリティではマンションが、広さや自由度では戸建てが、それぞれに優位性があります。どちらを選ぶかはそれぞれです。しかし、初めての購入で土地の選定などが難しいと感じる場合はマンションが無難です。その理由は立地や外観はもともと決められているので、その前提条件で判断ができます。それで良ければ、間取りや階数の選択に集中できるからです。マンションで同じ間取りであっても、アクセントクロス（部屋の壁紙の一部に違う色や柄の壁紙を取り入れ、部屋のポイントにすること）や壁面タイルなどのオプションを選べば、自分だけのオリジナリティを出せて、我が家としての愛着も一層湧くでしょう。そうして数年住んでみて、住宅購入のノウハウを蓄積した後に、戸建てを選択するのも遅くはありません。

戸建ての場合は注文住宅がお勧めです。ただ、将来の売却の可能性も考慮して、あまり奇抜なデザインは避ける方が賢明です。室内のお勧めとして、和室は単なる和室ではなく茶室兼用として炉や室内用の躙り口、床の間などを設えればグレードが一気に高まります。また、リビングでは広さと予算が許せば、暖炉やバーコーナーが魅力的です。本格的な暖炉は煙突が必要となりますが、バイオエタノールの暖炉なら煙突不要です。バーコーナーも洋酒を飾る楽しみがあります。

予算とローンの金利について説明します。よく「住宅ローンの月々の支払いが家賃と同額です」などの説明がチラシに掲載されたりしています。しかし、実際にマンションを購入したなら住宅ローン以外にマンションの管理費と修繕積立金や固定資産税・団体信用生命保険料が発生します。それらも含めた試算で予算を決めなければなりません。住宅ローンの金利については低金利が続いています。しかし、今後は金利の上昇も予想されています。金利が変動し支払額が変わるなら、住宅ローンの返済が不安になると思います。そのため、安定的な住宅ローンを望むなら、固定金利型の「フラット35」を選べば金利が変わることはありません。少しでも安い金利となれば、金利の変動リスクのある金利変動型を選択することになります。

将来金利が上がるなら、早めに住宅を購入した方が良いと考えるかもしれません。しかし、長い目で見れば金利による損得について、過敏に心配する必要はありません。金利の決定要因は、お金そのものの価値によるからです。お金の価値が下がれば金利が上昇し、価値が上がれば金利は下がります。例えば1980年代の住宅ローンの金利は8パーセントを超えていましたが、賃上げのベースアップもそれなりに上がっていました。つまりお金の価値が下がっていたのです。金利も含めた総支払額は購入金額の倍くらいになっていましたが、物価も給料も上がっていくので、実質的にはそれほどの負担ではなかったのです。

最後に、家を購入するべき時期は、いつが良いかという点についてです。結婚を機に、子どもが生まれた、子どもが小学校に入学する、などのタイミングで検討する人も多いかもしれません。また、独身の人は、仕事が充実してきて生活が安定した頃に検討される人もいると思います。いつが良いというよりも「思い立ったが吉日」です。自分が買おうと思った時が買い時といえます。ただし、慌てて買ってはいけません。まずは情報収集に努め、正しい知識を身につけましょう。

リタイア後の年金生活について

2019年に金融庁の報告書で「高齢化社会における資産形成・管理」が公表されました。それによると老後は2000万円が必要だとする内容であり、国会で問題となりました。これには伏線があって、政府が行った年金改革で、今後100年間は安心できると説明していたからです。100年間も、そのような先まで保証するという政府の説明には疑問を感じる点があります。しかし、年金制度が100年問題ないと政府が説明した事実を鵜呑みにする側にも問題があります。

そもそも年金のスタートは自分の老後を自分で支えるための積立方式の制度であったのです。ただ、人口増加により集まった年金基金を有効活用する目的や物価上昇に対応するためもあり、現在の現役世代が高齢者を支える賦課方式に変更されました。賦課方式の問題は現役世代が高齢者を支えるため、人口減となった場合には現役世代の負担が大きくなることです。そのため、今後の人口構成や平均寿命の推移によって年金は常に改定する必要があり、100年間も問題ないと言い切れるものではありません。つまり人口減少や平均寿命の伸びによって、年金制度全体のバランスが崩れ、現役世代の負担が増える可能性があるからです。

他方、老後2000万円が必要だとする金額も説得力に欠けています。なぜなら、人にはそれぞれの生活水準があり、一律にその金額があれば十分とかは一概に言えないからです。基本は、受け取る収入の範囲内で生活することです。そうであれば、2000万円問題にも、一喜一憂することはありません。もしもの際、社会が提供するセーフティネットとして生活保護が存在します。しかし、それは自力で生活を営むことが難しい最後の手段であり、その前に年金をしっかりと掛け、さらには貯蓄などで自己資産も形成しておくことが本来求められます。できることなら、ある程度余裕を持って老後の生活を送りたいものです。

2022年から年金の繰り下げ制度が変更となり、75歳まで繰り下げられるようになりました。年金を75歳まで繰り下げるということは、年金の受け取りを75歳まで遅らせることです。そのことで月額の年金支給額が1・8倍になります。繰り下げに関しては専門家が、繰り下げは損か得かという観点でよく論じています。何歳まで生きられれば得かどうかという、支給総額の観点で比較しています。しかし、何歳まで生きられるかという損得勘定は年金の議論には馴染まないのです。損得の議論よりも、年金の繰り下げの評価は、年金の目的に立ち返って考えるべきです。年金は老後の安心のために存在しています。人生の最期まで、どれくらいの期間があるかは分からないとしても、現在の健康状態と一般的な平均寿命を考慮した上で、財政面の準備をすることが重要です。繰り下げをして早く亡くなった場合に、総支給額が少なくなります。しかし、生きて受け取れる間は月額の支給額が多く、安心して生活ができます。老後を安心して生活するための年金であれば、安心度が高まる受取り方を選ぶべきです。可能であれば75歳まで働いて年金を繰り下げられるようにしたいものです。

年金保険料は現役時代の収入に応じて支払っていきます。しかし、標準報酬月額65万円が保険料の上限（２０２４年４月１日現在）となっています。保険料に上限があるということは、支給される年金額にも上限があるということです。また、厚生年金制度に加入していない場合には、それに代わるような手段も必要となります。その場合には、年金以外の収入を確保することも検討するべきです。例えば、投資や貯蓄、個人年金などを活用して老後の生活費を確保することが考えられます。ただし、退職金を資金運用として安易に投資するなどは回避しなければなりません。安定的な運用を目指すことが基本です。株式の売買には「人の行く裏に道あり、花の山」という言葉があります。これは誰もが買う銘柄ではなく誰もが買わない銘柄を買ってこそ、利益が得られるという意味です。誰もが買わないということは、損失を被る可能性が極めて高い銘柄といえます。つまり、それは言葉を換えればリスクを取るということです。ある意味、ギャンブルのようなものです。リスクの高い運用に大事な老後資金を賭けるべきではありません。

以前、ある信託銀行の支店長から45歳で自宅の住宅ローンを完済して2軒目の住宅を購入したと聞きました。そうすれば、新たに購入した自宅の住宅ローンは完済した住宅を賃貸に出し、その賃料で賄えます。もちろん誰もが2軒も家を購入できるわけではありません。しかし財産の信託業務のプロである人でも、いかに堅実に財産形成をしているのかと感心しました。現役時代にビジネスで活躍したとしても、人生の最終コーナーで家族も含めて余裕のある老後を過ごせてこそ、仕事力を発揮してきた証となるのです。老後の計画とそれに対する備えも準備していくことが、仕事力の集大成の一つであると理解してください。30代半ばを過ぎれば、老後も含めた人生設計への取り組みをする必要があります。この時期は一般的に、自立しきれていない20代を過ぎ、子どもの教育費用などの負担が増加する40代の家庭生活に突入する前ともいえるためです。もちろん、個々の環境や立場により早めに着手したり、遅くなったりするかもしれません。いずれにしても、仕事力を伸ばす基礎Ⅶで説明しました「用意周到・準備万端」（107頁）が、ここでも生きてくるのです。

終わりに代えて

この本を通じて言いたいことは、時代の進化に適応できない会社は、変化の激しいビジネス環境で競争力を維持することが難しくなるということです。維持するためには常に会社を変革していかなければなりません。その変革は一部の経営層や管理職層だけではなく、役職員全員が、変革の役割を果たす必要があるということです。まずは、全員が会社や従事する仕事の本質を理解して、改善するべきところを見つけるところから始めるのです。全社員がそれを理解し実行すれば、必ず会社は時代に適応（社会の役に立てること）できます。

ビジネスの世界では、進化と生き残りが重視されています。これは人類の進化の歴史と非常に似ています。例えば、ネアンデルタール人が絶滅し、ホモサピエンスが生き延びた理由は「集団脳の力」を持っていたからだとも言われています。「集団脳の力」とは、大きな集団を形成することで、新たな知識や知性を集団が活用して、環境の変化の中で進化・発展を遂げていける能力のことです。集団脳の体制を持つ会社なら、環境に適応して「継続的に利潤を追求する営利団体」として、より強固な存続力を持つことが可能です。

仕事の本質を理解して時代に適応するような意識を持てば、誰もが変革の役割を果たせるのです。「馬を川に連れてはいけるが、馬に水を飲ませることはできない」と言います。つまり、機会は提供できますが、結局はそれを活用するかどうかはその人次第だ、という意味です。環境を整えて教えても、本人に学ぶ意志がなければ学ばないということです。もちろん分かっていても、努力をしない人はいます。しかし、知らなかったがために努力ができなかったと、後悔する人が出ないように願っています。常に前向きに努力することが大事なのです。

仕事をすることは、人生で大きなウエイトを占めています。ただし家族を幸せにしてこそ、会社、そして社会をも幸せにできる仕事力が湧き出てくるのです。家庭の幸せは、生活の中心を安定させ、職場でのストレスや困難に対する適応能力を高め、最終的には仕事力をも強化していきます。そのような人生をバランスよく歩んでもらいたいのです。そのためには、人生のグランドデザインを確立していくことが非常に重要です。社会には個人個人が好き勝手に行動しているように見えて、それが全体最適になっているという、アダムスミスの「神の見えざる手」が働いていると言われています。あなたの人生を決めるのに、社会全体の流れや多くの偶然も影響するでしょう。しかし、あなたの人生には、あなた自身の意志も大きな役割を果たすことは間違いありません。たとえ計画通りにならないとしても、自分の人生の目的や目標を確立させることが重要なのです。菊池雄星選手や大谷翔平選手という野球のメジャーリーグを代表する選手を二人も輩出している花巻東高校野球部では、部員全員が毎朝「人生目標」をノートに書くそうです。タイトルの横には「逆算して考える」とあります。つまり目標を設定して、逆算して今日なすべきことを行動するということです。毎日書くということは成長とともに目標が変わり、今日なすべきことも変わるということです。もちろん、実現できなくてもリカバリーすればよいのです。無計画な生き方で一時的に成功しても、一過性の満足感しか得られません。本当の満足感は、目標を立てて、目標に向かって努力していく過程を経てこそ得られるものです。それは成功しても、成功しなかったとしても、ベストを尽くしたと感じられた時です。

人生はよく航海に例えられます。大海原に出れば、東西南北どちらに進むも自由です。その時に海図とコンパスがあれば、望む目的地へ進むことが可能です。あなた自身の目的地を見つけられたなら、そこに向かう人生が海図の中にあります。そして目的地へ到達するために、あなたが乗って、大海原に繰り出す船に装備されたコンパスが、仕事力であるといえるかもしれません。ぜひ目的地を見出して、そこに至るためのコンパスという仕事力を身につけて、人生の航路を進んでください。

人生で満足感を得られれば、これほど幸せなことはありません。なお、「幸せ」とは、先に紹介した『菜根譚』では「平穏無事であること」と説明されています。不幸でないことが幸せであるとすれば、その通りと理解できます。しかし、ベストを尽くして満足感を得られることこそが、より積極的に幸せを見つけられる道であると言っても過言ではありません。そして、究極の満足感とは周囲の役に立てるよう、全力を尽くしたことを通じて得られるものです。そのためにも、まず家庭や会社で満足感を得られるように、日々努力することです。

会社で満足できる仕事とは、仕事を通じて自己実現ができることです。「マズローの要求5段階説」によれば人間の欲求は、生存、安全、帰属、承認、自己実現という5段階になっています。これは生きていく上で、人間の欲求が5段階の階層に分かれているとする説です。

会社に当てはめれば、会社に入社できた段階で既に生存と安全と第3段階の「帰属」が満たされています。次の欲求は会社で自分が認めてもらえるように、仕事で実績を残して自分を「承認」してもらうことです。そして最後は「自己実現」です。換言すれば、自分の理想とする仕事や職場を実現し、社会に役立っていくことが、幸せを現実のものにしていくことになるのです。

理想とする仕事や職場を実現しようとしても、周囲の協力が得られないとか、自信も実績もないなどと、できない理由はいくらでも挙げることはできます。

しかし、カナダの精神科医であるエリック・バーンは「過去と他人は変えられない。あなたが変えられるのは自分自身と未来だ」と言っています。

なにも大きなことでなくてもよいのです。まずは自分ができる可能な世界の中から一歩ずつ自己実現を目指してください。自分自身の意識を変えることから始めて、少しでも改善できることを探してみてください。それができれば大きな喜びとなり、あなたの未来は希望に満ち溢れたものになるでしょう。

この本の主旨を言葉にして、まとめようとした時、特定のドラマのシーンが思い浮かびました。それは2014年上半期に放送されたNHKの連続テレビ小説『花子とアン』からの一節で、ここには私が伝えたいメッセージが簡潔に表現されています。赤毛のアンの訳者である村岡花子をモデルにした主人公が学んだ修和女学校の卒業式にあたり、ブラックバーン校長先生が卒業生に贈った言葉を皆様に捧げます。

「今から何十年後かに、あなたがたが、この学校生活を思い出して、あの時代が一番幸せだった、楽しかったと心の底から感じるのなら、私はこの学校の教育が失敗だったと言わなければなりません。人生は進歩です。若い時代は準備の時であり、最上のものは過去にあるのではなく、将来にあります。旅路の最後まで、希望と理想を持ち続け、進んでいくものでありますように。自分の運命を決めるのは自分自身です」

あとがき

この本を執筆した時点の筆者の年齢は68歳です。本書の内容の中には、恥ずかしながら最近になって、ようやく理解できたこともあります。あるいは、現役当時は修行が足らなかったと、反省すべき点も多々あります。筆者のことを知っている人たちからすれば、「どの口で偉そうなことを語るのか」と思っている人も多いでしょう。それなりに人生を生きてきたという気持ちはあるものの、常に会社でトップの実績を上げ続けてきたと、胸を張って言えるわけではありません。また、孔子の言う「六十にして耳順う」には程遠く、テレビを観てはコメンテーターの意見に対して一言文句を言いたい気持ちが抑えられません。人格的にも完成されたとは言い難い人間です。しかし「名選手、名監督にあらず」とも言います。筆者は決して企業人として、優秀な名選手であったわけではありません。しかし、そうであるからこそ適時適切な指導を始めとする周囲の方々の温かいアドバイスに耳を傾けて、さまざまな蓄積ができてきたのだと自負しています。

本書は就職を目指す学生や若手ビジネスパーソンを中心に、それ以外の立場の人にも有用であるように、伝えたい内容をまとめたものです。それに加えて先輩から後輩へのアドバイスのような気持ちで、ビジネス書からは、ややかけ離れたテーマとなりますが、結婚や住宅、老後についても少し書き加えました。

ここに記載したことだけが仕事力の全てではなく、さらに他にも大切な事柄もあるでしょう。ただ、ここに記載した内容は誰もが意識を変えて、変革を心がけてさえいれば、仕事力として身につけることが可能なことばかりです。ところで、どの程度心がけていれば身につくのでしょうか。スポーツにはマッスルメモリーという言葉があります。文字通り筋肉が記憶するということで、身体で覚える無意識的な記憶です。一般的に反復練習を通して獲得できるもので、同じ動きをすれば筋肉が覚えてくれるものです。一説には３０００回とも言われています。もちろん、スポーツと仕事は同じではありません。しかしスポーツと同様に３０００回で身に付くと仮定して、毎日常に注意して一日に10回心がけられると計算すれば、1年弱で身に付けられるかもしれません。要は、繰り返すことが大事なのです。そして、仕事力が身につけば、信じられないくらいの力が発揮できるようになれるのです。あなた自身の持つ潜在能力を信じてください。

私自身が20歳の頃にこの本を読んでいれば、大きく人生が変わっていたと思います。ただ、結婚相手や就職先は変わらないような気もします。同じような人生を歩んでいるかもしれません。しかし、現在よりも、選ぶ道や関わる人々との関係がより豊かに、そして実りあるものになっていたことでしょう。そして、はるかに周囲や会社や社会の役に立つような生き方ができていたのではないかと思います。

筆者自身の人生を振り返れば、自分自身の努力よりも周囲の理解や支援によって生かされてきたのだと、しみじみと感じています。そして今、人生というトラックの第4コーナーを回り、ラストスパートをかける時期に突入しています。残りの人生で、少しでもお役に立ちたいとの思いから、この本の執筆に至った次第です。出版にあたりましては、文芸社の小野寺様、須永様、金丸様や筆者の元上司（住友三井オートサービス元代表取締役副社長）で終生の師であるオキハシM&Cの山本社長を始め、数多くの方にお力添えをいただきました。心から感謝申し上げます。また、そもそも、この本の内容も筆者自身が直接間接にかかわらず、ご指導を受けた方々からの至言によるものです。ご指導をいただきました皆様方に対しましても、厚く御礼申し上げます。ありがとうございました。

森田　啓一

著者プロフィール

森田 啓一（もりた けいいち）

昭和31（1956）年3月、兵庫県神戸市で生まれる。昭和53（1978）年3月に同志社大学経済学部を卒業。ニッカウヰスキーやマッシモを経て、住友三井オートサービス（旧住商オートリース）で九州支店長、東京ロジスティクス営業第二部長を歴任。定年退職後、タカネットサービス九州支店長を経て、現在はコンサルティング会社オキハシM&Cの顧問の傍ら、ビジネスセミナー講師として活動中。

THE 仕事力

2025年1月15日　初版第1刷発行

著　者　森田 啓一
発行者　瓜谷 綱延
発行所　株式会社文芸社
〒160-0022　東京都新宿区新宿1－10－1
電話　03-5369-3060（代表）
03-5369-2299（販売）

印刷所　株式会社フクイン

ISBN978-4-286-26105-8